本成果受中国人民大学“985”项目“视听传播研究”资助

出镜报道与新闻主持

◉ 高贵武 等 著

中国传媒大学 出版社

目录

CONTENTS

前言　在比较中前行

高贵武

当今世界，随着网络等新媒体的迅速发展，时效似乎已不再是电视媒体最大的传播优势，但电视媒体的新闻传播却越来越倚重于即时新闻节目——24小时的连续播报新闻，而电视直播作为即时新闻节目的最大亮点，更是在某种程度上改变着人们对新闻的定义。传统的新闻定义是，所谓新闻是新近发生的事实的报道，新闻的最高表现形态是TNT模式，即“今日的新闻今日报”(Today News Today)，而电视直播则将新闻的报道提升到NNN模式，即“现在的新闻现在报”(Now News Now)。

毫无疑问，在即时新闻和电视直播时代，出镜记者和新闻节目主持人是代表电视媒体发声的两个重要角色。在众多的即时新闻里，记者带来的出镜报道以及其与新闻节目主持人之间的互动，往往构成了即时新闻节目的主体和基本样态。与此同时，出镜记者和新闻节目主持人作为独立个体出现在电视屏幕上，则不仅为电视传播建构了更为人格化的人际界面，也以传播者独特的个人魅力和个性化特征为广大电视观众辨识，大大突显了电视作为人的媒体的特征和优势。从这个角度来说，这两个角色的表现直接代表和决定了电视新闻的传播实力和影响力。因此，对出镜记者和新闻节目主持人的表现进行研究并提出改进意见，应当是评价电视节目质量并推动其发展的必经之路，出镜记者与新闻节目主持人业务能力的提升，也是提高电视新闻报道水平、增加电视媒体传播力和影响力的关键所在。

2003年中央电视台成立新闻频道，使得中国大规模的电视直播和出镜报道成为可能。2008年的汶川地震和北京奥运会更是成为国内电视媒体正式亮出出镜报道的重要契机，加之之前地方电视台在民生新闻方面的大量尝试和积累，出镜报道和新闻主持似乎已经越来越成了国内电视新闻的必备利器，在电视新闻报道中发挥的作用越来越大。由于看到了出镜报道与新闻主持在当今电视新闻报道中的重要性和独特魅力，包括中央电视台在内的国内电视台也已开始非常重视出镜记者与新闻主持的发现和培养，中央电视台在2008年底即组织了“全国电视新闻出镜记者培训暨业务论坛”，邀请白岩松、张泉灵等优秀的电视出镜记者和新闻主持人传经送宝。这一现象当然也引起了学界的关注和思考，一些学者开始纷纷撰文对此进行研究，一些学校也开始尝试开设出镜报道和新闻主持的专业和方向，面向电视媒体的发展需要制定了新的人才培养计划。

从世界范围看，24小时的电视新闻直播和大规模的出镜报道早已屡见不鲜，高水平的出镜记者和新闻节目主持人对实时新闻的描述和评论越来越多地赢得了观众的喜爱。随着技术的进步和沟通的加强，中外电视节目的形态差距越来越小，但从新闻内容和报道方式等方面来看，以央视为代表的中国各电视台距离世界一流新闻媒体的目标尚有距离。尤其在出镜报道领域，尽管这种模式已经被国内电视台大规模使用，但是出镜报道的质量和效果究竟如何，业界和学术界尚没有科学的评价。而作为出镜报道中的重要角色，出镜记者和新闻节目主持人在出镜报道中的具体表现，国内目前也尚未有学者进行过专门的相关研究，更没有采用定量分析方法所做的研究。

在目前国内关于出镜报道的为数不多的研究当中，大多数研究仍为思辨式地探讨出镜记者的形态和作用，甚至武断地对其提出想当然的改进建议。在已有研究当中，针对中西方出镜报道的代表案例进行比较分析的研究尤其缺乏，甚至尚未真正出现。究其原因，这一方面是因为中国的电视媒体在2003年美伊战争之前尚不具备可以和西方主流权威的电视媒体相比肩的实力和基础；而另一方面，因为政治制度和新闻体制不同，以及历史上形成的新闻报道习惯的差异，让我国的学者较难找到合适的案例素材进行比较分析。但是，纵观国际新闻报道中对于新闻传播价值的理解：时新性、重要性、接近性、显著性和趣味性，中外并没有太大不同，中外电视媒体在技术手段和表现形式上也不存在任何差异，这在一些突发事件的新闻报道中表现尤为明显。因此，从学理上来说，在选择适合比较分析的案例的前提下，对中外电视新闻出镜报道和新闻主持进行比较研究是必要的，也是可行的。

更具体地说，运用中西比较研究方法研究电视新闻出镜报道，其现实原因则是：第一，毫无疑问，西方发达国家电视新闻业的发展要远远领先于中国，其节目形态、内容和报道方式在一定程度上引领了世界电视新闻的发展方向。第二，从客观条件来看，西方，尤其是美国的电视新闻报道在时新性和可看性上要高于国内，并且能从最适合观众收看习惯和喜好的角度进行报道，这种报道取向对于长期受国内新闻体制限制的中国电视新闻来说，是急需学习和借鉴的。第三，对于中国来说，中央电视台作为国家电视台长期一家独大的状况会使得其新闻频道在某些类型的电视新闻报道中表现得较为程式化，长期以来形成的“模式新闻”可能会使报道陷入僵化模式的危机。这些僵化表现在单纯引进模式而不提高质量，虽然在节目形态上和世界先进报道同步，但对受众来说，在内容上不过是“新瓶装旧酒”。

没有比较就没有借鉴，没有比较也就失去了前进的方向。正是本着在比较中前行，本着这种发现差距、提升自我的原则，本书的研究在视角上主要采取的是一种比较的视角，在内容的构成上则先从理论上厘清相关概念，再在详细梳理中外出镜报道与新闻节目主持人发展路径、密切关注其现状发展的基础上，通过比较来发现问题并有针对性地就这些问题提出我们的思考。具体来说，本书的研究是在比较研究的视角之下，既从宏观方面比较了中外出镜报道与新闻节目主持人在理念和发展路径上的异同，剖析了中国电视媒体和美国、日本等西方发达国家电视媒体之间的差别，也从微观方向选取中美两国不同的电视媒体、栏目及个人等方面做了细致的案例分析。当然，在着眼中西方差别的时候，我们也有意识地关注和考察了在报道理念和方法运用等方面都更介于二者之间的媒体，即香港的凤凰卫视，将其作为一个重要的案例纳入我们的研究视野，这样做的目的也无非是使我们的比较研究更有可比性，使我们的研究对于国内电视媒体向西方媒体的学习和借鉴更有可操作性。

本研究的成果直接来自于我为中国人民大学新闻学院广播电视传播学专业研究生开设的课程《出镜报道与新闻主持》。在这门课程的学习过程中，我为研究生们所定的研究方向就是要用比较的视角来审视中外出镜报道和新闻主持的发展。在一学期的课程当中，我和选修这门课程的十多位研究生既从理论方面深入考察了中外出镜报道和新闻主持的发展缘起、传播特征及其对电视传播效果的价值，同时也通过解剖案例的方式探讨了中外出镜报道和新闻主持的成败得失，从中总结出了这种电视传播手段的某些规律性的东西，探讨了中国出镜报道和新闻主持落后的原因并为之开出某些可资借鉴的药方。当然，在媒体发展日新月异的新媒体时代，出镜报道和新闻主持也不可避免地会受到新媒体和新形势的影响，面临着新的机遇和挑战。于是，我们也在密切关注新媒体特征及媒体新变化的基础上，对出镜报道和新闻主持的趋向做了一些探索性的思考。

根据上述思路，本书的具体篇章结构为：

第一章，共设四节，其中第一节：出镜报道与新闻主持，主要从理论角度探讨了出镜报道与新闻主持的概念及其传播学特征，以及出镜报道与新闻主持对于电视媒体新闻报道的理论价值；第二节：出镜报道在中国的发展；第三节：新闻主持在中国的发展；第四节：美国电视出镜报道与新闻主持，主要梳理了出镜报道和新闻主持在美国的历史发展脉络以及其在类型、业务等方面的发展演变。

第二章，共设三节，分别采用定性研究和定量分析的方法对中国和西方国家的电视出镜报道和新闻主持的总体现状做出详细分析，重点分析了中外电视出镜报道和新闻主持的异同以及存在的主要问题，并在此基础上对中外电视出镜报道和新闻主持的发展出路做了探讨。

第三章，共设四节，采用比较分析的方法，选择中国电视媒体，主要是中央电视台，将其出镜报道和新闻主持与境外的电视媒体，分别为美国 NBC 电视台、日本 NHK 电视台、香港凤凰卫视的出镜报道和新闻主持做了比较，目的在于发现中国电视媒体与境外电视媒体目前在出镜报道和新闻主持方面的异同以及差距。与此同时，本章也就国内媒体，特别是作为国家电视台的中央电视台与地方电视台的出镜报道和新闻主持做了比较，注重结合不同题材和不同风格的出镜报道和新闻主持，如时政新闻与民生新闻的出镜报道等等。

第四章，共设八节，分别选取了目前活跃在中外电视荧屏，在出镜报道和新闻主持方面堪称佼佼者的出镜记者和新闻节目主持人，如中央电视台的白岩松、张泉灵、柴静，凤凰卫视的闾丘露薇、陈鲁豫以及美国NBC电视台《晚间新闻》主播布莱恩·威廉姆斯和首席驻外记者理查德·英格尔，结合实际案例分析了他们在出镜报道和新闻主持方面的特征，通过总结他们的成长经历剖析了他们成功的原因，并挖掘了他们对提升出镜报道和新闻主持水平方面的启示。除此之外，本章还选择了两档以出镜报道和新闻主持见长的栏目，即中国中央电视台的《新闻调查》与美国CBS电视台的《60分钟》进行了比较分析，探讨了二者之间的异同。

第五章，共设两节，第一节在引入胜任素质模型相关理论的基础上，主要运用文献参考、专家访谈以及行为事件访谈法(BEI)探索了出镜记者素质模型的构成要素，并通过综合分析法、统计分析方法构建、检验了出镜记者的胜任素质模型，即优秀出镜记者素质模型由个人发展特征、执行力特征、职业技能特征、控制力特征、个体人格特征与目的导向特征六个模块构成，共涉及快速反应能力、现场观察能力、情绪控制力等23项素质。第二节在构建出镜记者胜任素质模型的基础上，尝试着从出镜记者的选拔、培养与考评三个维度出发，就如何有效提高出镜记者的报道能力提出了相应的对策建议。

第六章，共设两节，第一节主要探讨了新媒体时代，特别是在网络媒体等新媒体的冲击之下，电视出镜报道所面临的机遇与挑战。第二节则着眼于新形势下主持人的最新发展，即网络视频节目主持人，探讨了网络视频节目主持人与传统节目主持人之间的区别与联系及其发展演变。

本书的研究成果是我们师生间共同研究和探讨的结果。在本书的写作中，首先由我对研究的总体框架做了设计，提出了所要研究的重点和专题，然后由研究生根据各自的优势和兴趣认领不同的研究题目。在接下来的过程中，我们又共同就每位同学的阶段性研究成果做了充分的研讨，并在此基础上进行新的更深的研究。最后再由我按照本书的整体架构和要求对研究生们完成的初稿进行修改和润色加工。研究生们的具体分工是：张紫赟负责第一章第一节、第二节、第二章第二节和第五章，柏莹负责第一章第三节和第三章第四节，边思玮负责第三章第一节，丁步亭负责第一章第四节、第二章第三节和第四章第八节，房佳伟负责第二章第一节，徐丽莉负责第三章第三节，袁也负责第四章第一节、第二节，姚道磊负责第四章第三节，黄少华负第四章第四节，高健负责第四章第五节，张格苗负责第四章第六节，李姝含负责第四章第七节，永野凉音负责第三章第二节，刘佳负责第六章第一节，庄剑峰负责第六章第二节。

由于出镜报道和新闻主持在中国毕竟还算是个新鲜事物，在电视实践中真正发展的历史不算长，可借鉴的资料非常有限，加之大部分同学是第一次接触这方面的研究，并且学习和就业的压力非常之大，所以本书的研究在很多方面还存在着谬误和不尽如人意的地方。我在愿意承担本书的全部文责的同时，也恳请学界同仁和业界精英多多批评指正，以求共同来推动出镜报道和新闻主持在中国的理论研究和实践发展。

第一章
出镜报道与新闻主持基础

第一节　出镜报道与新闻主持

作为大众传播媒介的主力之一，电视媒介借助影像传播技术有着直观、即时的传播优势。与其他传统媒体一样，电视在传播的过程中因为代表的是一个专业机构在与观众进行交流，所以容易产生一种不对等的信息传递状态。出镜记者与节目主持人在电视传播中的出现，则在一定程度改变了电视媒体与受众之间在传播关系上的这种不对等状态，使得传播在"人（出镜记者、主持人）"与"人（受众）"两个相似而平等的个体之间进行，从而使大众传播活动具有了鲜明的人际传播的特点，也因此更容易为受众所理解和接受，因而在提升电视媒体的传播效果方面具有不可比拟的优势和意义。

一、出镜报道

（一）出镜报道的概念界定

所谓"出镜报道"，在英文中通常被称作 On-camera Report，译作中文即电视记者面对电视镜头（电视观众）所进行的报道。关于出镜报道的界定，目前学界业界的认识尚不统一，也没有相对明确的概念。在已有的相关研究中，学者们大多从对出镜记者的定义入手，如"出镜记者是指在电视采访中出现在镜头里的记者和主持人"。[①] "出镜记者是指在新闻现场，在镜头中从事信息传达、人物采访、事件评论的电视记者和新

① 朱羽君、雷蔚真：《电视采访学》，中国人民大学出版社 1999 年版，第 33 页。

闻节目主持人(新闻主播)的总称。”[①]按前一种理解，出镜报道应该是由电视采访中出现在镜头里的记者和主持人所进行的报道，而按照后一种对出镜记者的定义，出镜报道则应该是指在新闻现场，由在镜头中从事信息传达、人物采访、事件评论的电视记者和新闻节目主持人(新闻主播)所做的报道。以上两种定义虽然都把握住了出镜，即“出现在镜头里”或“在镜头中”的实质，明确地提及了这类报道的报道主体，但它们在对这类报道的场景和业务范畴的概括上似乎仍有缺陷，前者忽略了出镜记者在采访活动之外的存在，后者则由于强调新闻现场，而模糊了出镜报道与现场报道的界限。

由于出镜是出镜报道的关键词，因此从出镜记者的定义入手来界定出镜报道的思路无疑是正确的。所谓“出镜”，顾名思义，即“出现在镜头里”，是指观众在观看电视新闻时可以从电视屏幕上看到报道者，一般用来与记者隐藏在镜头后面不出现在报道中，或完全以录像方式报道新闻做区别。根据对出镜的理解，也为了体现出镜报道与其他报道形式的区别，我们认为，出镜报道，简单地说就是包含有记者出镜成分的报道，或凡是有报道者出现在报道中，并以记者的个人身份面对镜头、面向观众所做的报道即属出镜报道。这样，出镜报道的主体就不仅限于记者，而是可以覆盖所有以记者身份出现的如播音员、主持人等等的报道者，报道的范畴也不仅限于播报和提问式采访，而是包括现场观察发现、背景梳理及相关的分析与评论等所有报道活动，报道环境则可以是新闻事件的现场，也可以是与新闻相关的所有场景，甚至可以是演播室。这样一来，我们也就可以比较清晰地对出镜报道和现场报道、新闻主持加以区分，即如果报道者所处的场景是新闻事件现场，那么此时的出镜报道便是现场报道，如果报道者的个人身份是报道播出栏(节)目的主持人，那么此时他(她)的出镜报道则属于新闻主持的范畴。由此也不难看出出镜报道与新闻主持之间的联系，二者实际上都是在以一种个体的人格化方式从事电视新闻报道，所不同的只是二者出现在报道中的身份及其在报道中所起的作用:出镜报道强调的是报道者的记者身份，新闻主持强调的是报道者的主持人身份;出镜报道中的报道者主要担负的是报道任务，新闻主持中的报道者则除了担负报道任务，还必须承担对栏目或节目的主持任务(具体情况见表1—1)。

表1—1　出镜报道与新闻主持的区别与联系

报道场景 / 报道者身份	演播室环境	非演播室环境
主持人	新闻主持(典型)	新闻主持(非典型)+出镜报道
记者	出镜报道(非典型)+分析评论	出镜报道(典型)

① 宋晓阳:《出镜记者现场报道指南》，中国广播电视出版社2008年版，第29页。

从表 1—1 可以看出，如果一个报道者是以主持人的身份出现在演播室环境当中，那么此时他(她)的行为就是典型的新闻主持；而一个报道者如果是以主持人的身份出现，即使他(她)没有在演播室，也完成了一定的报道任务，其所从事的活动仍属新闻主持，只不过这种新闻主持较之前一种情况显得不是那么典型，因此大略可称之为非典型的新闻主持，如美国电视媒体在有重大突发事件发生时，其主持人就常常不再像往常一样坐在演播室，而是在事件现场主持整档栏目。同样，如果一个报道者是以记者的身份(不承担任何串联、统合、把控等任务)出现在演播室以外的报道场景当中，那么此时他(她)的行为就是典型的出镜报道；而一个报道者如果是以记者的身份出现，即使他(她)在演播室，主要承担的是分析、评论新闻的任务，其所从事的活动仍属出镜报道，只不过这种出镜报道较之前一种情况显得不是那么典型，因此大略可称之为非典型的出镜报道，如美国电视媒体常常会邀请一些记者进入演播室对某些报道进行解释和评论，或让一些报道者从其他的演播室与主持人连线对某一新闻进行报道。因此，报道者的角色及所承担的任务实际上是区分出镜报道与新闻主持的关键。

正是这个原因，出镜报道和新闻主持二者更像是电视新闻报道者成长的不同阶段，出镜记者在充分地积累和历练之后，其中的佼佼者必然走向新闻主持，而真正的新闻主持只能从优秀的出镜记者当中产生，要成为真正的新闻主持，则必定要先在出镜报道的岗位上锤炼，这一点可以从欧美等发达国家的电视实践中得到充分证明。

(二)出镜报道的传播学特征

作为“记者面对镜头所做的报道”，出镜报道与一般意义上的电视报道，即“声音+画面”、报道者躲在报道背后的报道方式相比，具有独特而鲜明的传播学特征。

1.人格化的传播主体

有学者在论及主持传播时，曾提出大众传播的人格化“就是以生活中的具体的人同听众、观众说话的形式播节目”。① 显然，在出镜报道中，出镜记者作为新闻信息的传递者和报道者，通过画面镜头与电视机前的观众进行交流、说话，也是创造出了一种人际交流的拟态环境。在这个新闻信息的传播过程中，出镜记者作为讲故事的主体，也是作为人格化的传播主体，既是传递者又是解释者，观众正是通过与他们建立传播关系来接触和接受信息的，正如日本放送协会对出镜记者现场报道的概括那样，现场报道，简单地说，就是通过出镜记者的人格来传达信息情报。②

与主持传播相同，出镜报道所表现出的最突出的特点就是在新闻信息中突显了人的因素，即在每一条新闻报道中作为有生命有感情的传播主体，报道者不再是躲在电

① 邓文能：《人际传播与主持人节目》，《广电战线》1985 年第 11 期。
② 宋晓阳：《出镜记者现场报道指南》，中国广播电视出版社 2008 年版，第 36 页。

视画面背后的抽象物，受众接触到的也不再是无生命的画面、同期声、解说词等传播符号，而是添加有出镜记者个人人格特征的富有感情色彩的信息。从此，电视新闻传播因出镜记者的这种人格化传播特点而变得更加有"人味儿"，更加具有吸引力。对于电视新闻传播而言，在只有解说词和画面的时代，信息的传递更多地是电视这一机器与观众个体之间的交流，即人机界面，而当出镜记者出现以后，记者在镜头前的报道让电视新闻传播从"机器与人的交流"转向"人与人之间的交流"，即人人界面（见图 1—1），每一条新闻都有了自己的阐述者、讲解者。

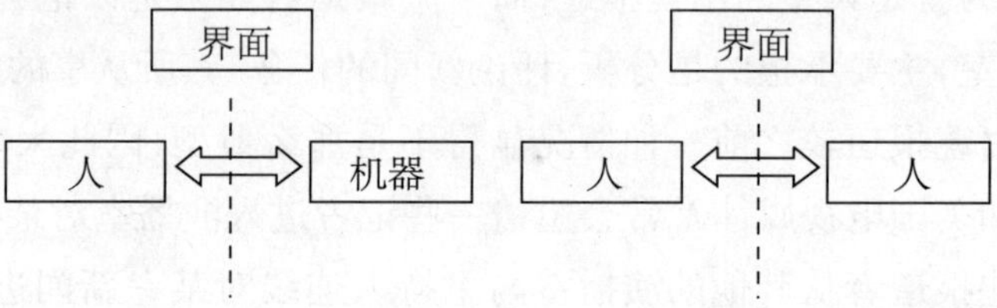

图 1－1　传统电视报道的传受界面与出镜报道的传受界面

2. 个性化的传播视角

正如同世界上很难找到完全相同的两片叶子，也很难找到完全相同的两个人。每一个人都是独特的传播个体，有着不同的个性特征，即不同的精神面貌和心理特征。就出镜报道而言，每个出镜记者都是作为一个独立的个体而存在的，在新闻信息的传递中必然会呈现出自己的个性化色彩，小到出镜报道语言的组织、记者独特的个人感受，大到报道整体风格的构建，都会因为记者个人视角的不同而不同。比如同样的地震报道，张泉灵的出镜与柴静和李小萌的出镜就都具有各自鲜明的个人特色。

再比如，央视《新闻 30 分》节目曾播出过一条记者宋大珩所做的关于干旱的出镜报道。[①] 在报道中，记者说道："这里曾经是东兰县泗孟乡的一块水稻田。大半年不下雨，让这里的土地已经完全地干裂了，到底旱到一个什么程度？（边说边蹲下身，将手伸入裂开的土中）像我的手，就可以完全地伸到干裂的地缝里面。而且被蒸发了水分的土壤就像石头一样坚硬，（边说边拿起手边一块土，狠狠砸向地面）完全可以在地上砸出一个坑来。"报道中，记者完全是以个人的视角，以"我"的行为和体验来描述和验证了新闻报道中的事实，如果换成别的出镜记者，则报道的视角和体验可能会完全不同。

纵观国内知名的出镜记者，无不具有独特的个性化魅力：王利芬干练利落、步步追踪；张羽面对毒贩时很有分寸；长江锐利的提问与厚重的思想；董倩、柴静柔弱外表下的睿智与现场发现力。董倩在《新闻调查》中曾做过一期节目，报道几十年前被日本侵

① 视频：http://video.sina.com.cn/v/b/29495052—1699397483.html。

略者抓去做慰安妇的一位大娘，叫《阳泉村的记忆》，镜头中，当老大娘讲至激动之处满含泪水之时，董倩用自己的手握住大娘的手，并轻轻地摩挲着。这一小小的细节，让我们感受到了出镜记者独特的个性魅力，及现场情绪的渲染力。①

3.人际化的传播样态

由于面对镜头（实际上是面对观众）是出镜记者的题中应有之义，对于出镜报道而言，其传播的方式在某种程度上便成了一种与人际传播非常相似的传播状态，即出镜记者不再采取传统播音员或录像资料中那种具有距离感的宣告或播讲的大众传播方式参与传播了，而是采取一种更加符合这种传播情境的一对一的有明确交流对象和更富交流感的人际化传播样态。比如，在现场、面向镜头时，出镜记者除了需要报道最新的信息，还必须将镜头设想成是某个特定的观众，并通过具有交流感的语言将复杂的内容简明扼要地表达清楚，实现一种拟态的一对一的交流。这种将信息以人际化交流方式全面客观地传递给观众的方法，正是出镜报道较之广播报刊等其他传播方式体现出的与观众交流的天然优势。

出镜报道的人际化传播主要体现在两个方面，一方面是出镜记者作为报道主体与电视机前观众拟态的"面对面交流"。比如白岩松在报道日本靖国神社时在开场出镜中有这样一段话："我现在呢是在位于日本东京的靖国神社的大门外，我想，不管对于我还是其他很多来到这里的中国人来说，靖国神社一共有两个。一个是在穿过这个大门外，继续向前走，进入到靖国神社里头，它由正殿还有游就馆以及其他的一些建筑，包括园林构成的一个实体的靖国神社。但是相对于实体的靖国神社来说，对于中国人还有其他的一些亚洲国家的人来说，恐怕一个精神的靖国神社才是让人格外地敏感，这个精神的靖国神社也被学者称为'靖国史观'。今天我们就一起去看看，透过这个实体的靖国神社的背后究竟隐藏着怎样的一种历史观。"且不说白岩松这段话在语词、语序及语调上的交际语言特征，单是一句"我们一起去看看"就已然把正在观看他报道的观众当做了交流对象。另一方面则体现为记者与采访对象之间的人际交流与互动，通过镜头传递给不同时空中的电视观众，成为一种人际交流意义的延伸。②这种交流同样在白岩松那期《岩松看日本》的片子里随处可见。

（三）出镜记者的作用

有学者从现场直播的角度对出镜记者的重要功能做了概括，即体现媒体能力、在现场及时地传递信息、表达媒介的观点和视点采访的作用以及体现记者的个性化感受，并进而指出了出镜记者的三大任务，即引导观众关注现场重要的信息、提供合适的

① 贾艳艳：《出镜记者采访策略研究》，《三门峡职业技术学院学报》2010年第9卷第3期。

② 梁婷婷：《面向第三方的人际传播》，《新闻知识》2010年第12期。

背景信息、协调和演播室主持人的关系,[1]对出镜记者在业务方面的作用做了概括。我们认为,作为人际化的传播主体,出镜记者的作用应既涵盖出镜报道的业务层面,同时也不应忽视其在构建传播关系上的显著效应,这恰恰是出镜报道发挥其一般性作用的基础,因此出镜记者在节目中的作用主要可以从两个大的方面加以概括:

1.结构性作用

与非出镜报道或传统的电视报道相比,在有出镜记者的电视报道中,信息传播的结构由原来的电视媒体或信息源直接传给观众,变为了电视媒体或信息源先由出镜记者掌握,然后再通过出镜记者传给观众,即在传播的结构方面,在电视媒体机构(或信息)与受众之间多出了一个出镜记者的环节,出镜记者从中起到了桥梁和纽带作用。而作为纽带的出镜记者,除了需要将新闻现场的最新消息以最快的速度传达给受众之外,更重要的则是作为新闻事实的见证者,靠着个人魅力来发挥出镜报道类人际传播的优势,重新架构和维系起媒体与受众之间的关系,形成直接的人际化交流,更有效地拉近传播者和受众的心理距离。

央视新闻频道曾做过敦煌再发现的直播报道,讲述了莫高窟的历史渊源、布局架构以及历史意义等。在开篇报道之中,记者张羽和敦煌研究院考古所所长刘永增把观众领到了158洞。洞本身的看点并不多,在有限的画面中,出镜记者利用和所长的一问一答,不经意间讲述出卧佛的外貌、建造时间、原型释迦牟尼人佛境界等众多背景信息。在不到5分钟的时间里,张羽把观众眼见的实物和历史来源结合起来,为观众奉上了一份丰厚的信息盛宴。[2] 当然,此时的张羽除了履行记者提问、观察的基本职责外,也在以他在观众中的人格魅力牢牢架起了央视与观众间的传播关系,是别的记者或主持人所无法替代的。

2.功能性作用

电视出镜报道的魅力在于它的鲜活性、真实性和贴近性。出镜记者的出场彰显了电视媒体迅速、直接的特点。作为新闻现场的见证者、观众视线的引导者以及观众与电视媒体和信息源之间的桥梁,出镜记者除了作为人格化的符号、作为真实具体的见证人和目击者出现外,同样需要完成记者所担负的所有报道任务,即作为出现在镜头里的报道者,出镜记者必须完成新闻信息的发现、搜集和表达任务,或出镜记者必须要完成采访、报道和分析评论的任务。

具体来说,就是出镜记者在镜头前往往要扮演观察者和报道者的角色,用央视著名出镜记者张泉灵的话说就是:"只有一个好的复述者、一个好的观察者,再加一个好

---

① 周勇:《电视新闻编辑教程》,中国人民大学出版社2002年版,第134、135页。

② 王媛:《电视新闻现场报道的语言传播策略》,《新闻采编》2007年第5期。

的分析者，在电视直播公共的时代，才能最终站得住脚。”①因而，作为出镜记者，他（她）必须要完成采访（提问）、观察（感受）、描述、分析、评论等一系列的报道任务，成为整个出镜报道中不可替代的部分，而不仅仅是作为出镜报道的标志性符号存在。如在中央电视台的系列报道《岩松看日本》中，作为出镜记者的白岩松在整个报道中，既通过向采访对象提问让国人了解了必要的新闻信息，了解了日本民众的思想感受和个人情况，也通过自己的眼睛，甚至调动所有的感官，敏锐地观察到了日本社会中一些让我们感到新鲜的风物和细节。与此同时，白岩松又站在中国人的立场，从记者的视角对许多备受中日民众关注的问题做出了自己的分析和讨论，可谓将记者在镜头前的作用发挥得淋漓尽致。

当然，在承担复核者、观察者和分析者角色的同时，出镜记者还必须是一个引领者，能够把握观众心理，引领观众进入新闻当中，关注报道中的重要信息，通过报道视线或报道脉络架构报道的进程。

二、新闻主持

随着电视节目的日趋多样以及新闻受众几何级数的增长，人们已经不满足于新闻机构传统的以一对多的单向的传输方式，而更加渴求在新闻事实中进行更富有人性味的互动式交流。新闻传播理念也由“我播你听”的下行式灌输向着关注、研究、尊重受众的平行式转化，新闻节目主持人在电视新闻传播中扮演着越来越重要的角色。

（一）新闻主持的概念界定

新闻主持，或曰新闻节目主持，既可用来指称广播电视新闻报道中特有的工作环节和特定活动，也可用来指称从事此类活动的人，即新闻节目主持人，或更简单地称之为节目主持人，或主持人。主持人，是伴随着广播电视技术的发展，当出现固定播出形式、播出时间的栏目后应运而生的。在英语国家的广播电视节目中，与中文所指的主持人对应的称谓通常不止一个。播报或资讯类节目中的主持人通常被称作“Anchor”，新闻主持活动则对应为“Anchoring”。Anchor，原意是指接力比赛中跑最后一棒的运动员，用在主持人身上则是指其在整个新闻传播活动中所负责的信息传递的最后一环，即将记者、编辑搜集到的新闻信息经过整合、以个人身份直接传递给观众的传播活动。Anchor，在中国港台地区常常被译作“主播”。在内地，尽管“主播”一词也频频出现在媒体之上，但其与“Anchor”的涵义并不完全一致，多数时候还是和播音员混

① 杨华主编：《咱们电视有力量》，中央民族大学出版社 2009 年版，第 33 页。

为一谈。[①] 在英文中，与中文主持人对应的另一个词，即“Host”，其一般不出现在消息播报类节目中，而是出现在谈话节目或娱乐、益智、真人秀等节目中，往往以主人的身份承担着调动嘉宾和把控节目的任务。英文中主持人还有一个词叫“Moderator”，即“调解人”或“仲裁人”，通常是指在某些论坛或辩论会现场担任调解或控制话题走向的人。

为了与本书中的出镜记者相对应和区别，我们认为，从宏观上讲，凡是以个人身份出现在某个栏目中，面对镜头、平等面对观众，并在其所在栏(节)目报道中整体上起驾驭和主导作用的独立个体，均为电视新闻主持人，其所从事的报道活动即为新闻主持。在此定义之下，新闻主持的范畴则不仅限于播报和串联，而是包括一切与新闻报道相关的背景介绍、采访、分析与评论等报道活动。主持人节目也不仅限于播报和资讯类，而是囊括了诸如访谈、调查、谈话、杂志等所有新闻类栏目，即新闻主持人的概念不仅涵盖了主播(Anchor)的意思，而且覆盖了某些 Host 和 Moderator 的成分。当然，新闻主持也可用作简称来指代从事这类报道活动的新闻节目主持人。

(二)新闻主持的传播学特征

作为“固定栏目主持报道的个体”，不同栏目的电视新闻主持人之间虽有很多不同，但因为其实质与前面论及的出镜记者一样，仍属于电视媒体在人际化过程中的产物和体现，因而都具有相同的素质特征及传播效应。

1. 人格化

所谓传播的人格化，“就是以生活中的具体的人同听众、观众说话的形式播节目”。[②] 因而，新闻主持的人格化特征首先表现为传播主体的人格化。用白岩松的话说，就是“电视传播与其他媒体的传播，最大的区别就在于电视传播中有看得见的主持人的因素，它是一种真正的人际传播”。[③] 在新闻主持传播中，传播的主体不再直接表现为制度化或物化的媒介组织或媒介机构，而是真正的人。虽然在主持传播中，受众面对的仍是一台台机器或接收设备(即电视机、收音机或电脑等等)，但受众感觉看到(听到)的却不再完全是无生命的文字符号，也不再是无表情的声像电流讯息，而是一个个活生生的人，是这个人作为传播者在向受众传递着信息，宣讲着他(她)的意见和看法，是这个人在以他(她)的个人名义，以“我”和“你”的语气，以一种平等的姿态在与受众亲切地交流。正如有些学者所说：“新闻节目主持人通过人际交流的系统创造出人际交流的拟态环境，表现出人格化的特征，他既是传达、解释、评议新闻事实的传播

---

① 吴郁：《谁来做主播》，《电视研究》2004 年第 9 期。

② 邓文能：《人际传播与主持人节目》，《广电战线》1985 年第 11 期。

③ 孙玉胜：《十年：从改变电视的语态开始》，生活·读书·新知三联书店 2003 年版，第 359 页。

者，又以真实可信的个人形象达到了信息共享的朋友般的印象管理。”①

综上所述，新闻主持与其他样式的电视传播比较起来，最突出的特点就是在传播中突现了人的因素。而人与物最大的区别就在于人是有生命的，是有感情的。这样，当人们面对传播的时候，受众所接触的便不再只是无生命的传播符号，也不再只是没有感情的传播机器。通过感受源自主持人的感情，通过体味主持人的喜、怒、哀、乐，受众不仅能够更加深切理解主持人所传递的信息，而且充分感受到了传播中人的存在。有时，由于受众对某些主持人的偏爱甚至崇拜等情感因素，以及主持人个人的信誉、魅力等因素，这种传播的效果甚至会超出一般意义的大众传播，而这正是主持传播最富生命力的地方。

2. 个性化

新闻主持是由主持人直接参与和控制实施的传播行为。每一位主持人，由于他们的长相、气质、经验、志趣、专长、习惯等各自然因素和社会因素不同，其所实施的主持传播肯定会染上他们各自的个性特征，这决定了个性化既是主持传播与一般大众传播比较而言的特点之一，也是主持传播最显著的魅力所在。主持传播的这种个性化魅力或特征不仅体现在传播主体的千人千面上，更体现在传播者个性化的传播方式（或风格）以及他们个性化的传播角度上。因主持中央电视台《东方时空》而闻名全国的四位主持人白岩松、敬一丹、方宏进和水均益，都为观众留下了完全不同的个性化印象，正所谓“白岩松的言辞犀利、鞭辟入里；敬一丹的用语恳切、舒缓委婉；方宏进的沉静缜密、朴实恳切；水均益的取喻丰富、机辨睿智，可谓各具风采”。② 而这些主持人的个性由于契合了栏目的个性，更因为契合了时代特点且更符合人的认知规律，因而具有不可比拟的传播优势。用孙玉胜的话说就是：“主持人的个性化还有一个功能，那就是电视与观众之间的亲近感得以保留。”③

3. 对象化

对象，或传播对象，是传播学中很重要的一个概念，它通常是指大众传播内容的指向者或接受者，也就是我们常说的受众。新闻主持传播的对象化特点首先表现为传播过程中主持人对受众的直接呼告上，其中最常见的情形就是主持人在传播中会不断说出“听众朋友（或观众朋友），您好”，“听众朋友（或观众朋友），您说呢”，“这位朋友的名字叫……”，“您对这个问题怎么看”等等完全对象化的称谓或语气和词汇，让受众感到主持人就像是和某个传播对象在进行面对面的交流。有时，受众甚至可以从主持人的话语中确确实实地感觉到主持人正是在呼唤自己，在和自己说话，如有的主持人常常

---

① 杨乘虎：《试论新闻节目主持人的可信度》，《现代传播》1999 年第 1 期。
② 杨乘虎：《〈面对面〉：人际传播与大众传播结合的新支点》，《现代传播》1998 年第 4 期。
③ 孙玉胜：《十年：从改变电视的语态开始》，生活 · 读书 · 新知三联书店 2003 年版，第 361 页。

会说一些“也许您此时此刻正坐在电视机前……”，“这位名叫……的朋友，在微博中写道……”，“观众朋友，您说呢……”等等的话，将传播的对象固定在了某个特定受众身上。正因如此，才会出现当丹·拉瑟对着镜头说晚安的时候，很多观众会情不自禁地对着电视屏幕说“再见，丹”的情景。

新闻主持对象化特征的另外一个较为明显的表现，就是主持人在传播时所做的对象化联想，即主持人无论处在什么场合从事传播活动，他的心目中总会有一个或几个假设的受众。这种情形用播音主持学的专业语汇来说就是“目中无人，心中有人”，即虽然受众可能不在传播者的眼前，但传播者的心中却一直装着受众。中央电视台著名主持人水均益在介绍他主持节目的经验时就曾专门指出，他经常在自己主持的节目中想象是在和自己的母亲说话，告诉她波黑又出了什么事。而有同样感受的不仅是水均益，几乎所有的主持人都有在面对话筒、面对摄像机时，不是把话筒、摄像机仅仅当成无生命的机器，而是把它们设想成某个确定的观众的经验。这种情况用著名主持人敬一丹的话说就是：“节目主持人的对象感运用强调具体化，他一般不做‘一对多’的设想，而把交流设想成‘一对一’、‘一对几’。这种心理状态是‘我’与观众谈话的必然要求，他以个人对个人的形式来适应观众的接受心理，有时是和一位真实存在的观众直接呼应，有时是把收听、收视对象设想成一位熟悉的朋友。”①从这一点来说，对象化特征正是主持传播与其他传播的不同之处。主持人在从事主持传播时所做的任何努力，都应该或明或暗地让那些在家里听广播或看电视的人觉得自己正是主持人正在与之说话的那个“你”。

4. 全息化

传播学在传统上将传播分为人内传播、人际传播、群体传播、组织传播和大众传播等五种形式，其中人际传播由于传递和接收信息的手段多、渠道广、方法灵活，而被公认为是一种高质量的传播活动，是真正意义上的多媒体传播，即“人际传播是全息化的。”②这里的全息化当然仅就人际传播的信息传播渠道或传播方式而言。正如霍克斯所说：“任何言语行为都包含了通过手势、姿势、服饰、发式、香味、口音、社会背景这样的‘语言’来完成信息传达，甚至还利用语言的实际含义来达到多种目的。甚至当我们不在对别人说话时，或别人不在对我们说话时，来自其他‘语言’的信息也争先恐后地涌向我们：号角齐鸣、灯光闪烁、法律限制、广告宣传、香味或臭气、可口或令人厌恶的滋味，甚至连客体的‘感受’也有系统地把某种有意义的东西传达给我们”。③ 新闻主持作为一种大众传播与人际传播的交叉物，一种类似于人际传播的传播方式，全息

① 参见俞虹：《节目主持人通论》，杭州大学出版社 1996 年版，第 277 页。
② 郑兴东：《受众心理与传媒引导》，新华出版社 1999 年版，第 210 页。
③ 〔英〕特伦斯·霍克斯著，瞿铁鹏译：《结构主义与符号学》，上海译文出版社 1997 年版，第 128 页。

化同样是它与其他大众传播方式的标志性区别,也是其特性之所在。

新闻主持中的全息化特点主要体现在其对类语言和非语言符号的运用上。非语言符号通常是指语言(包括文字)之外的信息传播符号,它既包括主持人的语气语调、体态表情,也包括主持人的服装服饰、情境状态等等。美国姿势传播学的研究者德伯惠斯特尔曾经估计,在有两个人传播的局面中,有65%的"社会含义"是通过非语言传送的。当然,非语言符号在大众传播中的应用还不仅停留在传递信息的层面上,在更多的时候,它是对主持人所传递的信息的一种解释、补充、突出和强调,甚至传递着信息之外的超信息,对大众传播效果起着不容忽视的促进作用。

2008年播报汶川地震新闻时,央视新闻频道新闻主播赵普在主持节目的几个小时内,遇难人数便增加了一万多人,他因此难以控制自己的情绪,在播报新闻时情不自禁地不止一次哽咽。当时,他哽咽落泪的一幕让很多观众也忍不住热泪盈眶,情感的传递提升了新闻的传播效果,让这一幕自此印在了很多观众的心里,至今记忆犹新,并由此将其定位成一个有血有肉、有真性情和真情感的主持人。

全息化的传播特征同样存在于出镜报道之中。

三、出镜报道与新闻主持的传播效应

正如本章所述,出镜报道和新闻主持其实有很大的相似性和相关性,二者之间的差别实际上仅体现为报道者在报道中的角色和分工不同,出镜报道和新闻主持实际上都是在电视报道中融入了鲜明的人格色彩和人际特征。

(一)出镜报道与新闻主持是电视新闻理念的回归

纵观全球电视新闻业发展的路径,指导电视新闻业改革与发展的思想观念,即电视新闻理念一直是电视新闻传播不断焕发生机、推陈出新的原动力。电视媒体的核心理念,或本质要素和属性是什么?孙玉胜在《十年:从改变电视的语态开始》一书中提到,他从 Television 一词中解读出的属于电视本质的要素至少有同步、现场、真实和过程等几个要素。[①] 的确,就电视而言,其最大的传播优势就是视听兼备、同步传播,在第一时间将正在发生的事实通过富有视觉冲击力的影像画面传递给电视机前的观众,而出镜报道与新闻主持凭借"现场感"、"真实感"和"见证人"及其对新闻专业主义的践行,更是对电视理念的充分彰显和电视在竞争中制胜的法宝。简而言之,电视媒体属于"人的"媒体,电视媒体的核心是"人",电视新闻传播本质上是一种拟人际传播,是一种更强调"人"的信息传播,而电视新闻理念中最本质的便是"人在现场"。

① 孙玉胜:《十年:从改变电视的语态开始》,生活·读书·新知三联书店2003年版,第132页。

孙玉胜也曾明确提出，电视媒体属于家用媒体。“电视媒体的家用属性决定电视是‘平民化’的，而不是‘贵族化’的”。[①] 然而，在相当长的一段时间内，由于历史原因，我国电视媒体一直都负有较重的政治宣传任务，具有强烈的工具色彩，电视媒体的家用属性则基本被忽视，致使中国的电视报道呈现出明显的“去人化”色彩。那段时期的电视新闻节目主要以图像搭配解说词的宣讲形式出现，很少有真正意义上的新闻主持人与出镜记者的报道。直到改革开放以后，这种情况才有所改变，出镜记者与电视新闻主持人的作用日益受到重视。越来越多的电视新闻节目开始启用主持人，出镜记者也开始出现并活跃在新闻节目之中，电视新闻的传播体现出越来越多的“人”与“人际传播”的特点，尤其是出镜记者与新闻主持人的现场报道，在真实、客观、及时报道新闻的过程中体现出对电视新闻理念的回归。

从中外电视新闻报道发展的实践来看，我们甚至可以说，没有出镜报道的电视新闻不能算是完整和真正的电视新闻，不能胜任出镜报道任务的记者不能算是真正意义上的电视记者。

（二）出镜报道与新闻主持是电视媒体实力的集中体现

如今，伴随着电视新闻事业的迅猛发展，出镜报道已经成为电视报道中一种常见的报道形式，越来越多的出镜记者身影出现在电视荧屏上，尤其是现场报道中。由于出镜报道中出镜记者的存在本身就是纪实和见证，特别是在突发新闻事件发生的时候，出镜记者从新闻现场发回的现场报道更是电视媒体传播优势的集中爆发，在这类报道中，无论是信息的时鲜性、可靠性，还是信息的丰富性，都是其他媒体特别是传统的纸质媒体所不可企及的，因而也可谓是电视媒体实力和权威性的集中体现。一旦发生重大新闻，有实力的电视媒体必然会在新闻事件发生现场有记者存在。中央电视台副台长孙玉胜就曾不无感慨地说道：“在重大新闻事件中，是否有记者在现场是衡量一个媒体实力和权威性的重要标志。”[②]

事实也是如此，如果没有 1991 年的海湾战争，如果没有 24 小时的直播，如果没有大量的出镜记者冒着炮火在战争前沿出镜报道，恐怕也就没有今天 CNN 的辉煌，没有 CNN 在新闻报道方面的权威。如果没有伊拉克战争，没有闾丘露薇等出镜记者冲在战争第一线，在镜头前将战场上最触目惊心的场面展现给国内观众，凤凰卫视恐怕也不会那么快就成为国内电视新闻报道方面的一面旗帜，国人中间也不会出现“大事看凤凰”的说法，闾丘露薇也就不会因此被称为“战地玫瑰”，从此名闻天下。因此可以说，在中国电视媒体迈向世界一流媒体、提升国际传播力和国际竞争力的过程中，出镜

---

① 孙玉胜：《十年：从改变电视的语态开始》，生活・读书・新知三联书店 2003 年版，第 340 页。
② 同上，第 274 页。

报道的业务水平才是评判电视媒体实力的重要标准之一，拥有多少名出镜记者和名主持人才是一家电视媒体是否具有实力和权威性的最重要指标。

近十年来，中央电视台的新闻报道发展迅速，涌现出了张泉灵、李小萌、何润峰等一批优秀出镜记者，他（她）们在各种重大的新闻事件现场以采访者、目击者、参与者的身份，直接面对摄像机进行报道，做出了汶川大地震、北京奥运报道等一批优秀新闻作品。较之而言，地方电视媒体的出镜报道发展相对缓慢一些，尽管在民生新闻中出镜报道的数量日益增多，但记者出镜报道的整体水平仍然有待提高。

（三）出镜记者与新闻主持是电视媒体的核心竞争力

如前文所述，由于电视媒体在本质上是人际性的媒体，电视媒体在新闻报道方面的实力和权威性主要通过出镜报道来体现，从事出镜报道的人，即出镜记者的素质与名望是衡量电视媒体传播水平和传播能力的重要指标，因而出镜记者和新闻主持也就成了未来竞争中电视媒体最核心的竞争力。显然，在媒体传播技术越来越发达，新的传播方式和传播手段层出不穷的新媒体环境下，电视媒体与其他媒体或电视媒体与电视媒体之间的竞争已不再是对技术与资源这些硬件的竞争，不再是速度与广度上的比拼，而是要依靠人、依靠深度、依靠个性、依靠品牌、依靠名望。也正是在这样的背景之下，中央电视台著名主持人和评论员白岩松不止一次地指出“记者成名的时代开始了”。[①] 在他看来，媒体现在所处的时代是一个“观点开始成为新闻”的时代，新闻媒体之间的竞争不再依靠速度，而是依靠观点和现场记者的出镜报道，即“新闻频道怎么区分于其他的频道？怎么把新闻频道的新闻跟《新闻联播》的模式区别开来？这就需要不断地强调记者在现场的报道，几乎大比例都是记者先出现，我是在哪儿哪儿。”[②]

孙玉胜曾说：“电视就是持人媒体，电视越发达，对主持人的依赖性也就越强”，[③]足见主持人对于电视媒体的价值和意义。作为在电视媒体主持新闻节目的个体，电视新闻主持人以真实的个人身份代表电视机构在电视屏幕上面向镜头主持节目，在提升电视新闻节目传播效应的过程中起到了积极的主导作用，在节目的生成、播出过程中，不同程度地集策划者、组织者和主持者的角色于一身。[④] 换句话说，节目主持人队伍的素质水平是影响一档电视新闻节目成功与否的关键因素。早在20世纪50年代，美国电视新闻业界便认识到了新闻主持人对于电视新闻节目的核心作用，一批明星主持人的树立带动了各类名牌节目的发展，为各大广播电视网带来了丰厚的广告收入及稳

① 白岩松2008年10月29日在“全国电视新闻出镜记者培训暨业务论坛”上的发言，参见杨华主编：《咱们电视有力量》，中央民族大学出版社2009年版。

② 同上。

③ 孙玉胜：《十年：从改变电视的语态开始》，生活·读书·新知三联书店2003年版，第360页。

④ 叶卫玲：《浅析电视新闻节目主持人的作用》，《青年记者》2009年第5期。

定的收视群体，其中不乏声名显赫的丹·拉瑟、彼特·詹宁斯等一大批电视新闻主持人。据美国有关方面调查，电视名牌节目主持人对于美国社会的影响仅次于总统、国会议员、企业界巨头、工会领袖，占据第五位。① 显然，一家电视媒体的地位在于它拥有多少人力的品牌资源及多大的影响力，而明星出镜记者及主持人的品牌效应，以其不可小觑的影响力必然将为电视媒体带来高收视率及轰动效应。

第二节　出镜报道在中国的发展

一、中国出镜报道的变迁

由于我国电视发展相对较晚，以及媒介属性和管理机制与欧美有所不同，因此，电视记者出镜报道在中国不仅晚于欧美，其发展也经历了与欧美不同的阶段。总体来看，我国电视记者的出镜报道在报道角色、报道内容以及报道形式方面大致经历了从播音员，到记者，到主持人，再到记者；从“播音体”，到“调查体”，到“主持人体”，再到“记者体”的四次变迁。

(一)摸索前进的播音体(或旧联播体)

所谓电视出镜报道的播音体，即出镜报道的报道主体是播音员，其报道方式是播音员固定站立、面对镜头播读新闻导语，其报道领域则主要在党和国家领导人出访等重要的时政新闻当中。之所以将这种方式的报道归结为出镜报道，原因是报道中播读新闻的播音员不是一般化地坐在演播室，而是出现在演播室之外，如机场、飞机、领导人下榻地及领导人的其他活动场所。因为这种类型的出镜报道时政性强、经常出现在中央电视台的《新闻联播》节目中，所以我们也可称这种出镜报道方式为旧联播体。当然，称之为“旧”并不表示这种方式现在已被弃置不用，而是为了方便与后面经常出现在《新闻联播》中的另一种出镜报道方式做比较。

播音体或旧联播体的出镜报道方式最早出现在中国电视屏幕的时间可以追溯到上个世纪70年代末期，最早走出演播室、站在电视镜头前播读新闻导语的是现已退休的《新闻联播》播音员邢质斌。当时，中央电视台《新闻联播》在报道以华国锋为首的党和国家领导人对朝鲜、欧洲等地的出访活动时，邢质斌作为随团访问的记者成员，采取播音体的出镜报道方式向国内发回了不少播音体的出镜报道，在中国电视的出镜报道

① 陈素珍、邹小雨：《浅谈电视主持人明星制》，《新闻实践》2011年第2期。

方面做出了有益的尝试和探索。[1] 即使在今天的《新闻联播》当中，观众仍能经常在一些重要的政治活动和国家领导人的出访报道中见到大量这样的出镜报道。

与传统的播音员坐在演播室里播读新闻导语、播放新闻录像的报道方式相比，播音体的出镜报道由于播音员所处的位置大多是领导人政治活动的场所或新闻事件的发生地，因而在增进电视新闻的真实性和现场感方面具有明显的优势。观众不仅可以通过聆听播音员的播报了解新闻的内容，而且可以透过播音员身后的背景获取某些场景性的信息，使电视媒体“看”的特性有了进一步的发挥。当然，由于在这类出镜报道中，报道主体并非擅长采访的新闻记者、报道的形式仅为播读文稿、报道的场景相对固定，这类报道充其量只能算作初级的电视出镜报道，因为它并不能完全发挥电视新闻报道的特点，也没有真正体现“报道”的内涵。

(二)初具形态的调查体(或旧记者体)

到了上个世纪80年代，随着中国电视的进一步发展，电视中的出镜报道也有了新的发展。除了已有的播音体，中国电视上开始出现以专职记者为报道主体的出镜报道，由于这类出镜报道的主体是记者，且其最早产生于专题调查性的栏目，所以这里姑且称之为调查体或旧记者体的出镜报道。同样，之所以称其为旧记者体也是为了方便和后面的新记者体做比较。

在中国电视发展史上，第一个采取这类报道方式的当属中央电视台记者庞啸。1980年7月12日，一个具有时新性、政治性的专题栏目《观察与思考》在中央电视台诞生，栏目首播内容是《北京居民为什么吃菜难》。播音员出身的庞啸完全以记者的身份采访居民，做了评述，开创了中国记者出镜采访的先例，甚至被称为“我国第一次真正意义上的记者出镜报道”。与播音体的出镜报道比较起来，调查体出镜报道的报道主体不是播音员而是记者，报道内容也不再限于时政类消息，报道的方式则一改单纯地播读消息导语，加入了许多记者的采访、发现、观察和评论。

由于这类报道极大地丰富和拓展了电视的报道方式，更大地发挥了电视媒体的报道优势，所以调查体的出镜报道从一出世就较受关注，特别是上个世纪90年代中国电视的大发展更是使这一类型的出镜报道有了更大进步。从1993年《东方时空》开播以后，在《焦点时刻》、《焦点访谈》等一批备受观众欢迎、创造中国新闻发展新传奇的专题性电视栏目中，调查体的出镜报道随处可见。特别是1996年5月17日开播的中央电视台的调查性栏目《新闻调查》，更是将这种报道方式推向了崭新的高度，培养和造就了白岩松、敬一丹、王志、张羽、柴静、杨春等一大批电视出镜报道的好手。这些人中的大部分最终转型成为主持人，并由此产生了记者型主持人的说法，而白岩松的《岩松看

① 据本书作者对中央电视台已退休播音员、主持人赵忠祥的访谈。

台湾》、《岩松看日本》等系列专题也成了调查体出镜报道的典范之作。由于《焦点访谈》、《新闻调查》的明星效益和示范效应，全国各地的电视新闻都掀起了一股改革浪潮，各地电视台也开始尝试这种记者型主持人的出镜报道方式，上海的《新闻透视》、河北的《新闻广角》、成都的《时事 20 分》等，一时间都受到了地方观众的热力追捧，调查体出镜报道亦成为目前中国电视报道中比较常见的报道方式之一。

(三)焕然一新的直播体(或主持人体)

在电视发展的早期，由于磁带录像技术尚处在起步阶段，因此世界范围内的大部分节目都是现场直播的。直到 20 世纪 60 年代磁带录像技术逐渐成熟以后，录播才逐渐成为新闻制作的一种较为成熟的模式。然而伴随着科技进步和竞争加剧，电视直播，特别是对一些重大新闻事件的现场直播开始进入观众视野，并显现出极大的魅力。到了 1997 年，中央电视台更是凭借《漠河日全食——彗星天象奇观》、《97'香港回归》、《长江三峡大江截流》等一系列大型直播报道造就了中国电视史上的电视直播年。

直播，特别是大型直播在中国电视上的增多必然催生更多的出镜报道，产生对出镜记者的更多需求。由于已经在调查体的出镜报道中有过历练和良好的表现，此时大部分已经成为主持人的记者型主持人成了直播中的重要报道主体，由于他们的主持人身份以及常常出现在直播报道中的缘故，我们将这类出镜报道称为出镜报道的直播体或主持人体，以区别于已经存在的播音体和旧记者体。

与前述的两类出镜报道方式相比，直播体出镜报道的报道主体更多由主持人承担，如前所述的《97'香港回归》以及近几年中央电视台的大型直播报道《5·12 汶川大地震》等等，走近现场、面对电视镜头报道的大部分记者都是像白岩松、张泉灵、李小萌等一干已在主持其他栏目的主持人，这一方面是因为这些主持人大都出身记者，有着良好的采访功底，有着良好的出镜形象，另一方面也是除他们之外的普通电视记者仍不具备良好的出镜素养，在非直播的调查体中出镜报道尚说得过去，而一旦直播则很难适应直播的考验和要求，播音员则虽在形象等方面具备出镜条件，但在采访和观察报道方面尚有欠缺，亦不能胜任直播出镜报道的重任。另外，与前述的两类出镜报道方式相比，直播体的出镜报道范围虽不像播音体那样限于时政消息，但也不如调查体的应用范围广泛，而是限于一些重大的新闻报道，并非电视新闻的常态。直播体的报道方式也已经不限于播读和调查，而是更多地体现了出镜记者作为观察者、报道者、评论者的功能，呈现出了更多的个人风格和个人魅力，因而也更契合电视出镜报道的内涵。

(四)渐入常态的记者体(或新记者体、新联播体)

如前所述，直播体或主持人体的出镜报道固然已更切近电视出镜报道的内涵，但因为报道领域方面的局限性，这一报道方式仍非电视新闻报道的常态。从国外电视发展的经验来看，只有报道的主体真正回归到职业报道角色——记者，报道领域拓展到日常新闻的时候，出镜报道也许才能称得上真正迈向成熟。尽管在中国电视发展的各个历史时期，包括电视诞生之初都曾出现过电视记者在日常新闻中做的出镜报道，如电视诞生之初的战地报道以及后来央视驻外记者王晓昆、顾玉龙、刘茁野等人的报道，但真正由电视记者在常态新闻中完成的出镜报道的大量出现还是始于本世纪初。

随着中国电视新闻报道的不断发展以及各电视台之间的竞争日趋激烈，从2002年开始，以江苏电视台城市频道民生新闻栏目《南京零距离》掀起民生新闻热作为标志，中国的电视新闻开始进入新一轮的革命性发展，也第一次揭开了中国电视新闻改革由地方向中央辐射的篇章。作为常态性的日播节目，民生新闻最显著的特点之一就是直播和记者的出镜报道。目前，很多民生新闻栏目都备有SNG直播车，用来保证记者在第一时间发回第一现场的报道。[①]由于受到民生新闻热的冲击以及来自诸如凤凰卫视等境内外电视台的竞争压力，中央电视台其时也开始在电视报道方式上积极探索，出镜报道并不只在直播等重大报道时才出现，像《新闻联播》这样常态化的电视报道中也出现了越来越多由记者面对电视镜头所做的电视出镜报道。由于这种常态化的报道往往是由记者担任报道主体，因而可以称之为记者体。因为它经常出现在《新闻联播》中，故我们可以称之为出镜报道的新联播体，以便与《新闻联播》中出现的由播音员担任报道主体的旧联播体相区别。也是因为这类报道的报道主体为专职记者、报道领域涉及日常新闻的所有消息体裁类别，而不仅限于调查类专题，故我们又将其称为新记者体，以示与调查体（或旧记者体）的区别。

作为报道主体回归到专业记者、报道领域异常丰富的一种出镜报道方式，记者体的出镜报道从理论上应最符合出镜报道的内涵，也应最能体现出镜报道的特色、最能发挥出镜报道的优势，但从以中央电视台为首的我国电视媒体的新闻报道实践来看，尽管记者体出镜报道在形式上已完全符合电视出镜报道，但结果似乎并不总能令人满意。大多数记者出镜时仍是站在原地念导语，既没有体现出出镜报道者作为报道者、观察者和评论者的角色功能，也鲜有个性和个人魅力，不能和观众之间架构起有效的人际传播关系，可谓有出镜报道之名，无出镜报道之实。

从这一点上来看，中国的电视出镜报道尽管在历经几次变迁之后，已经在品类和形态上日臻完备，但要真正体现其实质，发挥其本质优势，恐怕还需要更多探索。

二、出镜报道的范畴

根据目前学界、业界对于电视新闻的分类，电视新闻从整体上可以分为录播与直

① 高贵武：《民生新闻的价值取向和现实走向》，《新闻与写作》2006年第3期。

播两大类，其中录播分为消息类、专题类（包括报道型、调查型、访谈型、纪实型）与评论类，直播类包括现场直播报道、现场与演播室连线报道。[①] 显然，在这些电视新闻样态中，录播中的消息类、调查类及整个直播类报道，都与出镜记者的报道密切相关。因此，出镜报道几乎可以覆盖电视新闻的所有报道领域和方式，从目前电视节目的类别上来看，出镜报道的范畴大体上可以分为以下几类：

（一）消息资讯类节目中的出镜报道

在电视新闻的分类中，消息是指运用图像、声音、音响等综合符号体系，迅速及时、简明扼要地报道国内外新近发生的事实的电视新闻体裁，根据内容或表现形式等可划分为不同的类型。然而，这些被划分成不同类型的电视消息有着一个本质的相同点，即消息类新闻受到时长的限制，一般时长在 1 分钟至 4 分钟之间，因此，出镜记者最重要的任务便是在有限的时间内迅速还原事件。由于消息类体裁是电视新闻报道中最常用的手段，因而消息类节目中的出镜报道在当今欧美发达国家的电视新闻报道中也是最为常见的报道方式。

2011 年 6 月 2 日，由美国 NBC 制作的《晚间新闻》在关注毒黄瓜事件的进展中播出了这样一条消息，首先是演播室主持人用两句话简要地介绍了事件的概况，然后便是记者在德国的出镜报道，在短短的几分钟内，这位记者出色地完成了出镜任务：在报道内容层面上，记者采用了倒金字塔结构的叙述方式，第一句话便是 about at least 1600 people very sick，随后紧接病人的症状反应，而这些也正是观众最关心的信息。记者面对镜头说的七句话中包括了毒黄瓜事件的最新进展，病人的症状反应，其中多次应用时间词汇 today、last night、but still 等。同样是一则饮食中毒类的短消息报道，截至 2011 年 6 月 25 日，在笔者以“毒黄瓜”为关键词从百度视频搜索到的 774 个视频中，没有一条我国记者的出镜报道。在 5 月 30 日至 6 月 3 日的五天时间里，央视《新闻联播》播出了四条与毒黄瓜相关的消息，但没有一条是出镜报道。在四川电视台播放的新闻中，笔者找到另外一条食物中毒类消息《甘肃牛奶中毒事件记者探访马坊村牛奶厂》。在这条消息中，出镜记者及时赶赴牛奶厂现场，报道最新信息，同时采访附近居民，努力还原事件经过。显然，这位出镜记者的表现在国内同类报道中略胜一筹，与《晚间新闻》报道毒黄瓜的记者相比，这位记者在语言表达的目的性与逻辑性方面，还可以做得更好。如前所述，由于中国电视新闻报道水平的不断进步，这类出镜报道也日渐成为当下电视新闻报道的常态。

（二）专题专访类节目中的出镜报道

电视专题类节目是就某一新闻题材做专门、详尽、有深度的新闻报道的节目，可分

① 饶立华、杨钢元、钟新：《电子媒介新闻教程——广播与电视》，中国人民大学出版社 2000 年版。

为调查类、访谈类等不同类型，时长一般在 20 至 30 分钟之间，因此出镜报道在时间上受到的限制相对较小，但需要报道的内容更多、更深入。通常而言，专题类节目在电视新闻中常见的形式有专题性节目、调查性报道、访谈性节目、谈话节目等等。

就调查性报道而言，它是一种以调查、揭丑、批判为主要特征的深度新闻报道，美国哥伦比亚广播公司(CBS)的名牌栏目《60 分钟》第一次将调查性报道运用在电视媒体上。① 自此，展开独立的调查过程成为调查性新闻节目对于记者，尤其是出镜记者的基本要求，是一种调查体的出镜报道形式。

目前，在美国电视新闻界，由美国公共电视台(PBS)制作的"前线系列"因直面世界上最热点、最尖锐的大事件，具有广泛的社会影响力，所以被誉为公共事务节目的"旗舰"。而在我国，时长 45 分钟的《新闻调查》同样也是以记者调查采访的形式，探寻事实真相，追求理性、平衡和深入的一档专题节目。

当然，中美电视调查性报道的新闻理念存在着巨大的差异。在美国，调查性新闻的内容一定是势力集团对公众利益构成了损害的事件，而出镜记者则是代表公众进行追问、调查，充满了质疑精神。而在近些年我国的调查性报道中，"中性调查性报道"、"非揭露性调查报道" 甚至 "正面性调查性报道"开始成为调查性报道的主流，体现在出镜记者的表现上，便是记者多引导型提问，而调查性弱。2011 年 3 月 26 日《新闻调查》播放的"追问核电安全"就是一例典型的中国式调查性报道，2011 年 3 月 12 日下午日本福岛核电站疑似冷却用氢气爆炸，那么，中国核电站的安全情况如何则成了此时我国观众迫切想知道的事情，显然这是个难得的好选题，然而就整个节目及出镜记者的表现来看，则与标题中的"追问"两字不相符合。在记者选取的采访对象中有利益相关的公众，也有核电站的相关负责人，但是记者的提问却缺少质疑的声音，甚至带有先验的色彩，总体而言，这一报道缺乏记者独立调查的过程，更多像是指令性的正面调查。

电视访谈节目是一类以新闻为由头和内容，以访谈为形式的新闻专题类节目，起源于上个世纪 50、60 年代的美国。当时 CBS 的记者足迹遍及世界各国，关注世界热点问题、焦点人物，聚焦于具有世界意义的社会问题、社会现象，其中克朗凯特、丹·拉瑟等在新闻谈话节目中做出了出色的新闻报道，在当时引起了极大的轰动。② 伴随着国内电视新闻事业的发展，一批出色的出镜记者在访谈类节目中脱颖而出，如知性的柴静、伶牙俐齿的陈鲁豫，都凭借着深厚的语言表达能力及独特的人格魅力做出了优秀的出镜报道与现场主持，产生了巨大的社会影响力。

---

① 谭天:《中美电视调查性报道比较》,《湛江师范学院学报》2007 年第 28 卷第 4 期。

② 百度文库，http://wenku.baidu.com/view/4edbfb74f46527d3240ce03c.html。

(三)直播连线类节目中的出镜报道

电视直播是指将新闻现场出现的新闻事件及新闻人物的图像、声音和记者的报道即时播出的一种报道和播出同步进行的方式,包括现场直播报道、演播室与记者连线等形式。直播节目最大的魅力在于,将事件的最新进展以及不断变动的信息都及时传递到观众面前,满足了受众亲历、见证新闻事件的心理需求,同时播出时所产生的新鲜感和悬念感始终给观众以强烈的吸引力。因此,面对这一特殊的节目样态,出镜记者的首要任务便是抓住正在发生的事件,并将事件现场的最新变动及时传递给屏幕前的观众,这是出镜报道形式中的直播体。

2009 年 10 月 1 日,中华人民共和国举行建国 60 周年庆典活动,央视新闻频道国庆 60 周年特别报道以《盛典》为题,共持续了三天,报道核心主题分别是“期待”、“盛典”和“复盘”。当观众把视线投向阅兵仪式前的直播报道中时,不难发现,记者的出镜报道多限于“预测式报道”,出镜报道的语态基本为“我现在站在什么方位”、“在这里,您将能看见什么”、“工作人员现在如何”等程序性介绍,缺少对于现场普通民众情绪反应的表现,同时,出镜记者的语言表达显得“生硬有余,活泼不足”。

同样是媒介事件的现场直播, BBC 的出镜记者在 2011 年威廉王子大婚的现场直播中则情绪上更有感染力。在婚礼开始之前,演播室的主持人与散落在现场的记者们连线,记者们充分利用他们的所见所闻,面对镜头神采飞扬、面带微笑,让观众从他们的现场表现中就能感觉到这是一场庆典活动的现场直播。在报道中,这些记者出镜的统一特点便是强调他们的现场经历:遇见搭帐篷的群众就询问他们是不是守候了一夜,看见推婴儿车的妈妈就问她孩子的情况,这种体验式的报道,很容易就能使观众体会到现场气氛,同时也具有贴近性,能够拉近与普通观众的距离。

三、出镜报道的类型

由于电视媒体在技术和理念上的不断进步,出镜报道已作为电视报道的常态形式越来越多地出现在电视报道中,与此同时,出镜报道的应用范畴也越来越广泛,甚至成了电视新闻报道的必备样式,出现在各种类型的电视新闻报道中。在现有的学术研究中,学者们对出镜报道从电视新闻节目样态、出镜形式等不同角度进行了划分。概括而言,本书将分别从播出方式、新闻事件类型、现场报道表现形式、新闻叙事角度、事件切入点等五个方面将出镜报道划分出不同的类型。

(一)按照报道的播出方式划分

根据新闻报道的播出方式,出镜报道通常可以划分为两种大的类别,即:

1. 录播式出镜报道

即在电视新闻节目中播出的出镜报道是在播出之前提前录制好，在播出时以成片的方式播出的，当观众看到这条新闻时，在时间上已远落后于事件发生的时刻。由于需要提前录制，这类报道的时效性相对要差一些，因而适合在时效性不是特别强或较为静态的新闻中使用。尽管在这类出镜报道中，记者也可以追随事件进展体现出某些现场感和同步性，但这种现场和同步仅限于播出节目中记者与事件的同步，而不是观众与事件的同步。由于电视制作等方面的原因，这种类型的报道目前仍是出镜报道的主要构成，而且大量出现在《新闻联播》这样的常态新闻栏目当中。

2. 直播式出镜报道

根据直播的概念，即新闻采制与新闻播出的同步，直播式出镜报道即指记者的出镜报道与电视播出是完全同步的，报道采录与播出之间不再有任何中间环节，记者的出镜报道只能一次性完成，不存在反复和修改的可能。正是由于采录与播出的同步，这类报道最能体现新闻的时效性，也能在第一时间充分展示新闻事态的最新发展，最能体现电视同步与现场的特点，也最能体现电视新闻的优势和魅力，因而常常出现在一些突发新闻事件和重大新闻事件当中，大多通过直播连线的方式来实现。由于电视直播的要求极高，这类报道通常是对出镜记者各项业务能力的全面检验，对记者的现场应变能力要求极高。

(二)按照报道的新闻事件类型划分

根据出镜报道所涉及的新闻事件在发生时的状态，出镜报道大致可以分为可预见性事件出镜报道、突发事件出镜报道和常态事件出镜报道。

1. 可预见性事件出镜报道

可预见性事件出镜报道是指出镜记者在进行真正的出镜报道前能够预先知道新闻事件的发展，对事件发生的过程基本上可以事先了解清楚，因此在报道前可以预先设计报道计划，准备报道内容，甚至可以对报道进行事先的“彩排”和演练。这类出镜报道方式较多地运用在大型仪式或大型活动等媒介事件的直播报道中，因为这类活动可以预知并事先做大量的准备工作，所以这类报道通常安排缜密，出镜能够随着事件的进展有条不紊地全面报道事件的过程。如：奥运会及世界杯等大型国际赛事的开幕式、大型工程的开工或竣工仪式、大型活动的仪式以及由媒体策划的自然、历史景观性报道等，经常采用这类报道形式。

2. 突发事件出镜报道

突发事件一般是直突其来且事先毫无征兆，事件发展过程无法预控。事件后果影响重大的新闻事件，根据其发生的原因一般可以分为社会性突发事件和自然性突发事件。不管是哪种突发事件，其最显著的特征都是不可预知性，因而对这类事件的报道不可能像报道可预见事件那样事先做安排和准备。在报道这类事件时，往往将出镜记者的实时现场报道、录像报道、出镜记者与演播室连线等手段加以综合运用。由于这类事件的突发性和结果的不可知性，记者在报道这类事件时要经受临场应变的巨大挑战，也是因为这类事件的突发性和结果的不可知性，这类事件的出镜报道是电视新闻报道中最有魅力的一类报道。当然，除了临场应变，对于重大突发事件的成功报道离不开“突发事件紧急报道机制”系统的支持，高质量的现场直播报道同样需要完善的机制运作。

3. 常态事件出镜报道

常态事件，也被称为日常新闻报道或“结果告知型日常新闻报道”。顾名思义，这种类型的出镜报道大多出现在日常或一般性新闻事件或社会现象的报道中。在这类报道中，出镜记者往往只是作为出镜报道的浅层标志出现在报道当中，对所报道内容只做简要的引导和分析总结，有时甚至形同虚设，在功能上“抢夺”了播音员的一部分工作，其在新闻现场出现的“形式”远远大于新闻信息传达的实质内容。当然，根据前面对于出镜记者功能的分析，这种“虚设”也并非毫无意义，至少在传播关系的建构或大众传播的人格化层面上仍然是有价值的。

（三）按照出镜报道的表现形式划分

根据出镜报道的表现形式或记者在报道中出现的形式以及所起的具体作用，出镜报道又可以区分为独立汇报型、现场采访型、与后方问答型和体验说明型。

1. 独立汇报型

是指出镜报道的整个过程基本上是由出镜记者一个人利用自身有声语言来独立完成的。在这类报道中，不管是记者在事件过程当中进行目击式报道，还是事后所做的总结性报道，报道中信息的传达者只有出镜记者自己，记者所采取的信息传达方式也完全是个人的语言和非语言表达，即记者主要是通过个人的叙述、描述以及分析来实现信息传播。由于这种报道完全是由记者一个人来完成的，因而在某种程度上比较强调出镜记者的独立性。

2. 现场采访型

这种类型的出镜报道的整个过程是以出镜记者采访相关人员作为信息传达手段来完成的，出镜记者与被采访人之间的对话往往是出镜报道的全部内容。这种出镜报道既可以是一对一的采访，也可以是一对多的采访；可以是静态的采访，也可以是动态的采访。由于报道内容主要是记者的采访活动，因而这类出镜报道对记者的采访能力有很高的要求，记者在采访时对问题的捕捉和把握以及记者与采访对象之间的关系是这类出镜报道成功的关键。

3.一问一答型

在一些大型的可预见性事件的直播报道中，以及在对一些正在发生或突然发生的新闻事件进行报道时，电视媒体最常见的做法是由坐镇媒体后方的主持人与身处前方的出镜记者通过连线的方式来完成新闻信息的传达，对于记者参与的这类出镜报道，我们可以称之为一问一答型出镜报道。该类型的出镜报道，基本上是由后方演播室的主持人与身在新闻现场的出镜记者通过一问一答的方式来完成的，在这类报道中，提问方往往是演播室的主持人，回答方则是现场的出镜记者。由于是通过与主持人合作的一问一答的方式来完成的报道，因而这类报道成功的关键往往取决于主持人与出镜记者间的配合，出镜记者既要准确领会和把握后方主持人的问题，又要充分利用现场提供的信息，既不能答非所问，也不宜喧宾夺主。

4.体验说明型

顾名思义，这类出镜报道的构成和主要内容是记者的体验活动及其在体验过程中所做的描述和概括。从表现形式上来看，这种类型的出镜报道应该是所有类型的出镜报道中最灵活、传播效果最明显的一种出镜报道形式。在这类报道中，记者可以将所有的表现和表达集于一身，充分调动自己的各种感官，充分展示个人的视角和个性。与前几种出镜报道最大的不同就在于，这类报道要求出镜记者从说明型报道转变为观察型报道，出镜记者是在边体验、边讲述、边介绍的过程中完成报道的。由于是作为个体的体验者，记者的报道能使受众更好地感受现场氛围、更好地理解新闻。当然，也是因为作为个体的体验者，从事这类报道的出镜记者更要学会平衡和把握新闻的客观性与个人的主观感受之间的关系。

（四）按照出镜记者的叙述方式划分

根据出镜记者在报道中的信息传达和话语方式，可以将出镜报道大致划分为新闻导语式、事件陈（描）述式、观点总结式、信息补充式和事件评析式。

1.新闻导语式

这是目前电视报道中采用最为普遍的，同时也是出镜记者操作系数最为简单的形式，也是出镜报道诞生之初的常见形式，一般是由播音员和记者在新闻开头对着镜头说几句类似于消息导语的开场白，接下来的报道则完全由录像＋画外解说完成，有时其中的解说仍由出镜记者完成，有时则完全由另外的播音员来配音完成。由于这类出镜报道操作简单，整个报道短小简练，因而常常出现在日常性的消息类节目中，如《新闻联播》。由于这类报道的出镜只是体现在导语上，所以这种报道往往是形式大于内容，更强调的是出镜这种形式。

2. 事件陈（描）述式

与新闻导语式的出镜不同，在事件陈（描）述式的出镜报道中，出镜记者的任务及出镜的价值不是体现在开始的导语播报，而是体现在报道过程中记者对于新闻信息的叙述和新闻现场的描述。在这类报道中，出镜记者大多以独立汇报的形式完成对新闻事件发生过程的陈述或描述。在整个新闻报道过程中，有关新闻核心事实的报道通常采用的是图像新闻加配音的形式，即在记者的叙（描）述过程中，可以穿插一些之前拍摄或记者当时提及的景物作为佐证，如张泉灵的地震报道通常就是这种类型。由于这类报道主要体现的是记者的个人表达，因而比之导语式的出镜报道显得更加生动、鲜活，但也由于这类报道的线索和架构完全依靠记者的讲述，因而对于记者的发现和表达能力都具有很高的要求。

3. 观点总结式

即记者出镜的部分和价值主要体现在对于某个新闻事件或话题的概括总结。在这种类型的出镜报道中，出镜记者常常出现在报道的某个中间位置或结束部分，通常是对前面报道的情况做一番总结性的陈述，或对报道中的某些信息和观点加以归纳、总结、概括和梳理，或就新闻报道本身提出一些自己的判断和分析。在一些直播连线类的节目中，这种报道方式通常是由记者和演播室主持人之间的问答来完成的，即通常主持人会因为记者对某新闻信息的充分了解而要求他对全部信息进行整理。

4. 信息补充式

新闻报道离不开新闻背景，它既可以使受众更好地理解新闻，也可以使新闻更加地完整，新闻自身的价值得到进一步突显。在一般消息类的新闻报道中，由于受到时间的限制，出镜记者并不会大段介绍新闻背景，但是在信息补充式的出镜报道中，新闻背景就起到了不可代替的作用。当然，信息补充的含义也绝非止于背景资料，在一些现场报道或一般性的报道当中，记者同样可以通过出镜的方式将最新了解到或来不及通过画面展现的信息加以补充。

5. 事件评论式

与前面提到的观点总结式的出镜报道类似，在事件评论式的出镜报道之中，出镜记者通常在事实信息报道完成的基础上，会对新闻事实进行深层次的挖掘，从而罗列出该事件对社会生活所产生的各方面的影响和意义，从全面掌握信息的角度来对新闻报道进行评论。这种情况下，出镜记者的角色就有点类似于评论员，需要观点鲜明，也具有较强的主观色彩。

(五)按照时间切入点划分

1.现场目击式

即出镜记者是在新闻现场,在镜头前以目击者的身份将新闻事件发生的阶段性过程实时地报道出来,出镜记者的报道与新闻事件发展是同步进行的。根据前面对出镜报道从事件性质上的划分,这种类型的出镜报道又可以分为预见性事件的目击式报道和突发性新闻事件的目击式报道。由于记者的报道与新闻事件的发生同步,记者的视线有时完全是作为观众视线的替代,现场目击式的出镜报道也因此鲜活、纪实、现场感强而具有极强的吸引力和感染力,其信息传播的效果也最为明显。由于这类报道的价值主要体现在记者的观察与表达上,因而这类报道也是最考验出镜记者业务能力的一种报道形式。

2.事后回顾式

由于种种原因,当一个新闻事件发生时新闻记者不太可能都能以见证人的身份在场,并以目击者的身份参与报道,特别是对于一些突发性事件和调查性报道而言。当记者迅速到达现场时,事件的发生便已成为过去,而记者的任务就是通过采访和报道来尽可能还原事件,这就使得记者只能采取事后回顾式的出镜报道方式,即出镜记者在新闻事件发生之后,深入新闻现场,依据自己的细致观察和前期采访,在镜头前将新闻事实信息以回顾的方式传达给受众的报道形式。目前,大多数电视新闻的现场报道都属于该报道类型。有些看起来像目击式报道,但因为出镜记者和新闻事件没有同步,也仍属回顾式报道。由于属事后报道,这类报道通常对于记者的调查寻证能力有着较高的要求。

第三节　新闻主持在中国的发展

一、中国新闻主持的变迁

中国新闻主持的产生是社会政治、经济、文化、思想以及广播电视观念发展到一定成熟阶段的产物。尤其是在党的十一届三中全会以后,全社会呈现出思想解放、经济腾飞、社会进步的良好发展态势,为中国主持人以及主持传播的诞生提供了良好的环境。新闻主持有别于传统的新闻播报节目如《新闻联播》中的播音员,是具有个性和自主话语权的主持人。从我国广播电视媒体开始出现新闻节目主持人,新闻主持在我国转眼已走过了三十多年的历程。三十多年来，电视新闻主持人不光在队伍上比从前壮大了许多，而且在短短的三十几年里经历了多次阶段性的突发猛进，并在各个阶段涌现出了颇具代表性的主持人，具有鲜明的阶段性特色。

(一)中国电视节目主持人的诞生

中国的电视屏幕上首次打出“主持人”三个字，是中央电视台 1980 年 7 月 12 日开播的《观察与思考》，对应的主持人是在这期节目中出镜采访并直接面对观众进行报道的记者庞啸。这一期节目的名称为《北京居民为什么吃菜难》，节目播出后引起了强烈的反响，后来节目组不得不又做了一期节目回答观众提问。不过那时这个节目的播出时间不固定，而且后来并未继续沿用“主持人”称谓，因此还算不上是新闻主持的开端。

图 1-2 中国电视史上第一位男播音员赵忠祥

之后，1981 年 7 月到 11 月，中央电视台推出了每周一期共 13 期的《北京中学生智力竞赛》节目，编导寿沅君在节目中设计了一位类似老师的人，由他来宣布、评判知识竞赛的问题和答案，让节目既有课堂的严肃又不至于死板，既有竞争又有趣味。寿沅君挑选了我国第一位电视男播音员赵忠祥担任主持人。节目获得了成功，不仅在全国电视界掀起了长达几年的知识竞赛热潮，赵忠祥也显示了他出色的主持才华。

1981 年 11 月，我国女排在日本大阪首次夺得世界杯冠军，全国一片欢腾，负责这场球赛解说的宋世雄也成为名闻遐迩的“国嘴”。此后，宋世雄跟随女排南征北战，转播“五连冠”，成为他主持生涯的高峰。

1983 年 8 月 7 日，中央电视台在长达 500 分钟的大型系列专题片《话说长江》里，设置了两位在演播室与观众交流的主持人。陈铎、虹云的主持使亿万观众为之倾倒，也在专题片的主持形式上进行了有益的探索。

1985 年 6 月 1 日，中央电视台少儿节目《七巧板》改版播出，“鞠萍姐姐”成为千千万万儿童及家长喜爱的偶像。

以上这些节目，可以说是我国最早出现主持人的电视节目。但由于当时资讯不发达，这些节目都是各自为战，属于不约而同地亮出了“主持人”的招牌。这四个节目各有特点，如《观察与思考》播出时间不固定，主持人是个体；《北京中学生智力竞赛》是个临时节目，赵忠祥当时是新闻播音员，主持这个节目带有客串性质。直到 1983 年元旦，中央电视台改版后的《为您服务》才正式推出了我国电视史上第一位固定栏目的专

图 1-3 中国电视史上第一位女播音员沈力

职节目主持人，沈力被任命为栏目负责人（组长）兼主持人，成了我国第一位电视女主持人。《为您服务》开播一年就收到来信四万多封，沈力也被评为全国优秀专栏节目主持人。沈力成功地塑造了一位“温文尔雅，亲切平易，热情周到服务的老大姐”的形象。与此同时，上海电视台也推出了少儿节目主持人陈燕华，她先后主持人了《娃娃乐》、《燕子信箱》等节目，以鲜明的特点和令人喜爱的“燕子姐姐”形象，受到小朋友的欢迎。之后，采用主持人形式的节目在全国遍地开花，从服务类节目、文化专题类节目，到综艺节目、少儿节目、体育节目、各种社教类节目，专题的也好，对象性的也好，都迅速铺开。

（二）中国电视新闻主持的诞生

如前所述，虽然中国电视屏幕上第一次出现“主持人”三个字的是新闻节目，但中国电视上真正的主持人并非诞生于新闻节目，而是首先在益智类、服务类、少儿类和体育类等节目中发展起来的。与这些节目中主持人的出现和繁荣相比，电视新闻节目由于受到广播的影响以及电视新闻改革的滞后，不仅数量较少，而且种类单一，基本上仍然采用的是传统的由播音员坐镇演播室，播送由记者采写、经过层层审查的新闻稿件，其典型代表是中央电视台的《新闻联播》。《新闻联播》开播于 1978 年 1 月 1 日，自开播之日起便以庄重、严肃和字正腔圆的风格为新闻栏目定型，直到现在依然是中国观众了解国内外大事的重要窗口，也是“中国国情的晴雨表”。由于一直采取播音员播报的形式，《新闻联播》的传播方式属于自上而下的传播，基本上是一种工作告知，因此，《新闻联播》播音员的风格也是千篇一律的，尽管它在三十多年的时间里，不断地更换着新面孔，但并没有从根本上改变自己的风格。新面孔虽然在亮相阶段为《新闻联播》带来了青春亮色和微笑面庞，但他（她）们的播音从未改变《新闻联播》既有的庄严、严谨、字正腔圆，或者“陈旧”、“缺乏朝气和活力”的播音风格，“坐上了《新闻联播》的平台，这些颇具观众缘的央视青年主播的个人风格也被严肃的《新闻联播》同化了。”[①]中国电视新闻节目初期受到《新闻联播》的影响，多数以严肃认真的播报形式向受众传达信息。主持人担任的基本上是播音员的工作，只进行少量的采编工作，甚至不参与，只负责将稿件进行口语化的加工，传播给受众。

---

① 高贵武：《〈新闻联播〉“新面孔”社会关注分析》，《国际新闻界》2009 年第 7 期。

直到1987年，设立节目主持人的电视新闻节目才开始在我国首次出现，其中上海电视台李培红及其主持的《新闻透视》、山西电视台高丽萍及其主持的《记者新观察》、福建电视台程鹤麟及其主持的《新闻半小时》成为观众熟悉并喜爱的主持人和电视新闻栏目。

1988年10月，中央电视台评论组第三次重建后推出《观察与思考》及固定主持人肖晓琳，这个严肃而深刻的节目和其深邃、冷峻的主持人一起成为当时我国为数不多的高品位电视元素之一。

进入90年代以后，随着广播电视事业的蓬勃发展，一批优秀的主持人脱颖而出，一个群星璀璨的媒介人时代拉开了帷幕。

1991年11月18日，大型电视纪录片《望长城》开播，在社会上引起轰动，创下了纪录片的最高收视率。该片的客串主持人焦建成返璞归真的本色主持，是我国电视主持去粉饰、弃雕琢、走向平民、贴近百姓的前奏，从此，中国的电视主持艺术产生了质的飞跃。

（三）中国电视新闻主持迈向成熟

进入20世纪90年代，随着信息时代的到来，受众已不满足于单纯从媒体获得资讯或娱乐，在接受电视节目传播时，对主持人也有了新的期待。这种期待特别表现在收视新闻节目时，观众希望主持人或记者能够以独特的新闻洞察与关注角度，为自己提供一个了解社会、解释社会现象的窗口。与此同时，新闻节目的类型也从原来单一的播报类变为专题类、访谈类、杂志类等多种类型并存。

1993年5月1日，中央电视台成功地发掘了早间节目时间段，推出了具有开拓意义的《东方时空》。这个杂志性新闻节目成为“影响生活方式”的一个叫好节目，从此改变了我国电视观众早间不看电视的生活习惯。从《东方时空》起，我国新闻评论类电视节目主持人的主持技艺开始进入成熟阶段，主持风格走向质朴和真实，《东方时空》及其节目主持人的出现因此也成了我国主持传播发展中的又一个里程碑。“东方时空”式主持风格的形成，标志着我国新闻节目主持完成了由呆板、造作、高高在上向深刻、平易、贴近生活的转变。

同年5月10日，我国第一个以主持人命名的电视节目诞生了，《一丹话题》以清新、敏锐、质朴、深刻、富有个性的方式走进了大众。虽然这个每周8分钟的小栏目仅仅开办了一年，但是90年代中国电视彰显个性、追求创新的新思维已经越来越丰富地显示出其内涵。

1994年4月1日，《焦点访谈》在开播半个月后即成为全国人民关注的“焦点”，在不到一年的时间里，这个栏目已经成长为观众最喜欢的栏目之一，并成为中国“第一名牌”节目，收视率可与老牌新闻节目《新闻联播》媲美。伴随节目出现的一批电视记者敬一丹、水均益、白岩松、方宏进等，也成为中国著名的采访记者和家喻户晓的电视明星，共同塑造了诚挚、朴实、深邃、稳健、客观、权威的中国电视新闻主持人的群像。

1996年4月28日，中央电视台再次推出了《实话实说》栏目和主持人崔永元。虽然是一档谈话栏目，但由于《实话实说》身出中央电视台新闻评论部以及崔永元曾担任中央人民广播电台名牌栏目《午间半小时》的记者，因此这档栏目在选题方面紧贴社会现实，体现出了很强的新闻性。节目中，崔永元的幽默谈吐、灵活应变和至真至善的常人心态，感动、融化了无数观众的心。崔永元用他的全部心智塑造出了"中国第一脱口秀"的主持人形象。他和他的同仁们通过共同努力，将中国电视新闻主持的主持范畴、主持方式、谈话技巧、形象塑造等都向前大大推进了一步，也标志着中国电视新闻主持开始逐渐迈向成熟。

（四）中国电视新闻主持的新发展

进入21世纪后，随着主持人来源的日益多元化，新时期的主持人在风格上也出现了日益多元的特点，各种不同主持风格的主持人竞相闯入观众的视线。一些来自不同行业、有着丰富生活经历的主持人，加上之前之后有新闻从业背景的主持人，如央视《半边天》主持人张越，北京电视台《夫妻剧场》主持人英达，经常为北京电视台、凤凰卫视策划并主持节目且继和晶之后主持《实话实说》的阿忆，先后在央视《天天饮食》、东方卫视《东方夜谭》做主持人的刘仪伟，央视新闻频道《社会记录》主持人阿丘，江苏卫视《南京零距离》主持人孟非，山东齐鲁电视台《拉呱》主持人小么哥等等，以他们个性化的主持被观众所接受。连同比他们更早得到观众认可的崔永元在内，这些声音相貌不合以往"惯例标准"的主持人，他们的外在条件可能有某些缺欠，普通话不甚标准、光头、体胖、歪嘴、坏笑，但这些绝不是他们的"个性"所在，他们是靠自己丰富的内涵、生活阅历中个人独特的感悟、语言魅力和别具一格的主持风格，乃至人格魅力赢得观众青睐的。

在同一时期，凤凰卫视更是领先一步，吸引了曹景行、阮次山、杨锦麟这样一些年过半百的资深报人，使之成为十分有分量的"意见领袖"式的主持人、评论员。

出于对以前宣传和刻板传播形式的纠正，电视新闻主持首先在播报方式上开始革新，"讲"新闻与"说"新闻持续受到追捧。时至今日，除去央视几档标志性的联播体节目，国内大部分新闻节目都是以情境和主持人的个性化播报为主。同时，有个性特点的新闻主播们纷纷登上舞台，一个很典型的例子就是方言类新闻节目的出现，其中以浙江杭州西湖明珠频道的《阿六头说新闻》为代表。2004年1月1日节目开播之后收视率节节攀升，主持人连说带比划，时而调侃时而评说，语言富有生活气息。

这一时期，电视新闻节目主持人的语言风格呈现出多样性，有的仍然保持字正腔圆的播报风格，有的发扬"说"新闻风格，如幽默调侃、发表评论、啰嗦唠叨等等。主持人在庄重大方、真诚朴实、贴近生活、亲切自然的基础上呈现出了求鲜活、快节奏、多变化、有个性的新特点，多样化的表达方式、个性化的主持人满足着人们多方面的需求，给受众提供了广阔的选择空间。一时间，电视新闻节目呈现出百花齐放的壮丽景象。

二、新闻主持的范畴与类型

一般来说，电视新闻类节目主持可以根据其主持节目的不同类型划分为新闻资讯类节目主持、新闻谈话类节目主持、新闻杂志类节目主持、新闻专题类节目主持和直播连线类节目主持五大类。

（一）新闻资讯类节目主持

新闻资讯类节目主持，或新闻播报类节目主持，即人们通常所说的主播（Anchor），通常是指新闻资讯类栏目中，在演播室里口头播报和与现场出镜记者进行互动的节目主持方式。由于资讯类栏目通常是以迅速及时、简要客观地报道新闻事实为特点，其功能往往是要闻总汇，是人们获知现实世界各种新闻信息的重要来源，因而这类新闻主持最主要的特点亦是以提供简洁明快的新闻信息为主，如美国三大传统电视网《晚间新闻》的主播都属于此类。

自20世纪90年代以来，随着电视技术和观众心理需求的发展，这类新闻主持的话语方式也出现了显著的变化，开始从异质叙述者（外聚焦叙述者）到有限聚焦叙述者，再到同质叙述者逐渐演变。第一类的代表是那些类似《新闻联播》的消息类栏目，与传统新闻传播理论相适应，这类新闻主持往往扮演政府代言人、置身事件之外的记录者和传播者的角色，尽可能隐蔽自身存在，不表露个人化的意见和评论，追求的是“准确朴实传播客观信息，严肃庄重告知真实事件”。第二类的代表是凤凰卫视的《凤凰早班车》、《华闻大直播》等等。最早主持《凤凰早班车》的陈鲁豫还开创了电视新闻播报“说新闻”的先河，即口语陈述播报新闻。口语陈述播报新闻是一种新的电视新闻叙事形态，主持人突破了传统的隐藏自我、不显露观点的外聚焦叙述者，变为介入叙事、发表观点的有限聚焦叙述者，以个人化身份发表个人化评论，拉近与观众的心理距离。第三类的代表是《阿六头说新闻》、《马斌读报》、欧阳夏丹《第一时间》等等，虽说仍是以报告新闻为主，但这类新闻主持的表达风格是刻意参与事件，营造生活化氛围，主持人有更加世俗化的角色形象和更为戏剧化的个性特征。

新闻主持的新闻播报叙事形态实际上契合了受众在新时期多元化的新闻需求。新闻主持形式发展趋势的意义在于：既增加了传播活动的人际化特性，又体现出了节目传播的整体性、灵活性、真实感、权威感。一般而言，新闻资讯类节目主持有四个方面的要求：对节目深度参与，对背景全面分析，对信息有独到感悟，对叙事角度和方式有个体思考。这四个要求不仅针对新闻播报内容而言，更是突出了主持人的素质和功底。

(二)新闻谈话类节目主持

由于谈话类节目的主体构成部分是谈话，是电视媒体邀请有关当事人、专家或观众围绕新近发生的事件和公众关注的热点问题，在民主轻松的氛围下对话，因此新闻谈话类节目主持人便是对这种谈话进行牵引和把控的人。由于参与谈话的人数和谈话的场景氛围不同，新闻谈话类节目又可以表现为专访、访谈、论辩、参与式讨论以及以人物为中心、以事件为中心、以问题或现象为中心等多种形态和类型。

从实践发展来看，谈话类节目最能全面地反映主持人的核心作用。作为节目的核心和灵魂，或节目的主人(host)，新闻谈话类节目主持涵盖了新闻节目主持中最为全面的构成要素，对主持人的要求也最高。这类新闻主持不仅要求主持人有较强的口语表达和归纳总结能力，还要求主持人思维活跃、逻辑清晰，现场调度、驾驭能力强，与嘉宾和观众和谐统一。具体表现在：一方面，在话题讨论过程中，主持人要善于营造节目氛围，把握节目轴心，引导节目基调，激发谈话愿望，推进话题深入，控制谈话节奏，实现主题开掘，提炼深度观点；另一方面，在情绪表达和掌控上，主持人时刻要有对理智监控与真情投入的充分认识，既要以理性达成谈话目标，又要以真情引导谈话者的感情流露。再者，主持人还要全面参与节目制作，根据自己的节目风格不同程度地参与到确定选题、节目构思、物色嘉宾、主题导向、发现细节等策划的各个过程。

由于电视新闻谈话类节目时效性强，选题同人们的日常生活密切相关，因此备受人们关注。谈话类节目主持最大限度地挑战主持人的职业素质，除了要具有较高的知识层次和合理的知识结构外，还要善于发掘、理解和表达谈话类节目主题中人文关怀的内涵。

(三)新闻杂志类节目主持

电视新闻杂志节目的基本形态是把电视新闻节目杂志化，简单地说就是以做杂志的方法来做电视，将不同内容和形式的新闻板块化，形成一种多主题、多角度、多层次的综合性结构，是一种集多种板块特色与多种传播方式于一体的电视节目类型。在这类节目中担任主持任务的新闻主持便是电视新闻杂志节目主持。电视新闻杂志的鼻祖应当是1968年在美国CBS由被后人称作“天才制片人”的唐·休伊特创办的《60分钟》栏目，几十年来，这个栏目一直由三个深度报道板块外加评论构成，三个新闻深度报道也是由硬新闻与软新闻结合，各有特色。1993年，中央电视台开办的《东方时空》便是以《60分钟》为模板而创建的。开办之初的《东方时空》栏目中既有新闻专题节目，也有人物专访和讨论式谈话节目，甚至还有音乐节目。虽然如今的《东方时空》已经与当初的《东方时空》大不相同，并逐渐走上了新闻资讯类节目的道路，但之前的几次改版都没有改变《东方时空》栏目的杂志特色。

从世界范围内的发展实践来看，此类节目的新闻主持大体上存在两种情况：一种是整个栏目只有一位主持人，即同一个主持人要负责各个板块之间的桥接和整合，要负责整个栏目的主持任务；另一种情况是构成整个栏目的各个板块分别由一个分主持人负责，即整个栏目不设总主持人，每位主持人只承担其所在板块的主持任务。后一种情况的典型代表就是CBS的《60分钟》以及创办之初的《东方时空》，前一种情况的代表则是改版之后的《东方时空》。尽管类型不同，在栏目中所起的作用也略有不同，如总主持人是对所有板块进行主持，分主持人只负责主持一个板块，但这两种情况之下的新闻主持实际上都承担着对其所在栏目进行统合和串联的任务，而不仅仅是作为栏目的主人和标志存在，因而这类节目的主持人不仅要求其对所主持的新闻内容有更深的参与，而且能够对主持内容真正把握和融通。

(四)新闻专题类节目主持

新闻专题类节目主持即是专门主持电视新闻专题栏目的新闻主持。电视新闻专题类节目是电视新闻报道中较为常见的报道形式，通俗地讲就是以专题形式对某个新闻事件、新闻人物或新闻现象进行较深入报道的节目类型。与一般的新闻资讯相比，新闻专题类节目最显著的特点就是围绕一个主题，以更详细、更丰富的方式对其进行较深入的报道，因而新闻专题类节目往往又是电视深度报道中最常用的节目形态，如前面提及的CBS《60分钟》三个深度报道板块中的每一个报道其实就是一个专题。在目前中国的电视屏幕上，专题类新闻节目大多以电视调查类节目和电视述评类节目为主体，如中央电视台现存栏目中的《焦点访谈》、《新闻调查》、《看见》等，每期节目其实就是一个完整的电视专题。

电视新闻专题片的基本特征是新闻性较强，反映当前重大的新闻事件或社会普遍关注的热点和难点问题。此类节目有明显的纪实风格，不允许外加虚假操作，但同时讲究艺术性。与电视新闻一样，它强调报道解说词与画面的有机组合，是所谓“双主体”的并重关系。专题片不是纯新闻资讯，它不要求十足的时效性，而是追求历史的、文化的和社会的价值；它兼容某些新闻的特性，但与新闻有着本体的不同。电视专题具有报道性、纪录性、即兴性，以及定期性，即把作品在时间上分割为连续性的片断，还有“室内性”等交流特点。专题类节目的重要功能就是“对事实和对真实自然的人、人性的高度尊重与揭示”。

因此，新闻专题类节目对主持人的要求不只是完成讲解播报，或者只是完成“出头”(说开始语)和“露尾”(说结束语)，而是要深入参与节目制作与完善的过程。因此，新闻专题节目主持人应该具有较强的策划组织协调能力，他们不仅要主持节目，还要参与确定主题、构思节目、采访撰写稿件、编制节目的整个过程，在节目中要始终起着主导作用。如在《新闻调查》栏目当中，其主持人充当的角色就更像是一个记者（也是因为这个缘故，这类新闻主持人有时又被称作记者型主持人），往往是以公众利益为出发点，就某一新闻事件或群众关注的社会问题、社会现象进行相对独立的调查采访，深入揭露政府、公共机构以及社会或个人存在的问题，并以寻求解决方法为目标。正如有的学者所总结的，记者型主持人区别于其他主持人的特征包括：一方面，记者型主持人的语言传播活动是在新闻现场而不是在演播室内完成的；另一方面，记者型主持人在事先对于所要报道的事件是出于未知的态度，因此才要到现场"了解情况"，所以他在报道中获取信息和传播信息的过程是彼此相容的，获取、加工信息的过程同时就是传播信息的过程；而演播室主持人作为广播电视传播的"最后一棒"，通常而言是手边或头脑中已经有了比较成形的节目文稿或提纲，其传播的过程是在演播室里对已有的文稿在有声语言方面进行二次创作。作为《新闻调查》的主持人，其角色行使的主要途径便是"调查"，调查的起因就是对所报道的事件存在着未知因素，要通过调查对这些未知因素进行求解，从而"探寻事实真相"。①

（五）直播连线类节目主持

直播连线类节目主持是指在突发事件或重大事件的现场直播中担任节目主持的新闻主持。由于现场直播具有时效性强、信息量大、参与性强、现场感强等诸多特点，因此电视新闻现场直播是目前电视媒体相较于其他媒体最大的优势。现场直播目前主要以两种方式出现在电视新闻报道中，一种是出现在某些资讯类节目或临时插播在正播出的其他节目当中，如中央电视台新闻频道的《新闻直播间》中常常出现这样的场景：演播室的主持人往往会说一句"本台记者现在已经到了现场，下面就来连线×××记者"之类的话，接下来观众便可以看到一段来自现场的记者报道，由于记者的报道与播出是完全同步的，因而这类出镜报道便可以称之为现场直播。还有一种情况则是电视台专门安排组织的现场直播，如中央电视台新闻频道近些年搞的"香港回归十周年直播报道"、"国庆60周年直播"、"嫦娥三号升空直播"等等，这类节目由于时间跨度较长、直播点众多、报道信息丰富而需要由专门的主持人来坐镇中央演播室，协调和组织各路记者的报道、协调演播室与现场的关系以及在演播室与嘉宾展开讨论等等，而这里坐镇中央演播室的主持人就是我们所说的现场直播类的节目主持人。广义的直播连线类节目主持包括上面两种情况，狭义的直播连线类节目主持则专指专门的现场直播节目中的新闻主持。

电视新闻直播是一个团队联合作战的过程，其中关键的是出镜记者和主持人的临

① 张龙：《论记者型主持人的角色行为——以CCTV〈新闻调查〉栏目主持人为例》，《现代传播》2008年第6期。

场表现。由于出镜记者是引导受众观察了解事件的主要人员，受众需要依靠出镜记者传送的信息知晓情况，因此不同出镜记者的表现，往往会引起受众不同的感受，进而影响新闻的传播效果。现场直播报道中的新闻主持则因为是节目的总协调和总把关，往往需要具备更强的协调和控制能力，既要能调动前方出镜记者，通过和前方记者的连线互动来展现新闻事实，同时又要能把控节目进程，平衡和应对现场及演播室的突发情况，还要能充当观众的向导，引领观众接近新闻事实，因而这类新闻主持所面临的压力和所承载的职能都要远远高于前面各类节目的新闻主持，属于新闻主持中的最高端主持，只有那些真正经历过新闻实践洗礼、具备一流新闻主持才能的人才能担当。

三、新闻主持的实质

通过对以上不同新闻节目形态的特点、主持人的地位角色以及新闻的传播作用的分析归纳，不难得出这样的结论：新闻主持实际上乃是大众传播人际化，或者人际传播大众化过程中的产物，是一种人际传播与大众传播之间的结合状态。作为大众传播人际化的产物，新闻主持最主要的贡献就是将人际传播的某些优势（如信息量大、手段多样、地位平等等）嫁接到了大众传播之上，克服了大众传播在这些方面的相对劣势，使之与大众传播的某些优势（如覆盖面广、受众量大）紧密结合，通过借助大众传播的传播媒介实现了人际传播的大众化效应，真正实现了“人的延伸”，同时也通过借助人际传播的优势，使大众传播重又找回了某些因技术发展和制度原因而使人类传播在传播革命中失去的人际性，并进而提升了大众传播的传播效果。在这种传播方式里，大众传播者“在提供信息满足受众信息要求的同时，给予受众一种人情味和亲近感，造成一个人与人相交往、相交流的虚幻的传播环境”，并以此“弥补了大众媒介传播所造成的受众的情感断流，从而使大众传播更加充满了生机和活力”。[①]因此，新闻主持对于电视等大众传播更深层、更具革命性的意义其实是它在大众传播活动中革命性地注入了人际传播的因素，创造了一种独特的大众传播形态，成功实现了大众传播与人际传播的有效结合，实现了大众传播的人际化和人际传播的大众化，从而使大众传播的特性和功能皆发生了革命性的变化。

（一）新闻主持在新闻节目中的位置

通过分析以上五大新闻节目主持类型的定义、特点和主持要求，我们可以对新闻节目主持的综合要素做两个方面的分类，一类是新闻节目主持现场实物要素，包括主持人、受众、嘉宾、设备等方面，另一类是新闻节目主持现场非实物要素，包括新闻素

---

① 东亚：《主持人：在文化超越的背后》，《现代传播》1996年第2期。

材、节目形态、现场氛围、主持风格范式、交流形式等方面。然而,电视传播的功能最终是要将不同节目叙事形态的新闻播报内容,以声音和画面符号融合的方式,生动直接地传达给电视机前的受众。新闻节目主持人处于新闻节目所有要素的联结点,其地位不言而喻,体现着节目的终极意义。

新闻主持在新闻节目中的主导地位,或主播的"主",既表现为新闻主持必须能够在自己的地盘(节目)中做主,也意味着新闻主持必须首先是自己所在节目的主人,表现出与所在节目的高度融合。不管是在介绍自己报道团队的其他成员,如记者、编辑、其他主播,引出他们的报道,还是对记者、嘉宾及新闻当事人的采访以及对新闻事件的分析评论,都不能游离了新闻和新闻报道者之外,反主为客,而是应该体现出鲜明的主人化色彩,就像人们所描述的美国 ABC 前著名主播彼得·詹宁斯一样,他"是电视直播的主人,他把摄像机视做朋友。当你对着摄像机讲话时,就好像你是在讲述一个故事,是在向你的姨妈、你的姐妹或是你的邻居在讲述着什么。"①

新闻主持的"主"同样也意味着新闻主持必须是其所在节目的主编,从节目的选材、节目的排布到节目的风格,必须要打上鲜明的主持印记,体现主持人的思想水平和编辑旨趣,也意味着主持人必须深度参与其所主持的节目,就像彼得·詹宁斯一样参与到节目中非常细微的地方。用詹宁斯生前同事的话说:"彼得不仅参与选择我们要播出的报道,而且在记者连线时还要参与文字稿的编辑,如果有机会,他还会在片子播出前进行审看,提出修改意见,他总会逐字逐句、一幅画面一幅画面地参与到节目中非常细微的地方。"②而实际上,像詹宁斯这样的主播,在其栏目团队中本身也占据着主编(managing cditor)的头衔。

新闻主持的"主"也还意味着新闻主持必须成为其所在节目的主导,成为节目方向和运动的舵手,体现出娴熟的对节日的驾驭能力。最简单的,主持人必须能够掌控节目的长短与进展,特别是在某些充满未知的直播报道当中,节目的把控更是几乎全部依赖主播完成。就如孙玉胜所说:"如果把前方记者视作放出去的风筝,主持人与前方记者就要建立一种交互关系,前方记者报道过长的段落,应该用主持人提问和演播室交流来分解。"③

(二)新闻主持在新闻节目中的职责

有学者曾指出:"做一个主播,需要如下业务能力:上乘的新闻播报水准(包括多样化风格);对经过记者、编辑之手的新闻成品(文字的、图像的)有敏锐、透彻的理解,对

---

① Peter Jennings: *a reporter's life*. Edited by Kate Darnton, Kayce Freed Jennings Lynn Sherr. Publicaffairs New York. Copyright 2007 by the Peter Jennings Foundation, p72.

② 同上,p102。

③ 孙玉胜:《十年:从改变电视的语态开始》,生活·读书·新知三联书店 2003 年版,第 275 页。

信息的新闻价值有更准确、更深入的把握；谙熟观众接受心理，有方便和吸引观众收视的信息'导航能力'，即为了传播的有效性做背景补充、勾连消息的编辑能力；演播室访谈及议论能力；新闻现场的采访报道能力；直播过程中果断成熟地应对各种突发事件或突发情况的现场处置能力；再加上端庄大方、成熟可信的形象气质，及质朴自然、专注投入的镜头前传播状态，这些共同构成了'主播'这个职业称谓的实质内涵。"①可以说，上述引文从新闻主持的业务层面对主播在新闻节目中的职责做了较为全面的分析。当然，这里所总结的新闻主持的业务范畴更多体现的是主播在其新闻节目中的功能性职责，即作为新闻信息的传播者，主播必须要在节目中实现其采访、写作、评论及播报的职责。如果从主播作为电视媒体与观众建构传受关系的人格化界面来看，主播在新闻节目中的职责，即"主播"一词中"播"的含义恐怕不止于此，还得有另一项重要的结构性功能，即主播还必须依靠其个人的魅力吸引住电视机前的观众，使观众能与之建立起真正的传播关系。否则，如果主播在节目中起到的仅仅是宣告新闻信息的功能性职责，那么主播的存在与一般的播音员也就没了区别，并不能体现主播的价值和意义，也背离了主播的实质。

因此，为了体现主播的这两大职责，主播必须通过不断的交流（尽管这种交流常常必须在实际场景和虚拟场景间切换）来营造谈话的气氛和对话的场景，将观众纳入现实的传受网络当中。这种交流既包括主播与电视机前观众的外向性交流（即主播必须通过富有对象感和交流感的语气、语汇、表情、体态等手段来报道新闻信息和分析评论新闻内容，即通常所谓的拟态人际交流），又包括内向性交流（即主播必须与前方记者、新闻当事人和演播室嘉宾进行实际交流）。由于前一种交流往往是通过主播自身的语言把握来实现的，这就要求主播必须会写作，必须掌握能够体现个人话语（包括播报和评论）特色的写作技巧。而后一种交流由于往往是通过实际的对话来实现的，这就决定了主播必须具有较强的采访能力，更由于新闻信息类节目的时效性（一般为直播）以及新闻事件本身的突变性，主播的这两种交流常常还得在即兴的状态下来体现。总之，主播在新闻节目中的职责既是由新闻节目本身的特性所决定的，也是新闻主播自身魅力、发现能力和表达能力及其形象敏感、新闻敏感、文字敏感的集中体现。也正是因为此，绝不是人人都能成为或称为主播，只有"少数几个真正能在工作中起主导作用、以个人魅力将电视新闻制作的各个环节整合起来的主持人才配得上唐·休伊特当初发明这个词的本意。"②

（三）正确处理新闻主持中的几对关系

探究新闻节目主持的实质对于指导和规范不同形态新闻节目的发展方向以及明

① 吴郁：《谁来做主播》，《电视研究》2004 年第 9 期。

② 高贵武：《世界电视新闻报道的奠基人与先行者》，《国际新闻界》2009 年第 11 期。

确主持人的定位有十分重要的意义，它集中体现在正确处理好新闻节目主持活动的以下几对关系上。

1. 要处理好提高主持人素质与平民化定位的关系

对比西方，我国电视新闻节目主持人大多缺乏新闻工作知识和技巧，缺乏职业记者的新闻敏感和新闻采访报道、点评能力。而不同的节目形态都对主持人提出了较高的要求，因此新闻节目主持人需要不断提高素质，既要提高语言表达能力，又要努力朝“采编播合一”的方向发展，还要提高新闻敏感性，以便利用深厚的新闻功底，敏锐、透彻地观察和分析问题，对公众普遍关注的重大社会问题进行评论，并提出独到的、具有预见性的见解。另外，由于平民化的定位、人际化的传播方式是主持人得以生存和可持续发展的前提，因而主持人只有在传播中体现更加人性的一面，淡化大众传播的制度化色彩，才能缩短与受众之间的距离，最终凭借真实、真诚、自然、人性等维系人际传播关系的社会性因素赢得受众的认同。在处理提高主持人素质与平民化定位的关系方面，要把握好“度”，既要防止“曲高和寡”难以引起观众共鸣，又要警惕泛平民化带来的削弱节目权威的影响。

2. 要处理好发挥个人独特风格与契合节目性质的关系

电视节目主持人的风格个性越来越深刻地影响着节目的品牌。节目中的主持人是个人，是个有脾气有感情，能同观众一起悲欢又能影响观众悲欢的人。主持人要养成自己独特的风格，主要是要量体裁衣，充实自身，电视台要给主持人一定的选择权，在正确定位个人风格个性的基础上选择适合的节目。另外，在主持人的选择上，个人风格的发挥要契合节目的性质特点，例如王志在主持《面对面》前也主持过《新闻调查》等栏目很长时间，但并没有充分展示其风采和水平，而他在《面对面》中不断质疑的提问方式却使其迅速成名，其中一个重要原因就是他的主持风格与《面对面》的节目性质达到了高度契合。

3. 要处理好人际化要求与主持人主权的关系

主持传播最大的优势就在于其丰富的人性或人际性。然而，主持传播毕竟属于大众传播，不能等同于人际传播，绝不可能也绝不应该完全照搬人际传播的全套作法。“将人际化进行到底”只是大众传播发展中的一种精神或理念，归根结底是要通过淡化大众传播的工具性而实现传受双方在传播关系中的对等地位。因此，在努力践行“将人际化进行到底”理念的同时，仍须警惕主持传播的泛人际化倾向，警惕将主持传播简单而机械地人际化。这就需要主持人在新闻节目主持中保有“主持人主权”，灵活掌握，树立权威。有魅力的主持和表达不是建立在一味迎合观众的口味的基础上的，而是来源于敏锐的捕捉和机智的发现，主持人在采访时提什么问题、从什么角度提问题、什么问题需要追问，都需要掌握一定的主动权和控制权。

4.要处理好改变节目形态与维护新闻基本功能的关系

如何避免电视新闻播报节目媚俗化，如何更好地引导受众、提升节目的文化品位，这是所有新闻从业者必须思考的问题。尽管叙事化趋向使电视新闻播报向着文学艺术领域不断延伸，带来一些新鲜的、更为生动活泼的新闻叙事形态，但绝不应以取消新闻的基本功能为代价，也不意味着传统新闻核心概念的消解。人们需要娱乐性节目放松身心、舒缓压力，更需要通过新闻节目了解身处的现实世界发生的各种新闻事件及动态形势，新闻的“告知”功能在现代社会中仍然极其重要，传媒“监测环境”的职责对于人类的发展进步也是不可或缺的。电视新闻播报节目在改进表达形式、创新节目形态的同时，不能忽略了自身所承担的社会职责和新闻的根本价值。

第四节　美国电视出镜报道与新闻主持

一、美国电视出镜报道的诞生与发展

科学技术的发展使得电视新闻的节目形态日新月异，同时也改变着电视新闻的报道形态。伴随着电视技术的出现与成熟，最终使西方电视媒体中的出镜报道与新闻主持成为一种可能。探究西方电视媒体出镜报道和新闻主持的发展，离不开技术、政治、经济、社会、媒介等多方面因素的影响，同时出镜记者与新闻主持个性化的特征，也是其重要的因素之一。

(一)深受广播现场报道的影响(20 世纪 60 年代以前)

同世界范围内的媒介发展道路相同，美国电视的诞生晚于广播，电视在诞生之初深受广播影响，在许多节目的形态和理念上都脱胎于广播，经历了从模仿广播新闻和新闻纪录电影到发挥自身优势的过程。[①] 美国新闻广播始于上个世纪 20 年代，在诞生伊始，广播的内容以娱乐消遣性节目为主，所谓的新闻广播不过是播报新闻提要而已，广播员在广播结束时总会提一句：“详情请参阅你们的地方报纸。”直到 1937 年，广播在新闻界仍然没有什么地位可言。说到电视新闻中的出镜报道，则很容易让人联想到以报道富有感染力的战地实况而著称的美国著名广播记者爱德华·默罗以及他创办的现场广播《这里是伦敦》。

① 饶立华、杨钢元、钟新：《电子媒介新闻教程——广播与电视》，中国人民大学出版社 2000 年版，第 31 页。

我是爱德华·默罗,此刻正从维也纳报道。现在是凌晨2点30分……年轻的纳粹冲锋队员乘车在街道上闲荡着。他们乘着军用卡车、各种型号的装甲车,唱着歌,不时地向人群扔桔子皮。所有的重要大楼都设有武装警察。整个城市有一种注定要发生某种事情的迹象……①

1940年8月24日,星期六,3000万美国家庭坐在收音机旁收听默罗的现场广播——《这里是伦敦》。节目一开始,美国人起居室内的收音机里传出的是震耳的空袭警报与隆隆的炮声。接着,默罗以一种慎重、准确而有节奏的声音广播道:

你们此刻听到的噪声是空袭警报发出的声音,在不远的地方,探照灯突然亮了,一道强烈的灯光正在我的上空划过。人们在静静地向前走。我现在正在一个防空洞的门口,我得把电缆线挪动一点,这样可以给人们腾出进入防空洞的通道。

空袭最猛烈的时候,默罗要求站在BBC广播大楼的楼顶上做现场报道。由于这是德军轰炸的主要目标,英国空军拒绝了他的要求。最后,丘吉尔首相受到这个年轻的美国记者的感染,出面批准了他的请求。就这样,默罗夜复一夜地走上BBC广播大楼的楼顶,把世界名胜圣保罗大教堂、威斯敏斯特大教堂、特拉法加广场的劫后灾情报道出去。于是,无论是美国还是英国,都听到了默罗在最危险的地方与事件同步进行的现场报道。

虽说我们无法证明后来诞生的电视出镜报道与默罗的广播现场报道之间到底有着怎样的联系,也无法断定后来的电视出镜报道是否直接脱胎于广播的现场报道,但从默罗报道的内容以及他在报道中所使用的语言和方法,我们已能发现其与电视出镜报道间的巨大相似性,即在报道中加入了报道者的个人因素,报道者已不再躲在报道背后,而是作为报道主体出现在了报道当中。根据电视在发展初期对于广播不断借鉴和模仿的事实,可以肯定的是,电视新闻中的出镜报道既是默罗这种人格化现场报道的延续,也深受广播现场报道的影响,甚至是广播现场报道在电视中的再现。

(二)媒体竞争催生电视出镜报道(20世纪60年代)

上个世纪60年代之后,通讯卫星的发射成功以及电子新闻采集系统(ENG)的研制成功并投入使用,极大地提高了电视新闻的采制速度,使得电视记者在技术上开始

① 王银桩、赵淑萍:《荧屏巨星——美国三大电视网新闻节目主持人画像》,中国人民大学出版社1998年版,第27—28页。

有能力报道突发事件，并且通过转播设备同步报道重大事件。由于美国电视体制属于商业化运作，因此美国的电视业并不存在完整的垄断，而是始终处于一种竞争的状态。为了在竞争中取得优胜，美国的电视从业者往往想尽一切办法，除了在时效上抢得报道的先机，他们也会通过对报道方式和节目样态的不断创新来战胜对手。如CBS的报道团队曾经在50年代发明了“新闻主持”一词，通过由主持人整合前方记者报道的新方式来报道美国的总统大选。出镜报道正是这种竞争背景下的产物。

1963年11月25日，肯尼迪总统遇刺，职业刺客奥斯瓦尔德在由达拉斯警察局移至监狱的途中，被达拉斯夜总会老板杰克·卢比近距离击毙。当时正在报道总统遇刺事件的CBS年轻记者丹·拉瑟为了抢时效，在毫无准备的情况下直接对着镜头向电视观众报道了事件的经过，并通过卫星做了实况转播。由于把握住了机会，拉瑟成为第一个从达拉斯报道此事的记者，并且一役成名。由此，电视出镜报道开始越来越被电视新闻工作者认同和青睐，也标志着电视出镜报道的正式诞生与确立。第二年，拉瑟被指派为CBS驻白宫记者。拉瑟一向以现场即席报道著称，在长达40多年的广播电视记者生涯中，他的足迹遍布世界各地，为了写有关毒品的报道，拉瑟曾经亲自体验吸毒；为了弄清楚阿富汗的局势，拉瑟曾身着当地农民的服装，与《60分钟》节目制片人唐·休伊特等人一起深入阿富汗山区采访；甚至在2003年伊拉克战争和2004年印度尼西亚海啸发生后，拉瑟依然不顾年迈亲临现场进行报道。

(三)《60分钟》带动调查性出镜报道(20世纪60年代至今)

如果说拉瑟的出镜报道是在一种偶然和不自觉的状态下产生的，那么，几年之后CBS另一档著名的电视栏目《60分钟》则是主动地采用了出镜记者的报道形式，而且自觉地发挥了这种报道方式的优势。

从上个世纪40年代起，面对广播电视的速度优势，美国的报纸开始了以深度求胜的尝试，以提供背景、展示过程、分析原因为特征的调查性、解释性报道应运而生。媒体开始了新一轮的竞争，电视也开始了在深度方面的努力。1968年9月24日晚，CBS播出了一档具有全新理念的新闻节目《60分钟》，其制片人休伊特提出，《60分钟》就是要开创一种与传统的一本正经的问题探讨和一板一眼的新闻播报不同的节目形式，要用讲故事取代探讨问题。《60分钟》播出的第一期节目包括总统竞选进展、迈克·华莱士所做的一个专访，并介绍了正在上演的一部电影和一位幽默专栏作家的短文。在随后播出的《60分钟》节目里，这种节目样态几乎几十年不变。而在其每一个构成板块当中，都是由一个记者型的主持人出镜来作为向导而展开新闻报道的，在有些报道中，出镜记者就像一个侦探，带领观众进入到对新闻事件真相的揭露当中，其中不乏情节、冲突和悬念。《60分钟》的报道不仅带动了调查报道的发展，使国内同行随后也开办了《48小时》、《日界线》、《20/20》、《夜线》等一批以调查为主要特征的电视栏目，同时也造就了迈克·华莱士、莫利·塞弗、丹·拉瑟等一批在全国乃至全球享有盛誉的调查型出镜记者，不仅拓展了出镜记者的业务范畴，也更大程度地发挥了电视出镜报道的优势和魅力。

1993 年 5 月，由我国中央电视台创办的新闻杂志栏目《东方时空》就直接借鉴了《60 分钟》。在当初《东方时空》的子栏目《焦点时刻》和后来由此分出的《焦点访谈》节目，以及在 1996 年开办的《新闻调查》栏目当中，也都采取了记者出镜的报道方式，特别是《新闻调查》栏目中的记者更是承担起了调查者的角色，以自己在镜头前的言行架构起了节目调查的脉络。这些栏目的成功也为中国的电视新闻媒体培养了一批如白岩松、柴静、王志、敬一丹等在观众中享有盛名的优秀电视出镜记者。

（四）CNN 崛起将出镜报道推向电视新闻主战场（20 世纪 80 年代至今）

上个世纪 80 年代之后，卫星直播电视和大型电缆电视的发展，使得 24 小时播发新闻成为可能。1980 年 6 月 1 日，美国有线电视新闻网（CNN）创立，这是全世界第一个 24 小时全新闻频道，继 CNN 之后，创办 24 小时全新闻频道成为一种世界性的发展趋向，改写了电视新闻史。随后，全球范围内掀起了 24 小时新闻频道的热潮，“CNN 开创了电视新闻的新时代，被称为‘世界新闻领袖’”。[①] “电视直播”和“现场报道”正式成为电视新闻的关键词，凭着遍布全球各个角落的记者，CNN 可以在任何时候、任何地方报道任何事件，换句话说，哪里有新闻，哪里就会有出镜记者现场报道的身影。在任何时候、任何地方只要发生重大新闻事件，全世界的观众都可以在 CNN 的电视新闻里看到 CNN 记者在镜头前的现场报道。

CNN 开创的这种电视新闻节目样态使人们注意到，活跃在新闻频道荧屏上的除了光鲜的新闻主持之外，还有支撑其报道的奋战在新闻现场上的出镜记者们。1991 年，在 CNN 对海湾战争的直播报道中，优秀的出镜记者们和新闻主持隔空对话，史无前例地让世人在同一时间目睹了战争的进程，同时也将出镜报道及出镜记者推向了电视新闻的主战场，使出镜报道成为当今西方电视媒体新闻报道的常态。从此，观众在收看电视新闻时，不仅能够看到来自新闻现场的真实画面，更能通过出镜记者的描述体会到身临其境的感觉，而新闻主播和出镜记者之间的互动和评论，则更是将受众对新闻事件的认识推进到更深层次。

二、美国电视新闻主持的诞生与发展

新闻主持的产生绝不是偶然的，其中既有外因也有内因，其产生发展既以人类社

① 饶立华、杨钢元、钟新：《电子媒介新闻教程——广播与电视》，中国人民大学出版社 2000 年版，第 35 页。

会的整体发展为大背景，又与新闻传播和广播电视媒体的业务发展紧密相关，是电子传播媒介发展到一定阶段的产物。与广播电视中的出镜记者一样，新闻主持的发展同样走过了一条从无到有，从最初的稚嫩萌芽到后来成长为参天大树的过程。

(一)前新闻主持及默罗时代(20世纪50年代)

如果将CBS1952年参与总统大选报道的克朗凯特视作美国电视新闻主持的开端，那么在这之前从事类似工作的就只能算是前新闻主持了。事实上，在1952年之前，前文提及的美国著名记者爱德华·默罗就已经开始从广播转战电视，并承担起了某些新闻主持的工作。1951年11月18日，默罗迎来了他继《这里是伦敦》之后从事新闻报道的第二个高峰。他创办的电视纪录片节目《现在请看》(*See it now*)正式播出，由默罗和另一名记者担任主持。节目采取的视听结合、以连续运动变化的屏幕形象来传达事实的新形式，给观众带来了更强烈的真实感。经过默罗的不懈努力，《现在请看》成为美国电视史上最轰动的节目，特别是默罗那人所熟悉的、深沉悦耳的声音，再加上他庄重的表情、大方的举止，更增加了节目的吸引力。

1953年，默罗又开始主持他的第二个电视节目《面对面》(*Person to Person*)，这是一个人物专访节目，每次节目默罗都邀请到几位名人，一起坐在演播室里不拘礼仪地谈论一些轻松愉快的话题。从开办到1959年停播，默罗先后采访了93位知名人士，其中既有美国前总统杜鲁门，也有苏联领导人赫鲁晓夫，甚至还有以性感著称的电视明星梦露，因此，《面对面》成为当时收视率最高的十大节目之一。

1965年4月，默罗在过完自己57岁生日的两天后，因患癌症去世。

从今天的眼光来看，虽然爱德华·默罗并未被正式命名为节目主持人，但从他极具个人色彩的人性化传播方式，以及他对传播内容的深度参与和把握，足见其传播活动已经糅人了强烈的人格化和个人化的色彩和魅力。从上面所列举的实例来看，默罗所从事的传播无疑已具备了主持传播的某些雏形。

(二)新闻主持的诞生及克朗凯特时代(20世纪50－80年代)

在美国的大众传播发展史中，第一次正式与“主持人”这三个字结缘的是沃尔特·克朗凯特。1952年，正值美国第34届总统大选。美国的总统大选既是美国民众政治生活中的一件大事，同样也是美国新闻媒体所要面对的大事。能否在关于美国总统大选的报道中居于领先地位，直接影响着美国广播电视媒体的经济收入和在美国民众中的影响。为了在对美国总统大选的报道中争得竞争的优势，美国各大广播网都在想方设法出奇制胜。为了和其他广播网竞争，为了改变两党代表大会报道的传统模式，当时的美国哥伦比亚广播公司(CBS)新闻部制片人唐·休伊特想出了一个办法，即在整个报道中设立一个专门的角色，由其负责将前方记者的报道整合在一起播出，要“让最有力的记者在最后把所有的报道串联在一起，高度概括起来”，并选中当时已很有名气的美国资深电视记者克朗凯特来担任这一角色，由他出面组织串联其他记者从不同角度、不同地点、不同侧面进行的报道。为了给这一角色起一个合适的名称，休伊特想到了体育界中的一个术语，即“Anchorman”。

“Anchorman”原本是指体育接力赛中跑最后一棒的运动员。由于克朗凯特在工作中实际上的确是从其他记者手中接过接力棒，并由他“跑完”最后一棒，所以，“Anchorman”一词便成了主持人的固定称谓，沃尔特·克朗凯特也就成了“主持人”名称正式出现之后的第一位主持人，而克朗凯特随后所从事的传播便也宣告了主持传播的诞生。由于沃尔特·克朗凯特为主持人节目方式做出了成功尝试和巨大贡献，他的名字甚至成了主持人的代名词，如在瑞典、希腊等国家，节目主持人就被称作“克朗凯特”。

沃尔特·克朗凯特继默罗之后，在60年代末成为哥伦比亚广播公司的超级电视明星，70年代又被推举为全国最受信赖的人物。在《美国新闻与世界报道》杂志举办的美国决策人物一年一度的民意调查中，他曾连续被选为1975年至1978年以及1980年五届“美国十大最有影响的决策人物”之一。

在克朗凯特主持CBS《晚间新闻》的近二十年中，自从1966年《晚间新闻》第一次超过NBC的《晚间新闻》跃居首位，一直到克朗凯特1981年退休，《晚间新闻》一直保持着收视率第一。因而，尽管与克朗凯特同时代的主持人还有不少，例如曾经一度战胜克朗凯特的NBC《晚间新闻》主持人黄金组合切特·亨特利和戴维·布林克利，以及在克朗凯特之前就已经具有一定影响力和知名度的播音员主持人约翰·斯韦兹和道格拉斯·爱德华兹等等，但他们不是被克朗凯特击败，就是被克朗凯特所取代，无论是在新闻报道，还是在影响受众方面，都无法达到克朗凯特所取得的高度。克朗凯特可谓当之无愧是其所在时代的新闻主持的代名词。

(三)新闻主持发展及三大主播时代(20世纪80年代－21世纪初)

1981年，克朗凯特在其主持人岗位上工作了近二十年后光荣退休，其手中的接力棒传给了CBS另一位优秀的电视新闻记者丹·拉瑟。克朗凯特的退休既宣告了美国新闻主持传播史上克朗凯特时代的结束，也开启了美国广播电视新闻史上三足鼎立的新局面，美国的新闻主持从此进入了CBS的丹·拉瑟、NBC的汤姆·布罗考和ABC的彼得·詹宁斯三分天下的三大明星主播时代。

拉瑟1931年出生在得克萨斯州靠近休斯敦的一个小城沃顿。1953年，拉瑟从萨姆·休斯敦州立师范学院新闻系毕业。毕业时，他已经在为美联社、合众国际社和几家电台担任自由撰稿人。1963年肯尼迪总统遇刺，拉瑟抓住机会，成为第一个从达拉斯报道此事的记者，一役成名。第二年，拉瑟被指派为CBS驻白宫记者。拉瑟一向以现场即席报道著称，在长达四十多年的广播电视记者生涯中，他的足迹遍布世界各地。1981年11月3日，在克朗凯特确定退休的那一天，丹·拉瑟终于击败了同是CBS著名记者的罗杰·马德，以年薪250万美元的身价，出任《晚间新闻》主持人，并成了被美国公众公认口才最好、风度最佳的一流电视节目主持人。2005年3月9日，在主持完了最后一天的《晚间新闻》之后，拉瑟从他整整为之服役24年的主播岗位上宣布退休，离开了这个曾经让人向往也让他辉煌的位子。

汤姆·布罗考1940年生于美国南达科他州一个中产阶级家庭，自幼富于独立精神和自强意识。1973年，年仅33岁的布罗考赴白宫任首席记者，于是观众在电视屏幕上看到了一个意气风发、口才出众的年轻记者。两年后，布罗考便与拉瑟并驾齐驱，成了当时驻白宫的两个最优秀的电视记者。1982年，42岁的布罗考经过20年的风风雨雨终于得到了他一生追求的职位——《晚间新闻》主持人。几十年来，布罗考足迹遍布五大洲。在美国，从总统到各界人士都把布罗考称为不可多得的人才，在一般美国人的眼里，他是一个富有同情心、有权威、有魅力的一流记者。2004年12月1日，汤姆·布罗考宣布离开已经工作了22年的《晚间新闻》栏目，光荣退休。

彼得·詹宁斯1938年出生于加拿大多伦多的一个新闻世家，二十多岁时即在加拿大安大略省为一家小电台担任记者。1965年，美国广播公司(ABC)破格提拔詹宁斯担任《晚间新闻》节目主持，引起一片争议。而后迫于压力，詹宁斯被派到意大利罗马，担任驻外记者。1978年，重新命名的美国广播公司《今晚世界新闻》开播，詹宁斯重回主持人岗位。1983年，詹宁斯正式成为《今晚世界新闻》主播，从而标志着三大电视网新闻节目主持人三足鼎立局面的形成。美国当地时间2005年8月7日，詹宁斯因患肺癌在纽约家中离世，享年67岁。随着詹宁斯的过世，美国三大无线新闻网老牌主播的辉煌时代已成为永远的过去式。

(四)新新闻主持时代(21世纪初至今)

美国三大主播的纷纷离去虽然宣告了老牌主播当道的新闻主持时代的结束，但并未宣告美国新闻主持传播的结束，而是随即掀起了美国新新闻主持的潮流。与克朗凯特时代、三大主播时代相比，美国当下的新闻主持传播更具多样性，也更精彩纷呈，既有老主持人的当仁不让，如拉里·金、奥帕拉·温芙瑞以及接替丹·拉瑟主持CBS《晚间新闻》的原NBC《今日》节目主持人凯蒂·库里克等依然在美国主持人队伍中占据重要地位，是美国最受欢迎和最有影响的主持人，也有年轻一代主持人的人才辈出，如目前在美国最受欢迎的新闻节目主持人之一乔·斯图尔特以及CNN的著名新闻主持人安德森·库珀等等。总体来看，美国新新闻主持传播时代在特点上与国内当前的主持传播发展非常相似，一方面主持人的来源日益多样化，除了传统的新闻记者和演员两大阵营之外，越来越多其他背景和职业的人加入了主持人的行列；另一方面则是个性化主持人日益受宠，如以亲和、大方的邻居形象受到欢迎的温芙瑞，以轻松、幽默播报新闻引人关注的斯图尔特等等。值得注意的是，美国的主持传播现在也越来越出现了娱乐化和庸俗化的倾向，如杰里·斯普林格、大卫·莱特曼、珍尼·琼斯等主持的垃圾脱口秀节目，常常在节目中以性、政治为主要话题，以恶作剧、恶搞为主要手段的节目在美国也颇有市场，这一点应该引起国内主持传播界的注意和警觉。

思考题

1. 什么是电视出镜报道和新闻主持？其传播学特征是什么？
2. 电视出镜报道在中国经历了怎样的发展？
3. 新闻节目主持的实质是什么？
4. 为什么说美国电视新闻主持人的诞生不是偶然的？

第二章

中外出镜报道与新闻主持现状

第一节　中国电视出镜报道现状——以央视《新闻联播》为例

在中国电视新闻节目中，《新闻联播》是一个高地，也有着特殊的象征意义和示范效应，其内容的改革、形式的创新乃至新闻播音员的一个呵欠、一个口误，都会引来高度的社会关注。透过央视《新闻联播》的出镜报道，可以观照中国电视出镜报道的整体现状。

一、中国电视出镜报道的内容

一般而言，一条出镜报道中，主要包括新闻内容、主播引导和记者出镜三个要件；因此，我们也从“新闻报道整体”、“出镜记者报道”即新闻指标、出镜记者指标两部分来分别分析中国电视出镜报道在内容方面所具有的特征。①

(一)新闻整体指标

在我们考察的七天七期、总计时间为12600秒的《新闻联播》中，出镜报道类新闻共计20条、累计时间2928秒，占到总时间的23%。这表明目前中国出镜报道类新闻的比重仍然偏低，尚不足总体构成的三成。

① 为了确保对中国出镜报道描述的客观和公正，我们随机从2011年1—7月中选择了不连续的星期一、星期二、星期三、星期四、星期五、星期六和星期日各一日，构造成一个星期；然后挑选出每天《新闻联播》中的出镜报道，依照既定的指标进行分析。在这七天的《新闻联播》中，累计有20条新闻、26次出镜报道(个别新闻中有多人多次出镜情况)、22名记者完成出镜报道。

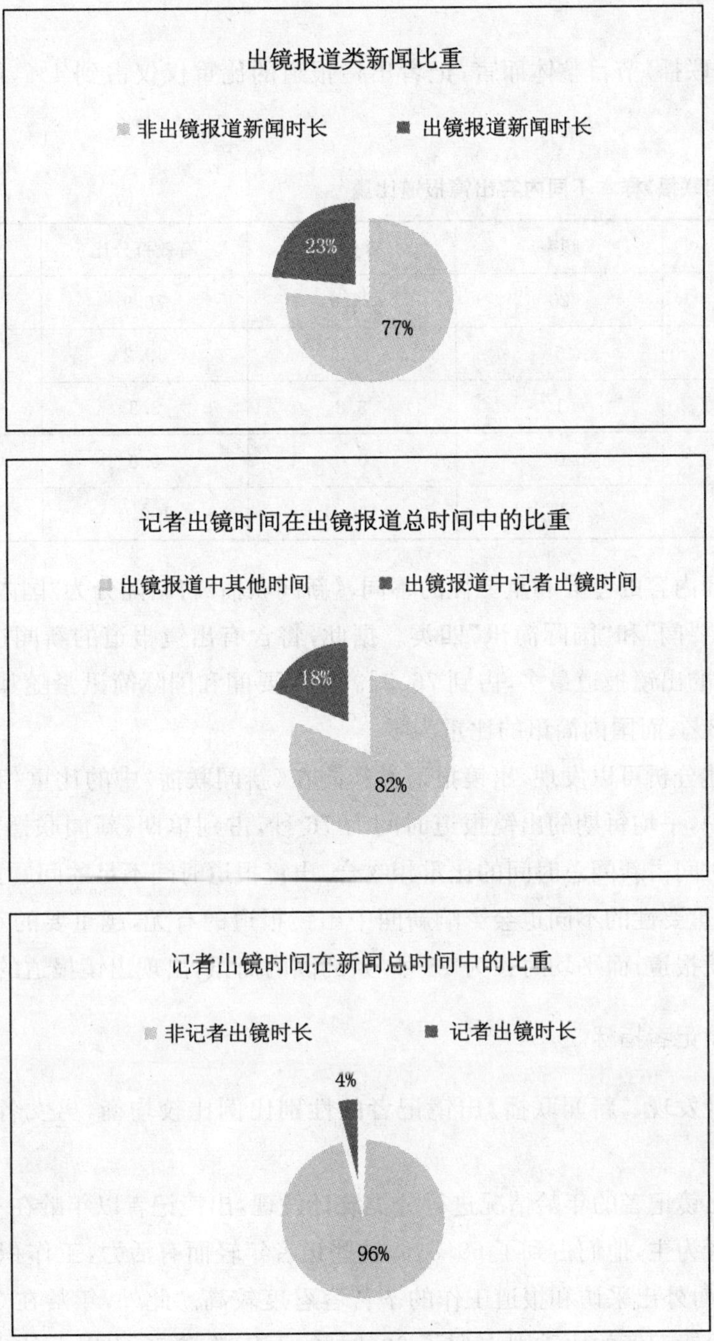

图2－1 《新闻联播》样本出镜报道类新闻及记者出镜时间比重

由图 2－1 可知，在累计 2928 秒的含有出镜报道的新闻中，记者出镜时间占到了 18%。

就《新闻联播》节目整体而言，记者出镜报道的比重仅仅占到 4%，而其他时间占到了 96%。

表 2－1 《新闻联播》样本不同内容出镜报道比重

	频率	百分比	有效百分比	累积百分比
国内要闻	20	76.9	76.9	76.9
国际要闻	5	19.2	19.2	96.2
国际简讯	1	3.8	3.8	100.0
国内简讯	0	0.0	0.0	100.0
合计	26	100.0	100.0	

依据新闻内容的差异和重要性的不同，《新闻联播》将新闻分为“国内要闻”、“国内简讯”、“国际要闻”和“国际简讯”四类。据此，将含有出镜报道的新闻进行归类后显示：国内要闻的出镜报道最多，占到 76.9%；国际要闻和国际简讯紧随其后，分别占到 19.2%和 3.8%；而国内简讯的比重为零。

通过上述分析可以发现，出镜报道类新闻在《新闻联播》中的比重相对较低，在单期新闻节目中，平均每期的出镜报道时间为 76 秒，占到单期《新闻联播》的 4.2%，这与记者出镜时间占新闻总时间的比重相吻合，出镜报道时间不足的问题比较明显。与此同时，新闻重要性的不同也会影响新闻中出镜报道的有无，越重要的新闻越可能有记者进行出镜报道；而平均时长为 15 秒/条的国内简讯，出现出镜报道的几率最小。

(二)出镜记者指标

通过统计发现，《新闻联播》出镜记者的性别比例比较均衡，男女各 11 人、13 次出镜。

通过对出镜记者的年龄情况进行分类统计发现，出镜记者以年龄在 20 至 35 岁之间的青年记者为主，他们占到了 69.8%，这些记者年轻而有活力，工作积极性高，事业处于上升期，对外出采访和报道工作的辛苦容忍度较高。此外，年龄在 35 岁至 50 岁之间的中年出镜记者的比重则占到了 30.24%，而年龄在 50 岁以上的出镜记者所占比重则是零。

从出镜记者的单位归属看，出镜记者都是中央电视台自己的记者，达 100%。这一方面表明中央电视台记者的遍及率高，能够及时赶到新闻事件现场；另一方面也表明央视与地方台在新闻报道合作中的强势地位以及对地方台资源利用的不足。

出镜报道中记者的运动状态会对传播效果产生影响。通过分析发现，有高达73.1%的出镜记者在进行报道时采取的是静止地站在镜头前进行口头陈述的方式，这种方式过于僵硬且缺乏灵活性，不能将受众与新闻现场的情景很好地联合；有23.1%的记者在进行报道时自始至终处于运动状态，不断引导受众接受新的信息，这种出镜方式在进行突发事件报道时容易采用(如关于“汶川水灾”的记者报道)，给受众以强烈的现场冲击；相比之下，仅有3.8%的记者在进行出镜报道时采取动静结合的报道方式，既有运动以实现对受众注意力的有效牵引，也有静止以保证受众能够稳定情绪，进行信息接收和反馈。

在出镜报道中结合情景、适度借助道具，能够实现以小见大、吸引受众注意的作用。通过分析发现，仅有23.1%的出镜记者在进行报道时会将现场的相关物件、情景等作为报道的道具利用起来，而作为新闻报道的切入点和引子的就更少了。这表明，记者的现场观察能力和记者报道手段的丰富性有待提升。

出镜记者究竟在说些什么内容呢？通过分析我们发现，有42.3%的记者会在出镜时介绍自己在现场观察到的细节，这表明相对多数的出镜记者会用心思考受众的兴趣点，努力结合现场做出具有特色和价值的新闻；而紧随其后的30.8%的记者会进行新闻背景的介绍，如时间、地点、情况，让人有一种“为证明‘我在现场’而刻意言‘我在现场’”的生涩感，同时还占用了宝贵的新闻报道时间；进行记者评论的占到了19.2%，这类内容有点类似于新闻述评，结合自己对新闻背景的掌握向受众进行具体事件的价值、影响、效果的评析，评论最能体现媒介立场，也是最吸引受众的新闻点，但是这种方式显然还没有得到充分的利用和推广；只有7.7%的记者出镜报道时介绍的内容会与新闻导语相似或者发挥新闻导语的功能，一方面提升了信息的丰富性，另一方面也体现了出镜记者新闻素养的提高。

通过分析发现，有58%的出镜报道时间都不超过15秒，约38%的出镜报道时间介于16秒至30秒之间，超过30秒的出镜报道仅仅占到4%。这表明，《新闻联播》中出镜报道的时间多偏短。

结合记者出镜报道总时长仅529秒的现实，我们对出镜记者的表述内容进行了字数统计。在这段时长内，出镜记者表述的语言共计2219字，平均每分钟252字，信息量较多:这就对信息表述的准确、清晰提出了更高的要求，同时，也对观众有效接收信息增加了难度。

通过镜头运用分析(表2－2)可以发现，在进行出镜报道时，镜头采取单一动态或者静态的比重较小，持续静态容易使观众疲劳，而连续动态又不能使观众充分接收新闻信息，因此，动静结合，既有动态画面又有静态画面是最优选择。

表 2—2 《新闻联播》样本出镜报道镜头运用情况

	频率	百分比	有效百分比	累积百分比
固定镜头	10	38.5	38.5	38.5
动态镜头	3	11.5	11.5	50.0
动定结合	13	50.0	50.0	100.0
合计	26	100.0	100.0	

通过对出镜报道中镜头和画面数量的统计可以发现，有 65.4%的出镜报道只有一个画面，而且基本都是对记者正面、静态、中景的拍摄；有 30.7%的出镜报道使用了 2—4 个不等的镜头；只有一个出镜报道使用了 7 个镜头，即仅有 3.8%的出镜报道使用了 4 个以上的镜头。出镜报道镜头画面不够丰富的问题由此可见。

出镜报道体现了"我在现场"的真实感，而现场连线报道则更加体现了新闻现场的真实性和报道的时效性。通过分析发现，《新闻联播》的出镜报道几乎百分之百采取了录播的方式，而与现场进行即时连线报道的几乎没有，这一方面表明《新闻联播》对新闻话语的把关依然严格，另一方面也表明《新闻联播》对出镜连线报道的重视程度有待加强。相比之下，观察国外具有重要影响力的新闻节目可以发现，它们无不把出镜报道和现场连线作为提高报道时效性和接近性的重要手段。

二、中国电视新闻出镜报道的效果分析

从传播的视角来看，传播的最终目的是信息被受众理解和接受，新闻传播也不外乎于此，因此，考察受众的需求和观看感受也就成为了必要。

我们首先选取研究客体，即需要受众观看的出镜报道，从用于定量研究的 26 段出镜报道中选出 7 条；为保证公平，分别从七天的出镜报道中选取当期《新闻联播》的第一条出镜报道作为观察对象。

其次，我们草拟了《中央电视台〈新闻联播〉出镜报道效果调查问卷》。该问卷包含三大部分：基本情况、阅后反馈以及个人希冀。其中"基本情况"包括性别、年龄、学历以及对《新闻联播》中出镜报道的了解和熟悉情况；"阅后反馈"主要设定了"不可替代性"、"生动性"、"丰富性"、"视悦感"和"反馈性"五个一级指标，每个指标下各自包含三个导向性问题；而"个人希冀"则主要包含个人对《新闻联播》出镜报道现状的问题认识以及期待。

最后，2011 年 12 月 13 日下午 14：00，我们在中国人民大学新闻学院的一堂新闻类课上进行了受众调查。此次受众调查准备调查问卷 25 份，发放调查问卷 19 份，回收有效调查问卷 19 份。

结果发现：

(一)观众性别、年龄、学历与观看频率存在一定关系

此次调查的对象,从性别上看,男性 7 人,占到 36.8%;女性 12 人,占到 63.2%。从年龄上看,青年人群占到了绝对主力,达 94.7%;仅有一名中年人参与调查,没有少年和老年参与者,这主要与调查范围设定在高校课堂的局限性有关。从学历上看,高中 1 人,本科 17 人,研究生及以上 1 人,分别占到总人数的 5.3%、89.5%和 5.3%。

数据同时显示,在接受调查的对象中,有 2 人从来没有看过《新闻联播》;16 人偶尔看《新闻联播》,占到总数的 84.2%;1 人经常看《新闻联播》;没有人天天看该节目。这表明,绝大多数的被调查者对《新闻联播》的收看忠诚度并不高。

当被询问到是否知道《新闻联播》中有出镜报道时,68.4%的被调查者表示知道,而剩下的 31.4%则表示不知道和没印象。这表明,尽管《新闻联播》中有出镜报道的事实是被大多数人了解的,但是给受众留下的印象并不深刻。

(二)不可替代性

"不可替代性"主要考量受众对"该新闻报道中,记者的出镜所述内容是否必须用出镜形式传达才是最好的? 通过其他形式替代是否会减弱传达效果?"这一问题的认识。

在研究该问题时,又主要通过三个二级问题考量观众的态度,它们是:

(1)对该出镜报道的内容而言,出镜报道方式是传达它的最优选择,您同意吗?

(2)该出镜报道内容恰到好处,增加了新闻的可看性,您同意么?

(3)出镜报道的运用,增加了新闻与观众之间的亲切感,您同意么?

在针对第一个问题的调查中,数据显示,不同程度的反对意见累计高达 40.6%,而同意意见尚不足三成,明显低于反对意见。

这表明,综合央视出镜报道的记者陈述内容来看,很多内容并不是必须用出镜报道的方式来展现的,与此对应的一个问题则是,记者和编导们没有利用好出镜报道时间把更为重要、必须通过记者出镜介绍和陈述的内容展示给观众。

在针对第二个问题的调查中,数据显示,不同程度的反对意见累计达到了 38.3%,而同意意见总计为 33.9%,略低于反对意见。

通过对第二个问题的回答,进一步印证了:由于出镜报道内容乏力,进而导致新闻可看性下降和不可替代性削弱。

在针对第三个问题的调查中,数据显示,认同意见高达 48.9%(认同出镜报道可以增加新闻与观众之间的亲切感觉),同时也有 24.1%的中立意见和 27.1%的反对意见。

这表明,出镜报道更能够吸引受众注意力的认识可以得到较为广泛的支持,相比

之下，《新闻联播》目前的出镜报道尚不足以让观众认可的现状就更加需要尽快转变，而且任务迫切。

综上可知，出镜报道增加新闻的可看性、拉紧电视新闻与观众的距离，这种新闻报道手段的不可替代性是毋庸置疑的；但是由于《新闻联播》出镜报道内容的不得替代性的弱化，使得央视《新闻联播》出镜报道在不可替代性指标上的满意度尚不足五成。

(三)生动性

"生动性"主要考量的是观众结合对记者运动情况、道具使用情况的观察，而对"记者的出镜报道是否足够生动?"的判断。

在研究该问题时，又主要通过三个二级问题考量观众的态度，它们是：

(1)记者出镜时，如果在动态中进行报道，会比静止的方式更生动，您同意么?

(2)记者出镜时，如果使用道具，会比不用道具的报道方式更生动，您同意么?

(3)在这条新闻中，记者的出镜报道非常生动，您同意么?

在针对第一个问题的调查中，数据显示，认同意见高达57.2%；同时也有26.3%的中立意见和16.6%的反对意见。

这表明，在出镜报道中，记者在画面中的移动有助于提升新闻出镜报道的生动性和传播效果，这种方式不仅能够牵引受众的注意力，还可能是一种更好地凝聚受众注意力的手段。

在针对第二个问题的调查中，数据显示，认同意见为45.8%，接近半数；同时也有36.9%的中立意见和15.0%的反对意见。

这表明，记者在进行出镜报道时，竭力结合现场的情境和道具进行报道更容易获得观众的认可和喜欢。这里的"道具"不仅可以是握在手里、能够移动使用的具体物品，也可以是周围的环境，对道具的使用显然是凝聚受众注意力的一种有效手段。

在针对第三个问题的调查中，数据显示，表示不同程度的不同意意见的占据了绝大多数，达到了51.1%；同时也有25.6%的中立意见，而表示认可这些出镜报道效果的意见仅仅占了23.3%。

结合对出镜报道中记者运动情况和道具使用情况的判断，这组数据说明，在《新闻联播》的出镜报道中，记者进行报道时的状态缺乏活力，且报道方式也偏于呆板，往往笔直地站在原地，依托背景空镜头进行报道，而这种生动性乏力的报道也确实没有得到观众的认可。

(四)丰富性

"丰富性"主要考量观众通过对记者报道信息的分析，进而评价"出镜报道是否有助您了解事情全貌？出镜的信息是否充实而丰富?"

在研究该问题时，又主要通过三个二级问题考量观众的态度，它们是：

(1)出镜报道的内容应该是新闻中核心信息的展现，您同意么？

(2)该出镜报道的内容补充和丰富了该新闻的信息量，您同意么？

(3)该出镜报道的内容是该新闻的核心和关键，您同意么？

在针对第一个问题的调查中，数据显示，表示认同意见的高达 51.1%，而反对的仅为 13.5%，此外，中立意见也占到了 35.3%的比重。

这表明，观众大多希望在出镜报道的有限时间里，能够尽量展示和介绍该新闻最核心、最重要的信息。

在针对第二个问题的调查中，数据显示，表示认同意见的占到了 35.4%，而反对意见也达到了 28.6%，二者相差不足 10 个百分点。

认同和反对意见相差不大的状况表明，就观众看到的样本出镜报道而言，记者出镜报道的内容并不能绝对满足大多数人的信息需求，即不能达到补充有益信息的标准，以至于保持中立意见的比例达到了 36.1%，成为最多数。

在针对第三个问题的调查中，数据显示，表示反对意见、中立意见、认同意见的分别占到了 36.1%、30.8%和 33.1%，三者几乎持平。

这组数据表明，《新闻联播》中含有出镜报道的新闻，其重点和核心并不十分突出，以至于被调查者看到出镜报道后各持异见，且比例相当。

上述三组数据表明，《新闻联播》中的出镜报道应该尽可能地反映该新闻的核心信息，是该信息的展示和强化，而现状是，这些出镜报道不仅不能充分展示新闻的核心信息，有时候甚至都不能起到充实新闻信息的作用，而仅仅停留在官话套话、介绍时间地点或其他非核心信息上面。

(五)悦视感

“悦视感”主要考量受众对“新闻画面质量的评价”。

在研究该问题时，又主要通过三个二级问题考量观众的态度，它们是：

(1)该报道中的出镜记者表述得当、形象得体，报道效果好，您同意么？

(2)该报道中空镜头的运用贴合记者话语，有助于新闻内容的表达，您同意么？

(3)从整体上说，这条新闻的声画效果比较好，您同意么？

在针对第一个问题的调查中，数据显示，表示反对意见、中立意见、认同意见的分别占到了 30.8%、33.1%和 36.1%，三者几乎持平。

这表明，《新闻联播》中出镜记者的表达能力、外貌形象和新闻报道水平虽然基本上达到了观众的要求，但是并不能在三个方面都做到优秀和令人满意，而这三方面工作的有机结合也恰恰构成了衡量出镜报道水平的核心标准。在这方面，央视出镜记者尚须根据自身的具体情况，进一步完善和改进。

在针对第二个问题的调查中，数据显示，表示反对意见的占 27.8％，而表示认同意见的则达到了 45.8％，高出反对意见几乎两成。

空镜头的使用是出镜报道中很常见的现象，在《新闻联播》中，大多数的出镜报道都会在记者报道的同时插入空镜头，而空镜头运用的效果如何便成了满足观众需要的一个重要标准。上述数据表明，大多数的观众对目前《新闻联播》出镜报道空镜头的使用尚能认可和满意；而表示不能满意的观众，意见主要集中在空镜头使用过多、空镜头数量少和空镜头影响记者出镜三个问题上。

在针对第三个问题的调查中，数据显示，表示反对意见、中立意见和认同意见的比例分别为 24.8％、45.1％、30.1％，认同意见的比例略高于反对意见。

这表明，这些出镜报道的声画效果基本能得到多数观众的接受和满意。

上述三组数据的结果表明，中央电视台《新闻联播》的出镜报道在声画方面基本能得到观众的认可，空镜头的运用、记者的形象都能较好符合观众的希望。

(六)反馈性

“反馈性”主要考量观众在看完出镜报道后受到启发的程度。

在研究该问题时，又主要通过三个二级问题考量观众的态度，它们是：

(1)该出镜报道有助于您更全面地了解新闻内容，您同意么？

(2)出镜报道的运用更好地激发了您对该新闻的思考，您同意么？

(3)出镜报道的运用增加了您对该报道内容的关注和兴趣，您同意么？

在针对第一个问题的调查中，数据显示，表示反对意见、中立意见和认同意见的比例分别为 33.8％、33.1％、33.1％，三者相近。

这表明，这些出镜报道带给受众的信息不能很好地让受众感受到信息的有用性，也间接印证了出镜内容成色和价值不足的问题。

在针对第二个问题的调查中，数据显示，表示反对意见、中立意见和认同意见的比例分别为 37.6％、31.6％、30.8％，认同意见略低于反对意见。

这表明，这些出镜报道的运用虽然在一定程度上引起了观众的思考，但是启发性不足，不能深刻地影响到观众的意见。

在针对第三个问题的调查中，数据显示，表示反对意见、中立意见和认同意见的比例分别为 36.8％、24.1％、39.1％，认同意见的比例略高于反对意见。

这表明，出镜报道的运用确实能够增加观众的关注和兴趣，但是由于出镜报道水平的有限，并不能充分拉动观众的兴趣和注意力。

上述三组数据表明，《新闻联播》出镜报道的形式有助于吸引观众的关注、启发观众的思考；但是，要想达到良好的反馈效果，必须努力在出镜报道的水平和精致度上更进一步。

(七)观众希望看到什么样的出镜报道

通过调查观众希望看到的出镜报道,不仅可以反映电视报道的现存问题,同样可以成为指引未来出镜报道发展的方向。针对这一问题的调查,我们发现,观众对于出镜记者的性别没有特别的偏好,84.2%的被调查者表示并不会挑剔出镜记者的性别,但是如果可以选择,出镜记者最好为男性。同时也发现,观众对于出镜记者的年龄没有特别的偏好,52.6%的被调查者表示并不会挑剔出镜记者的年龄;相比之下,31.6%的被调查者选择了年龄在20—35岁之间的记者,这个年龄段的记者更容易适应出差采访的要求,同时也更加容易展现出个性与活力;50岁以上的出镜记者并不符合观众的预期,因此,该选项的得票率为零。

关于报道内容,我们的发现是,观众更倾向于看到出镜记者对新闻中的核心人物和事件进行重点的、特写式的介绍,该选项获得了73.7%的绝对认可度;此外,适当介绍一点新闻背景也得到了15.8%的支持率。而在出镜报道使用的时机方面,观众对出镜报道方式是有倾向的,进行直播连线报道获得了68.4%的支持,这种报道方式更有时效,也更能体现记者水平,从观众角度来看,也更加刺激,因此更受青睐。关于出镜报道所占的比重问题,观众认为,含有出镜报道的新闻至少应该达到三分之一的比例,央视《新闻联播》节目一般都在15条至25条新闻之间,这就意味着每期《新闻联播》中至少应有5条新闻含有出镜报道,但是,目前的《新闻联播》并不能保证这个数量。

通过上述数据,可以基本描绘出观众对《新闻联播》出镜报道新闻的期望图景:记者性别、年龄不限;在出镜报道时要对新闻中的核心人物和事件进行重点的、特写式的介绍;一定要动静结合,掌握好节奏;如果有合适的道具可以借助,酌情即可;新闻镜头要交叉使用记者镜头和空镜头,且空镜头要能很好地展示记者的陈述内容;最好是进行直播连线的出镜报道;从《新闻联播》整体上看,平均每期的新闻中,含有出镜报道的新闻不应少于5条。

(八)《新闻联播》出镜报道存在的问题

对于《新闻联播》中出镜报道现存的问题,通过调查可以发现(如图2—2),最突出的两个问题是"出镜记者不够生动和自然"及"出镜报道内容空洞、官话连篇"。一方面,记者的动静状态、语言表达和道具应用尚不能满足观众对于报道生动的需求;另一方面,报道内容在语态上也缺乏新闻核心内容和新闻精准用语。而"出镜记者言语组织能力差"则最少被诟病,表明能上《新闻联播》的出镜记者在语言表达基本功方面都比较过硬。此外,还有两位被调查者提出了两个新的问题——(1)缺少信息含量,(2)很多新闻根本没必要出镜,常常为直播而直播。前者体现了报道内容的空洞,而后者则对《新闻联播》某些出镜报道的必要性提出了质疑，鉴于《新闻联播》特殊的政治性意义，这一问题也确实存在。

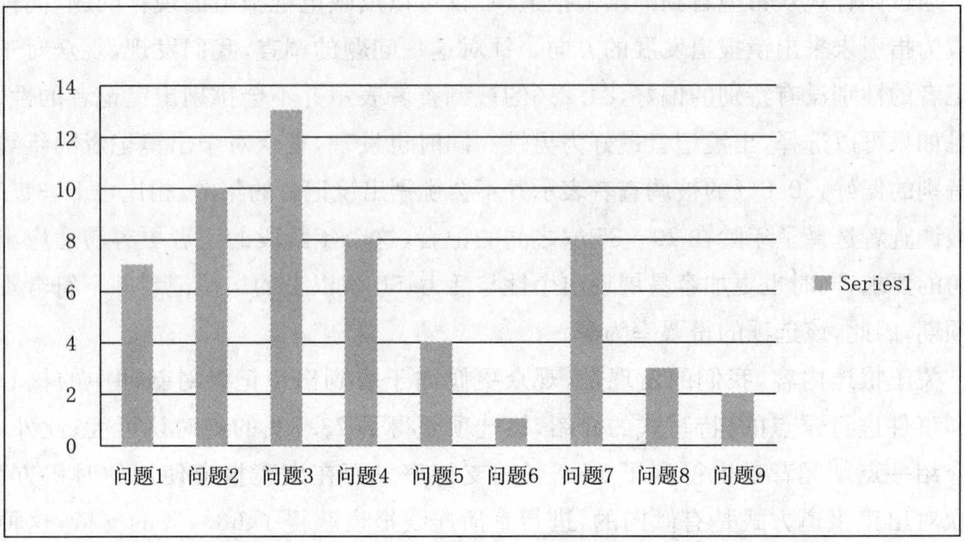

图 2－2　调查对象反映的出镜报道问题统计①

三、中国电视出镜报道的问题及发展思路

(一)中国电视出镜报道的问题所在

综合上面的分析，目前国内出镜报道主要存在以下三方面的问题：

1.缺乏对新闻现场的判断能力

目前不少出镜记者由于缺乏实际训练，虽然形象清新、口齿伶俐，但一旦遇到复杂的新闻现场或突发变故，往往会词不达意、神态慌乱，甚至丧失对新闻的判断能力。事实上，新闻判断能力是新闻记者的核心能力之一，它分为事实判断力和价值判断力两个层次：前者需要记者对新闻背景和现场信息迅速融合并加以判断，它直接决定着电视新闻记者的表现；而后者则需要在准确的事实判断基础上具备超凡的洞察力。而在我国，多数记者对新闻现场的判断力都不能令人满意，有的观点片面，有的陈述不清，有的更在导向上出现偏差，在一定程度上影响了出镜报道的传播效果。

① 问题 1：出镜报道时间少；问题 2：出镜报道内容空洞、官话连篇；问题 3：出镜记者不够生动和自然；问题 4：出镜报道话语太生硬；问题 5：出镜报道的空镜头与内容不协调；问题 6：出镜记者言语组织能力差；问题 7：出镜内容与现场情景结合不紧密；问题 8：出镜报道的背景环境新闻性不强；问题 9：其他：(1) 缺少信息含量，(2) 很多新闻根本没必要出镜，常常为直播而直播。

2.缺乏对新闻现场的把握能力

在电视新闻报道中,声音与画面应有机结合,不能割裂,然而在我国当下的许多出镜报道中,声画“两张皮”的现象颇为严重。出镜与新闻现场“两张皮”,记者出镜只是背景资料的复述或对观众已知信息的重复,使记者出镜的必要性大打折扣,究其原因就是记者对现场缺乏把握能力。出镜记者对现场的把握关系到出镜效果,进而直接关系传播效果;因此,记者在出镜前应充分观察和思考,并主动追踪和把握新闻现场动向。

3.过分强调自己表现

不少记者在现场中只注意自己的表现而忘记了给被访者表达的机会,记者的侃侃而谈和身旁被访者的“寡言少语”形成鲜明的对比。记者应该学会收敛和倾听,记者的倾听不仅是一种尊重他人话语权的态度,更是一种善听、会听的技巧。中央电视台主持人崔永元在介绍自己的采访经验时就表示,采访的核心目的是得到新闻事实;因此,只有给对方说话的权利,才能给自己探寻新闻事实的机会。

(二)中国电视新闻出镜报道问题归因

对于造成中国电视新闻出镜报道问题的原因,大致可以从以下三个方面进行具体分析:

首先是个人原因。就个人而言,这主要是因为出镜记者的新闻专业主义理想不强烈,对自己的业务和工作要求不严,得过且过,不求更好。此外,记者自身的新闻基本功不扎实和个人性格也会影响到上述问题的产生。

其次是体制原因。在中国新闻体制改革的大背景下,很多电视新闻在制作过程中要求尽可能地实现出镜报道,这一方面有利于提高电视新闻的传播效果,另一方面也会因为对出镜需求的定位不清而导致出镜不当。很多新闻记者在现场出镜的目的,仅仅是为了使新闻更具现场性;但是,对电视新闻报道而言,比现场报道形式更为重要的是报道内容的价值。因此,在当前鼓励出镜报道形式的前提下,更加要努力把握出镜的意义、内容和方法,以避免过犹不及的发生。

再次是文化和历史的原因。在中国,媒体一直以来都是党和政府的宣传教育工具,出镜记者一方面已经习惯于过去简单的说教式的出镜报道模式,另一方面也担心改变出镜报道的形式可能带来的负面效果。受制于这些因素的影响,中国出镜报道的改进任重而道远。

(三)中国电视新闻出镜报道的发展思路

好的出镜晚报离不开好的出镜记者,但凡世界性的大台,无不有自己优秀的记者群,而这些电视台的培养方式对我们而言都具有深刻的学习和借鉴意义。它们的记者培养主要有以下三个特点：

(1)启用出镜记者中心制。记者中心制的实行使节目拥有了固定模式，便于形成节目的认知符号，加强了节目的可信性和权威性，同时也有利于巩固收视群体。在华语节目中，凤凰卫视在贯彻记者中心制方面走在了前列，就内地电视台而言，也不妨让记者参与到整个报道的策划、案头准备、现场发挥和后期编辑等工作中去。

(2)设置出镜记者的奖励制度。随着出镜记者制度的完善，对出镜记者的业务表现有必要制定一套激励与竞争制度，通过建立有效的内部管理和激励机制，确保在培养新人的同时，更能挖掘和提升优秀出镜记者工作的热情。

(3)完善出镜记者的选拔和培养方式。出镜记者是一个电视记者成功职业生涯的必经阶段，电视台在激励主持人和记者的同时，也要注意帮助各出镜记者不断提高采访、报道与表达技能，鼓励记者进修各广播电视专业机构开设的相关课程，通过单位内外部的培训和研修班等帮助出镜记者实现在职的再提升。

那么我们的出镜报道如何发展，我们的出镜记者要朝着什么样的方向努力呢？我们以为，中国优秀的出镜记者不仅应具备一般新闻工作者的基本素质，更要注意对一些特殊能力和素养的培养。具体而言，主要包括以下几个方面：

(1)良好的口语表达能力。记者出镜做报道，要随着新闻现场发生的变化，及时组织语言，进行现场口述。新闻事实稍纵即逝，没有时间反复推敲字句，这就要求出镜记者语言逻辑性强，出口成章，有较强的口语表达能力。

(2)较好的荧屏形象。出镜记者提倡本色出镜是为了提高新闻报道的亲切感、现场感，但这不等于出镜记者可以随心所欲、我行我素。记者出镜时对自己的身体动作、着装仪表等都应有严格的要求，在镜头前要稳重，坐、站、行的姿态都要端正得体，以避免这些非语言符号传递的信息影响新闻的总体传播效果。

(3)细致的现场观察力。在新闻现场，记者要随时保持清醒的头脑，注意观察现场细节，挖掘真正有价值的、与众不同的内容，只有观察得深、观察得细，才能讲得精彩、问得到位；而这种敏锐的观察力则往往得益于记者日积月累的经验和内在素质的提升。

(4)做好前期准备，提问有的放矢。采访是记者与采访对象思维上的交锋，这种交锋短则几分钟，长可一两个小时甚至更久。在采访过程中问什么、怎么问，这需要记者提前做好大量案头工作，查找相关资料，向知情人了解采访对象的背景情况等等；只有这样，在设计问题和采访提问的过程中才能做到有的放矢，并得到有价值的信息。

(5)摆正记者和受访者之间的关系。记者在新闻现场采访时，无论采访对象是什么人，现场记者都应该保持平视。什么是“平视”？“平视”是指人文观念上的平等，既对采访对象保持充分尊重，又不贬低自己。当然，在不同的场合和不同的对象面前，记者也应当有所调整：对待强势的被访者，记者应该采取适当压抑对方的方式；而对于弱势的被访者，记者则应该采取鼓励的方法；只有这样，才会形成平等的对话，让被访者知无不言，使得采访顺利进行。

(6)加强知识储备。记者需要面对不同的环境和人群，如果没有深厚的知识储备，就无法应对突发状况，无法在与外界的沟通中得到真相。因此，只有加强知识储备、保持学习的大脑，记者才能更加深刻地了解受众心理，从容应对各类新闻事件。

第二节　中国电视新闻主持现状

一、中国电视新闻主持现状

经过三十余年的发展，伴随着电视新闻节目样态的日益丰富与成熟，中国电视新闻节目的主持人也呈现日益繁荣、日益多元化的趋势。说其繁荣，乃是因为新闻主持人的数量与日俱增，已由当年的寥若晨星发展成一支成百上千人的庞大队伍；说其日益多元，乃是除了传统类型，还出现了白岩松、李小萌、孟非、窦文涛等一系列风格迥异的主持人，这些来自不同专业背景、有着不同从业经历的主持人大大提升了中国新闻主持的水平。与此同时，广大观众对于新闻主持人的期待和要求也在水涨船高，已由最初的“形象好、普通话标准”，逐渐趋向强调主持人的新闻专业素质、随机应变等能力和综合人文素养。

当主持人越来越成为电视媒体的核心竞争力，主持人的影响力在社会上日渐突出的时候，我们不得不面对的问题是，在电视新闻主持人综合素质不断提高的同时，仍然存在一些思想认识、具体业务等不尽如人意的地方。就我国整个主持人队伍的宏观层面而言，呈现出的主要特点包括：

(一)播音员主持人常常混为一谈，缺乏真正的新闻主持

回顾我国电视新闻发展史，电视新闻节目发展初期的大多数节目主持人都是由播音员转行而来的，例如最早在电视屏幕上以主持人名称出现的庞啸、赵忠祥、沈力等，之前都是新闻播音员。因而长期以来，无论是在业界还是在社会大众之中，都存在着不能区分播音员与主持人间的不同、将播音员与主持人混为一谈的情况。

尽管从传播结构上来说，播音员与主持人都处在电视媒体传播的最前端，充当着电视媒体与观众之间的中介与纽带，并且都对声音和表达有着较高的要求。但是，真正的电视新闻主持人并不仅仅停留于“发声”，而是要求更高一级的说话交流，能够对节目行使串联、掌控，在角色、功能、工作方式上与播音员还是存在较大差别的。

中央电视台已故著名播音员罗京曾说过："从严格意义上讲，播音和主持是两个不同的概念。播音实际上反映的是一种专业的性质：可以简单理解为你是用声音去播送内容，所以叫播音；而主持是指你在一个事件中所处的位置，并不是对其专业性质的描述。因此，主持人可以是播音员、记者、演员，也可以是专家、学者，没有很严格、具体、统一的专业要求，而更强调个人魅力的彰显，学识、机智的充分发挥。"①

因此，从这一层面而言，虽然包括《新闻联播》在内的许多电视新闻节目的播音员都自称主播或主持人，但他们实际上仍然只是起到了播音员的作用，并未起到真正新闻主持的作用，因而算不上真正的新闻节目主持人。正是因为这个原因，国内现在虽然有一支不小的新闻主持队伍，但仍然缺少真正的新闻主持人，或真正的新闻主持并不多见。大多数所谓的主持人主要从事的仍然是用声音去播送内容，即主要还是在节目的后期，将记者、编辑已经写好、串好的节目用自己的声音播出去而已，充当的仍是播音员的角色。即使像《新闻联播》等一批栏目将对播音员的称谓换成了"主播"，但也仅仅是"有其名而无其实"，国内真正称得上新闻主持的至今也仅是如白岩松、张泉灵等寥寥几人。

（二）主要由新闻播音员构成，但优秀者大多并非出自播音员

中国电视事业诞生于 1958 年。中国电视的节目主持人最早出现在电视新闻节目当中，但真正意义上却诞生在社教服务节目当中（1983 年，中央电视台《为您服务》栏目固定播出时间，沈力成为我国第一位专职节目主持人），而真正的电视新闻节目主持人则诞生得更晚。在沈力成为主持人之后的十年里，我国电视节目，特别是电视新闻一直沿用的仍然是电视播音员的播报形式，直到 1993 年《东方时空》电视杂志的出现，才使中国电视逐渐多了真正的新闻主持人的身影。如今，虽然电视新闻节目的样态精彩纷呈，新闻节目主持人的来源也已经相当广泛，但由于播音员与主持人之间存在着割舍不断的联系，以及业内业外对于播音员与主持人在认识上的混为一谈，在当今的电视新闻节目当中，有着新闻节目主持人称谓的大多数人出身都是播音员，现在主要从事的仍是播音工作。换句话说，中国当下所谓的新闻主持仍是主要由新闻播音员构成，与国外新闻主持来自新闻记者的情况截然不同。也是由于这样的原因，电视媒体机构在进行主持人岗位选拔时，也依然是强调科班出身，强调播音员式的发音，而不是强调主持人的综合素质。于是，电视新闻主持人的播音技巧是愈加熟练，可知识结构等综合素质却仍然有待提高，而这对于日渐专业化、分众化的栏目而言，却恰恰是最重要的。

中国当今的新闻主持队伍还有一个有意思的现象就是，虽然播音员是构成新闻主

① 孙小莉：《播音员与主持人之区别》，《新闻前哨》2009 年第 5 期。

持队伍的主体人群，但在新闻主持这一行业或职位上真正做出起色，在观众当中，在学界和业界引起关注和赞誉的优秀新闻主持，大多并非出自播音主持专业或播音员岗位，甚至有不少来自电视之外的其他媒体。如央视的几个著名新闻主持白岩松、张泉灵、柴静，地方电视台的孟非以及凤凰卫视的陈鲁豫、吴小莉、胡一虎等，都不是出自播音专业和播音岗位，特别是白岩松、柴静等一批优秀的新闻主持，在成为新闻节目主持人之前都从事过相当长时间的记者工作，有着丰富的新闻采访报道经历。这仿佛验证了西方媒体新闻主持皆来自新闻记者的铁律，而这不能不引起人们的深思。

(三)主持人队伍两极分化严重

就国内电视新闻主持人现状而言，有一个非常普遍的现象，那就是主持人的队伍在构成上一直呈现典型的纺锤形结构，即特别拔尖的优秀主持人和特别不称职的主持人都只是少数，大多数新闻主持人都处在一种不温不火的中间状态，真正算得上有影响的新闻主持仿佛就是那几张数得过来的面孔，大多数主持人，特别是地方电视台的新闻主持，多数仍处在“似曾相识但不知其谁”的境地，整体实力不强。当然，电视新闻主持人队伍的两极分化不仅体现在整体队伍的素质上，还体现在中央与地方主持人队伍水平的差距上。从全国范围来看，家喻户晓的电视新闻主持就仅限于白岩松、张泉灵、柴静等这么几位，而且都集中在中央媒体。由于中央级媒体在电视新闻节目制作上有着天然的优势，因此，地方台更多地喜欢打造娱乐主持人队伍，而地方电视新闻主持人中做得出色的也是屈指可数，能够在全国范围内具有影响力的则更少。

另一个值得深思的现象是，与西方成熟的电视新闻业相比，我国电视新闻主持人队伍的平均年龄要低得多。这体现在主持人的选拔聘用上，很多都是由高校毕业便直接走进演播室，开始播报新闻。然而，从国际电视新闻主持队伍的整体情况来看，那些真正饮誉全球的新闻主持人，如丹·拉瑟、彼得·詹宁斯等恰恰是一些阅历丰富、年纪颇长的主持人。国内亦是如此，白岩松、张泉灵等明星主持人也都是经过岁月的磨砺，才逐渐在电视新闻节目主持的舞台上绽放光彩的。根据美国传播学者对美国三大商业电视网 CBS、NBC、ABC 历任晚间新闻节目主持人进行考察后得出的结论，43 岁才是新闻主持人的“黄金年龄”，因为这个年龄段的人成熟、稳重、有权威性和性别魅力，更容易赢得人们的好感和信任。[①] 总体来看，我国电视新闻主持人队伍的来源及构成主要呈现科班出身、年轻化的特点。

伴随着媒介技术的飞速发展，各种新媒体应用以迅雷不及掩耳之势抢夺用户，电视新闻传播正遭遇前所未有的挑战。如今，电视新闻栏目化已经成为不可阻挡的发展趋势，明星主持人就像栏目的标杆一样代表了栏目的风格与特点。因此，未来电视新

① 杨道：《美国，谁在当主持人》，《环球时报》2005 年 5 月 5 日。

闻业需要的是一支不同类型、不同风格的全明星队伍，能够适应各个层面的观众群，形成紧密有序的传播格局。

(四)培养体系尚待完善

电视新闻主持人的出现不仅仅是大众传播领域的一次深刻变革，而且促进了广播电视系统人才培养机制的改进。就目前国内的新闻主持人培养体系而言，主要有两种路径，一种是针对学校科班学生的系统培养，即学校培养；另一种是针对主持人从业者的再培养，即职业培养。

正如前文中所提及的，目前我国的电视新闻主持人多数均来自播音与主持专业，而在这一技术性很强的专业培养体系中，播音技能的培养成了主要的培养目标，而真正文化培养的多专业背景却仍然薄弱。这种重技能、轻整体文化水平的培养模式，直接影响到的是主持人队伍在知识结构上的欠缺。事实上也是如此，目前我国电视新闻主持人的新闻播报技能非常优秀，但却经常出现常识性错误，所谓“上手快但后劲不足”，显然是主持人知识储备匮乏的集中表现。更令人担忧的是，一旦新闻主持人的文化底蕴不够，那么举手投足间也无法做到高品位、高素质了。

从国内主持院校发展的路径来看，自从 20 世纪 90 年代中期北京广播学院（现中国传媒大学）将原有的播音系拓展为播音主持艺术学院之后，全国各大高校就掀起了一股播音主持专业开办、扩招的浪潮，有的是在固有专业基础上补充主持能力的培养，有的是摸索着开设主持专业。当然，这种敢于尝试的态度值得肯定，但不容回避的是，这种盲目的开办让主持人院校培养存在着两大问题：一是将主持人培养等同于播音员培养，重播音技巧训练，轻新闻素质培养。需要强调的是，电视新闻主持人不等于播音员，对于播音员而言，形象（声音）好加上播音技巧好就可以了，可对于新闻主持人而言，基本的播音技巧就可以了，更多的是对于其新闻素质这些深层次的要求。二是院校中电视新闻主持的培养缺乏实践训练，尽管各大院校已经开始强调毕业实习的环节，但都限于主持实践且多流于形式，而且对于主持人这种实践性强的职业来说，实践训练应该越多越好，越广越好。

关于前面提及的针对主持人从业者的再培养路径，主要有两种情况：一是脱产学习，但是由于工作时间紧、投入成本高等原因，电视新闻主持人专门抽出时间来进行脱产学习在实践中并不可行，即使可行也有重新陷入学校培养弊端的可能；二是短期的培训班、培训讲座，与“走出去”的培训方式相比，这种由媒体单位定期举行的“请进来”的培训既不影响主持人的正常工作，也可以节省成本，还可以扩大培训对象的范围，而且具有一定的针对性和指向性。但这种培养并非所有电视机构都有举办的可能，也无法形成体系，不能体现足够的针对性，往往只是听听，也解决不了太多实际的问题。

二、中国电视新闻主持目前存在的问题

作为一个年轻的职业群体，中国电视新闻节目主持人已然成了备受瞩目的明星，在社会生活，特别是大众文化生活中显现出其巨大的影响力，也是因为经常处在聚光灯下，主持人的职业似乎格外光鲜、风光，成了无数青年学子心中的职业梦想。然而尽管风光，尽管充满诱惑，但与西方发达国家相比，中国的新闻主持队伍不仅存在着巨大差距，而且存在许多问题。

（一）大多缺乏新闻实践经验

根据相关研究，美国三大新闻网的明星主持人从进入新闻界到担任主持人期间，平均有 20 年以上的工作经历。西方电视机构普遍认为，只有经过记者生涯磨炼的主持人，才能具有更高超的采访技巧，才能在各种复杂的现场随机应变。① 因此，播音员出身的爱德华兹虽然声音美妙动听，却敌不过记者出身的亨特利。对于同样的新闻事件，亨特利总是能准确地进行全面报道，甚至能做出深刻到位的分析。正因为此，CBS 才不惜忍痛割爱，于 1962 年用克朗特取代了爱德华兹，而这种人才选拔的标准也一直在西方电视新闻界延续。

伴随着电视新闻业的全球化发展，总结以往经验，国内电视新闻从业人员也逐渐认识到新闻实践对于电视新闻主持的重要性。目前，国内的一些明星主持人，如白岩松、柴静、张泉灵等无一不是由记者做得出色然后转入主持人行业的，即使如康辉等播音员出身的主持人也在积极参与新闻实践，丰富经验。

然而，不可否认的是，纵观国内电视新闻节目主持人队伍，多数主持人的新闻实践经验还不够丰富，没有基本的新闻敏感性与判断力。对于那些刚走出校门就迈进演播室的主持人而言，他们不仅缺乏新闻前线的实践经验，而且生活阅历也尚浅，既没有深厚的新闻专业素养，又对中国社会的现状缺乏认识。因此，新闻节目主持的效果必然会受到影响，甚至还会在节目主持中出现各种情况的失误。

总之，电视新闻节目的主持人必须具备基本的新闻素质，拥有丰富的新闻实践经验，只有这样才有条件、有资格去主持电视新闻节目，也只有与新闻前线保持“亲密接触”，才能保有对新闻事业的持久热爱。

（二）新闻专业素质普遍缺乏

对于中国独特的广播电视事业而言，宣传党和政府的方针、政策永远是其第一要

---

① 刘云丹：《主持艺术概论》，中国电影出版社 2009 年版，第 95 页。

务,加之长期以来国人对主持人理解上的误差,一直以来,对主持人的选拔和要求往往存在"重形象、轻素质"、"重外在、轻内在"的倾向,往往只要求主持人能够字正腔圆地播读稿件即可,并不太要求他们在采访、写作、编辑、评论等方面的新闻专业素质,换句话说,人们在意识中仍坚持主持人只要念好别人写好的稿子就行了。众所周知,作为一种大众传播媒介,电视传播的意义最终是要服务于公众,所以,必须生产出能吸引受众的产品。于是,伴随着广播电视业的发展,无论是电视结构还是电视主持人都开始重视观众的需求,显然,一味地播读稿件无法满足受众对于电视传播的期望。

在新闻主持的真正内涵之下,新闻主持不仅是栏目的主持,同样也是栏目的主编和主导,是其所在栏目的核心。因而,电视新闻节目的主持人不但要能够采访,能够自己写作串联词,能够驾驭所主持的节目,还要能够对自己所主持的节目内容有敏锐的判断和把握,只有这样,主持人才是节目最后面向观众的信息传达者,才能按照自己的个性化表达写作,才能最大程度地彰显自己的独特个性。然而,实际情况是,我们当前的新闻主持人队伍中,有较高新闻专业素养者并不多见,大多数主持人仍然离了稿子不会说话,不会采访,不会在各种场合下发现新闻,不知道该如何以更有效的方式来表达和传播新闻信息。只有个别的主持人才会自己动手修改串联词,如《晚间新闻》主播赵普,《中国新闻》主持人徐俐,更多的主持人仍然处在一个读新闻的状态。正因为此,本来人情味儿浓厚的新闻,被以播音腔报道之后,倒像是披了层冷冰冰的外衣。

拿最简单的"说新闻"来说。在多元化的媒体大形势下,电视新闻节目从传统的播报方式走向了播说结合的主持风格,甚至一些电视媒体对主持人的要求也由"播新闻"走向了"说新闻"。简单看起来,"说"与"播"似乎仅仅是话语方式上的改变,但实际上由"播"到"说"体现的却是"对新闻进行解释、说明、补充和稍加分析的信息加工",①体现的是主持人对新闻信息把握的专业素养。将徐俐在《中国新闻》的主持风格与个别主持人在《晚间新闻》的主持风格相比就不难发现,同样是新闻资讯节目,徐俐的主持少了许多播音腔,而更加口语化、生动化、人性化。就算是《晚间新闻》这同一档节目,主持人赵普的主持风格就更加体现"说"的特点,更加贴近地气、具有吸引力,这体现的绝对是主持人的新闻专业素养。

当然,我们所说的新闻素质绝不仅指成为一名记者的新闻发现与采访、写作能力,也不仅指成为一名播音员的播音、发声能力,还不仅指成为一名评论员的分析、判断能力,而是在这些能力基础之上的综合新闻能力,即不仅包括新闻业务知识的梳理和更新,同时也包括对经济、军事、文化等社会生活不同领域发生的新闻事件、新闻话题的最新进展的了解和发展趋势的判断。

---

① 吴郁:《我看"说新闻"》,选自《主持人语言表达技巧》,中国广播电视出版社 2002 年版,第 190 页。

(三)权威性与可信度明显不足

在西方社会,新闻主持人,特别是名新闻主持人常常是备受人们尊敬的人群,在社会中具有相当高的地位。这种地位不仅表现在他们所拥有的巨额身价,以及他们的职位、权力上,更表现在他们不可置疑的权威性和可信度上。由于这种权威性和可信度,克朗凯特不仅被观众亲切地称为“沃尔特大叔”,就连当时的美国总统都不得不承认,“如果失去了克朗凯特,我将失去整个美国”。在克朗凯特 1981 年离开主播台正式退休的 14 年之后,他仍然被推选为“美国最受尊敬的人”,足见其权威性和可信度之高。而在中国,我们却很难发现这样的新闻主持人。我们那些坐在主播台上的新闻主持人们,似乎也并没有这样的意识。

近年来,地方台的方言新闻节目风起云涌,但对于大众传播的新闻节目来说,运用标准的普通话进行新闻节目主持应该是主流。而电视新闻主持人不仅要能讲出标准流利的普通话,还要能够恰当使用合乎规范的词汇,当然更高的要求是能够将术语名词形象化、个性化,这样才能帮助观众更深入地了解信息,提升主持人的影响力。

伴随着近年民生新闻的浪潮,一大批地方民生新闻主持人借势而起,赢得了地方观众的一片叫好。当我们赞叹民生新闻主持生动形象、贴近生活之时,却也发现民生新闻主持很容易走向煽情的极端,比如说“评论语言过于随意,过于通俗肤浅,而陷入庸俗化的怪圈”。①

还有一个普遍的现象不仅存在于地方民生新闻主持中,就连全国电视新闻主持中都会出现,在灾害新闻的播报中,有的新闻主持人为了追求感人的效果,在电话连线时对受害者家属步步紧逼,让其遭受二次创伤。显然这种电视新闻主持只是一味想通过煽情化追求高收视率,而摒弃了对受害者的人文关怀。事实上,对于民生新闻的主持人而言,真正地贴近生活、贴近实际、贴近百姓,并不等于主持语言上的煽情化,而应该是发自内心的心系人民,关心民生,站在民众的角度报道新闻、主持节目。

(四)缺乏具有国际影响力的新闻主持

作为电视大国,美国的电视事业不仅在世界上首屈一指,而且也造就了一批具有国际影响力的主持大腕,曾经的克朗凯特、丹·拉瑟、拉里·金、温芙瑞,以及当今的许多主持人在全世界各地可谓无人不晓。他们不仅在世界各国的政治经济界名声响亮,而目对世界社会,特别对美国社会具有不可限量的影响,他们既是电视媒体的显著标志,也是电视媒体社会影响力、社会公信力乃至巨额经济来源的最主要保障。当然,除了主持人自身的素质,他们的影响也与美国电视实行的主持人明星制分不开。主持人

① 刘薇:《民生新闻主持人存在的问题》,《记者摇篮》2008 年第 11 期。

明星制起源于20世纪50年代的美国，是电视新闻商业化运营的产物。他们把选中的电视新闻主播包装成明星，用主播的名字为节目命名，多用近景甚至特写镜头让主播与观众接近，创造出了丹·拉瑟、汤姆·布罗考、彼得·詹宁斯等一大批在国际范围内有影响力的大牌新闻主持人，同时为美国各大广播电视网带来了丰厚的广告收入。①

反观内地电视新闻节目，长久以来，国内电视新闻主持人往往如昙花一现，在荧屏上出现三五年就退居幕后或者改行，正所谓吃"青春饭"，更没有用主持人名字命名的节目。近年来，伴随着国内电视新闻业的飞速发展以及国外电视新闻业的影响，国内的认识水平也逐渐向国际成熟体系靠拢，认识到电视新闻主持人应该是"越老越吃香"，一些节目也开始尝试主持人明星化的培养，希望打造具有栏目特色的新闻主持人，如《小崔说事》、《小丫跑两会》、《岩松看台湾》等一系列个性化的节目。但整体而言，这种带有主持人个性化特色的节目仍占少数，多数新闻节目仍然是一种僵化的传播模式，千篇一律，不具有辨识性，更不要说具有国际影响力了，纵然如白岩松、张泉灵等知名大腕，在国际上的号召力仍然很小，甚至说根本没有，而这显然与中国这样一个电视大国的地位是不相称的。国际意识不够、国际地位不足，这也是我国电视新闻主持乃至中国电视整体发展中所面临的一个窘境。

在信息爆炸的多屏幕传播时代，电视新闻主持人只有拥有独特鲜明的主持风格，才有可能被观众选择、记住与追随。这种主持风格由主持人的性格与阅历所决定，渗透在节目主持之中，散发着特别的个人魅力。实践证明，白岩松、水均益等一批风格鲜明的主持人不仅树立了自己的品牌形象，而且大大提高了新闻节目的传播效果。日本著名新闻主持人久米宏这样描述自己的主持风格："我与同行中的任何人都有不同，我有我的主持方法……说到底，我既不是记者，又不是新闻报道员，而是新闻节目的主持者，是控制新闻节目程序的专家。"

三、中国电视新闻主持的发展思路

美国电视界的权威人士认为：如果一个新闻节目成功的所有因素加起来等于10，那么主持人的因素则占8。② 在如今竞争激烈的媒体环境之中，各档节目若想稳住收视率，树立社会影响，就必须推出有吸引力、品牌化的主持人，可以说，未来中国电视的竞争将主要是围绕主持人的人才竞争。根据国内新闻主持的发展现状及所存在的问题，我们认为，国内电视新闻主持队伍未来的发展方向有如下几点：

---

① 郭琳：《从凤凰卫视看中国电视节目主持人明星制的发展》，《湖北教育学院学报》2006年第23卷第12期。

② 蔡帼芬：《明星主持与名牌节目》，北京广播学院出版社2004年版，第224页。

(一)走品牌化发展道路,建构主持人的品牌效应

新闻实践证明,新闻主持人的影响力正在与日俱增,尤其是明星新闻主持,他们的优势通过大众传媒这个通道得到放大,如同其他明星一样,拥有自己特定的观众群,在大幅提升新闻节目传播效果的同时,也为商业利益的获得带来了可能性,具有显著的明星效应,甚至已经成为电视新闻节目的标志。比如一提到《焦点访谈》,我们就会想到水均益、敬一丹;一提及《东方时空》,观众脑中就会浮现白岩松、张泉灵等人的形象。用孙玉胜的话说,即“主持人是节目的品牌,品牌意味着产品质量的稳定性。只要牌子在,产品的质量就被观众信任着。”[①]尽管到目前为止,我国电视新闻业已经出现了一批实力强、素质高的明星主持人,但数量还很有限。即使是在这些明星主持人中间,真正形成品牌、发挥出品牌优势的主持人也是少之又少。

正如孙玉胜所说,品牌意味着产品质量的稳定性,主持人品牌效应的显现,首要条件亦是主持人节目的高品质,而这同样依靠主持人扎实的新闻报道与主持技巧来加以体现。CBS新闻部副经理戈登·曼宁曾这么点评过新闻节目主持人:绝大多数主持人是通过展示报道技巧而不是靠化妆来得到观众的信任感,从而树立明星地位的。[②]的确如此,作为一个电视新闻主持人,其首要任务便是全面、准确、客观地报道新闻,将自己从记者、编辑那获得的材料二次传播给观看节目的观众。也是因为电视主持人是电视新闻输出的最后一位加工者,因此主持人需要有着独特的人格魅力。所谓人格魅力,是指主持人的个性通过电视传播媒介对观众产生的吸引力。这种人格吸引力不仅仅在于形象这些外在条件,更重要的是能做到在与群众“同呼吸、共命运”的基础上形成自己的风格特点,或者如柴静的知性,或者如白岩松的深邃。尽管不同的主持人都有自己不同的风格特点,但真诚、善良、热心等基本的性格特点是相通的。

作为电视媒体一种独特的品牌,名主持或品牌主持与好的节目之间是一种相互促进、协同进步的关系。也就是说,主持人的成功需要依托一个有影响力的新闻栏目,而主持人的成功同样也可以凭其品牌效应进一步反哺新闻栏目,促进节目获得更多的忠实观众,甚至带动其他的栏目。由于意识到了主持人品牌的巨大价值和潜力,凤凰卫视在建台之初就曾明确提出“三名战略”,有效地利用一些名主持人的品牌效应打造和拓展了新的栏目。

当然,品牌的形成固然具有其独特规律,需要以一定的质量和信誉作为保证,品牌同样需要管理、需要规划、需要延伸、需要传播,需要有配套的管理机制和管理措施。新闻主持的品牌化发展道路显然需要从品牌管理的角度出发,即从新闻主持的风格定

① 孙玉胜:《十年:从改变电视的语态开始》,生活·读书·新知三联书店2003年版,第362页。
② 转引自赵淑萍:《电视新闻节目主持艺术》,北京广播学院出版社1997年版,第29页。

位到新闻主持的品牌宣传、品牌评估等，都需要遵循品牌发展的规律，体现品牌管理的价值。

（二）加强实践，丰富新闻主持的实践经验

不管是美国三大电视网新闻主持的从业经历，还是白岩松、柴静等作为记者型主持人的成功，中外电视发展的实践一次次证明："电视新闻节目主持人的主要来源是新闻记者"，"新闻节目主持人必须来自优秀的新闻记者"。[①] 因而，在未来中国新闻主持的发展战略和发展思路当中，加强实践，丰富新闻主持人的实践经验都是不可回避的话题，也是中国新闻主持发展的必由之路。中央电视台名主持人当年从《东方时空·时空连线》的主持人位置上走下来，投入到《新闻调查》的尝试采访中去，为的就是能接地气。可喜的是，2011年8月，为推动新闻工作者切实将群众观点、群众路线体现在新闻宣传实践中，中宣部、中央外宣办、国家广电总局、新闻出版总署、中国记协五部门召开了视频会议，决定在全国新闻战线组织开展"走基层、转作风、改文风"活动，全国各个媒体及媒体从业人员都积极开展了走基层活动，一直端坐在主播台上的新闻主持人们也开始走出演播室，走进群众之中，积极参与新闻实践，报道新闻。

2011年10月份，中央电视台将新疆喀什皮里村作为青年编辑、记者的基层联系点，定期组织一批播音员主持人来到塔县公益助学、对接帮扶。在10月3日播出的"爱与关切：皮里村孩子们的礼物"走基层系列报道中，崔志刚等主持人给皮里村的孩子们带来了学习用品，还走上校园讲台，极大提升了新闻的传播效果。虽然这不是传统意义上的新闻主持活动，但却丰富了新闻主持人的实践活动与生活阅历，而且立体化提升了主持人的个人形象与品牌影响力。

同样的例子还有很多。在2011年11月9日《新闻联播》"关注119：全民消防 生命至上"的新闻中，紫凝、郭志坚等新闻主持人分赴广州、江苏、四川等地报道消防日演练，形式丰富，现场感非常强；10月2日《新闻联播》"库尔班：我的命运跟着坎儿井转"走基层系列报道同样引人注目，一直端坐在演播室内的权威主持人李瑞英身着工作服，跟随当地村民库尔班走进了坎儿井现场进行报道。显然，"走转改"活动为电视新闻主持界带来了一股清新的风气，让主持人的工作更加丰富多彩，实践性也更强，对其不仅是业务水平的提升，也是品牌传播的过程。

（三）鼓励主持人参与新闻节目制作，拓展主持人新闻业务能力

电视新闻业是一个强调合作的集体战斗模式，每档节目的文稿都会有专门的一班人马撰写，特别是在电视新闻发展初期，电视台里的分工更是精细到文字、摄像、播音

① 孙玉胜：《十年：从改变电视的语态开始》，生活·读书·新知三联书店2003年版，第371页。

等细微之处，而且往往“井水不犯河水”。但即使是这样，主持人仍然应该具有新闻写作的功底，至少要保证能按照自己的风格修改文稿与解说词，因为只有这样的个性化写作，才能让电视新闻节目的讲解不至千篇一律，才会更容易突出主持人的个人风格。

美国三大电视网历史上著名的三位晚间新闻主持都是身兼数职。丹·拉瑟不仅是CBS的固定主持人，还是首席记者和编辑部主任；NBC的布罗考不仅是主持人，还是高级编辑与编辑部主任；ABC的詹宁斯也是身兼首席外交记者和高级编辑。①

从我国目前电视新闻主持队伍的现状来看，多数主持人在新闻节目中发挥的功能仍然仅仅限于演播室的串联功能，是一种被动的主持状态，显然不利于主持人个性的发挥。对于这样一种现象，除去前文所提及的历史原因，很大程度上要归因于目前主持人队伍的管理状况。根据一项对江苏电视台等电视机构的调研，成为明星主持之前，大部分主持人依然被看做是一个播音的技术工。电视新闻从业人员认为，过多地参与新闻制作过程，会分散主持人的精力。但事实并非如此，如果电视新闻主持人能够参与到节目的策划、编辑、撰稿过程之中，只会加深主持人对新闻节目的认识和理解，帮助其在新闻主持中更加挥洒自如，更有利于个人魅力的彰显。孙玉胜就曾直接提出：“人物采访和事件报道才是成为新闻主持人的最重要的良田沃土。甚至可以这样说，采访是新闻主持人的生命之源，失去采访，就是明星陨落的开始。”②

当然，实际情况是复杂的，国内电视界也不能将西方的做法生搬硬套过来，盲目地追求全能型主持人制度，毕竟主持人的个人素质千差万别，栏目的运作也各有不同。但至少可以肯定的是，作为电视新闻主持人，应该意识到新闻业务能力对提升自己的重要性，充分发挥个体的积极能动性，积极主动地参与到节目的策划、采访、写作、编辑等制作环节中去。作为电视媒体，则应当充分意识到主持人与播音员之间的区别，给予主持人一定的节目制作压力，赋予主持人一定的节目主权，即表达的主动权和控制权。有了这种主权，新闻主持就不只是对着提示器将别人写好的稿子念出来，或从事简单的串场和串片，而是可以根据前后节目和突发的变故进行主动的表达，也可以掌握对嘉宾的现场采访权，从而发挥出新闻主持应有的魅力。从这个意义上说，表达的主动权和控制权才是名主持人成功的重要因素。③

（四）完善电视新闻主持人的培养体系与发展路径

不知从何时起，中国电视业界出现了一句流传甚广的话，即“优秀的主持人不是学校培养出来的”。这句话一方面对我国当前的院校主持人培养提出了质疑，另一方面则隐含着优秀的主持人只能通过工作实践来培养的意思。然而，由于媒体间的竞争日

① 蔡帼芬：《明星主持与名牌节目》，北京广播学院出版社2004年版，第225页。

② 孙玉胜：《十年：从改变电视的语态开始》，生活·读书·新知三联书店2003年版，第371页。

③ 同上，第365页。

趋激烈，作为社会的瞭望者，电视新闻从业人员的工作强度也大于其他行业，唯有时刻跟进最新的报道，才能满足公众的信息需求。于是，一方面是高强度的工作量，另一方面是缺乏继续学习充电的时间，电视新闻从业人员面临着知识不够用的困境，这也是电视新闻主持人所普遍面临的困境。可喜的是，新世纪以来，伴随着电视媒体机构的全方位改革，主持人的培养体系也开始纳入主持人的管理办法之中，如江苏广播电视总台为主持人们设置了入职前培训、任职期间的业务培训、出外深造等多种培养方法。但是，需要认识到的是，个体的学习仅仅有外部的支撑是不够的，对于电视新闻主持人而言，更重要的是提高对于学习知识的重视，加强平时的自我学习，加强在实践中增长才干的意识，自我充电。唯有这样，才能保持主持人的知识架构牢不可摧，能够及时添加新的血液，就像央视撒贝宁所说，主持人要永远将自己插在充电器上。

从目前全球电视新闻业发展的走势来看，电视新闻节目的专业化、分众化是不可阻挡的潮流，因此，作为媒体和节目窗口的主持人，必须具有栏目定位要求的专业化知识结构。这就要求每一个主持人建立自己的专业方向，并且不断地积累，更新学科的前沿知识，将其创造性地应用于电视新闻节目之中，这正所谓“术业有专攻”。具体而言，从学校层面上，主持专业的培养应该扩大专业课授课范围，培养专业性主持人；与此同时，与行业需求相挂钩，提升新闻实践的数量与质量。从电视媒体机构层面上，应重视电视新闻主持队伍建设，建立系统完善的主持人培养体系，有效平衡入职前培训与在职期间培训、国内培训与海外学习等多个方面。

第三节　西方媒体出镜报道与新闻主持现状

一、出镜报道是电视新闻报道的常态与重头戏

如果说从前面对于《新闻联播》出镜报道的分析当中我们可以得出结论：中国电视媒体上的出镜报道仍处在起步阶段，中国的出镜报道大多数还是出现在重大新闻的直播当中，还没有完全成为一种常态出现在日常报道中的话，那么，由于出镜报道的独特魅力，特别是出镜报道纪实性的现场报道和人格化的传播界面，在当今西方电视媒体报道当中，出镜报道已是一种常态，成为电视新闻报道中最常见也是比重最大的报道方式。除非有不便采用出镜报道的情况，否则，只要是正常的电视新闻报道，我们就能够看到记者出现在镜头前。为了考察出镜报道在西方电视媒体日常电视报道中的情况，也是为了验证上面的结论，我们随机选取了美国 NBC《晚间新闻》2012 年年初播出的一期节目（节目具体编排见表 2－3），通过分析这期节目的构成，至少可以看出美

国电视新闻报道中的一些常态。

表 2—3 NBC《晚间新闻》(2012/02/19)串联单

序号	主题	体裁	报道形式	记者	报道地点	总时长	节目时长
0	提要	——	——	——	——	45″	45″
1	伊朗核危机	消息	记者出镜	Ali Arouzi	德黑兰	2′30	1′15
				Andrea Mitchell	华盛顿	4′10	1′40
2	叙利亚局势	简讯	口播画面	——	——	4′25	15″
3	美总统候选人角逐	消息	记者出镜	Ron Mott	俄亥俄	7′05	2′40
				John Harwood	华盛顿	8′20	1′15
4	雪场雪崩	简讯	口播画面	——	——	8′40	20″
5	暴风雪灾难	消息	记者出镜	Mike Seidel	弗吉尼亚	10′05	1′25
6	纽约股市上扬	消息	记者出镜	Brian Shactman	纽约	12′12	2′02
7	惠特尼下葬	简讯	口播画面	——	——	12′32	20″
	节目预告 1	——	——	——	——	13′05	33″
8	膝关节手术有新成就	特稿	记者出镜	Nancy Snyderman	加利福尼亚	15′32	2′27
	节目预告 2	——	——	——	——	15′56	24″
9	纪念水星登陆 50 年	特稿	口播画面	——	——	18′11	2′44
10	火焰瀑布奇观	简讯	口播画面	——	——	18′35	24″
11	名人展览鞋送修	简讯	口播画面	——	——	19′05	30″
	节目预告 3	——	——	——	——	19′27	22″
12	救助小企鹅	特写	记者出镜	Kristen Dahlgren	加利福尼亚	21′32	2′05
	报尾	——	——	——	——	22′03	29″

结果发现：当天播出的这期新闻节目总共由 12 条新闻构成，总计时长 22 分 03 秒，除去开头的提要部分、结束时的报尾部分以及节目中间穿插的几段节目预告，实际播出新闻总计为 19 分 33 秒。在总共播出的 12 条新闻中，采用出镜报道方式的有 6 条，总共 14 分 49 秒，虽然在条数上与非出镜报道平分秋色，但在时间上却占全部播出时间的 76%，占有绝对优势。而在节目播出的 12 条新闻中，每条采用出镜报道方式报道的新闻平均时长为 2 分 28 秒，最长的一条时长 3 分 55 秒，最短的一条 1 分 25 秒。没有采用出镜报道方式播出的 6 条新闻，平均时长为 46 秒，分别由 5 条简讯和 1

篇特稿构成，时长最长的即其中的特稿，为 2 分 44 秒，时长最短的一条简讯只有 15 秒，足见出镜报道在当天全部播出新闻内容中的分量。

如果再仔细分析没有采用出镜报道方式的 6 条新闻则可以进一步发现，其中的 5 条因为是简讯，每条时长平均不到 30 秒，没有办法也没有必要采取出镜报道，而另一篇特稿，即《纪念水星登陆 50 年》，实际上也没有具体的新闻事件，而只是历史影像资料的汇编，多少有些预告新闻的意思，情况比较特殊才没有采用出镜报道的方式。虽然没有采用出镜报道方式，但观众仍然在片子中看到了其节目主播作为记者出现的身影，其中隐含的意思是布莱恩·威廉姆斯在以后的时间肯定要重点报道这件事情，想必届时又会是个较充分的出镜报道。

进一步分析 6 条采用出镜报道方式的新闻还可以发现，在这 6 条新闻当中，总共出现在镜头前的记者有 8 位之多，其中两条新闻出现了两个分别从不同地方进行报道的记者，这些记者们在镜头前或描述、或体验、或评论，从不同层次和不同方位对新闻做了全面的报道，从中也可以看出出镜报道和出镜记者在美国电视新闻报道中的地位和意义。

而在同一天播出的中央电视台《新闻联播》节目当中，在总共播出的 17 条新闻中，采用记者出镜报道方式的只有 3 条，在数量上占 17.6%；而时间比重方面，当天节目播出的新闻内容总共时长是 29 分 51 秒，其中采用出镜报道方式的 3 条新闻加起来时长 7 分 15 秒，占全部播出时间的 24.3%，其中最长的一条新闻《曹妃甸港：乐在其中的“高空司机”》(4 分 05 秒)还是出现在特别专栏《走基层·在岗位》，既非严格意义上的新闻，也不属于常态性内容。由此不难看出，出镜报道在当下中国的电视新闻报道中，无论是在构成比例上还是在着力程度上均无法与美国相比，还远远没有成为电视新闻报道的一种常态。

二、西方新闻主持的现状

凡看过西方电视媒体的新闻报道或者对西方电视行业有所了解的人，都会对西方电视新闻主持人“老生当道”的局面印象深刻，除了普遍年龄偏大之外，西方新闻主持还存在着“阳盛阴衰”的情况。而他们中的绝大多数，往往具有丰富的新闻报道经历以及人生阅历，这正是西方电视中新闻主持的主要特点。

(一)年龄普遍较大

在美国电视新闻界，特别是新闻主持界一直有句话叫做“越老越吃香”，反映出了以美国为代表的西方新闻主持的一个很重要的特征，那便是主持人的年龄普遍较大。以美国三个传统电视新闻网《晚间新闻》的现任主播为例，NBC《晚间新闻》的主播布莱恩·威廉姆斯现年53岁,三大主播中唯一的女性、ABC《晚间新闻》的主播黛安·索耶今年也已经67岁,2012年6月刚刚继凯蒂·库里克接任CBS《晚间新闻》主播的斯科特·佩利也已经55岁,而在他之前担任主播的凯蒂·库里克年纪比他还大几个月。在美国CBS著名的《60分钟》栏目里,那些常常出现在镜头前的记者型新闻主持的平均年龄也都超过60岁,甚至像华莱士、鲁尼一直工作到80多岁,即使在他们离世前也几乎没有停止工作。

笔者几年前曾经选取了美国国内当时最著名的十个栏目的主持人,通过统计调查的方法,对比了中美电视主持人群体在年龄上的差异。结果发现,美国电视节目主持人的平均年龄为59.1岁,接近60岁,比中国电视节目主持人的平均年龄38.6岁大了将近20岁。[①] 在进一步对中美电视节目主持人的不同年龄段加以比较后发现,美国主持人"老人当道"的局面似乎更加明显。中国电视节目主持人中年龄在60岁以上的比例为"0",而美国同行在这一年龄段的比例竟然高达"50%"。中国电视节目主持人的年龄主要集中在"30—39岁"(57.7%)和"40—49岁"(26.9%)两个年龄段,而美国同行在这两个年龄段的比例则只有20%。美国电视节目主持人的年龄主要集中在"50—59岁"(30%)和"60岁以上"两个年龄段,而中国同行在这两个年龄段中所占的比例只有7.7%。另一个不能忽视的数据是,中国主持人在"20—29岁"年龄段所占的比例为7.7%,而美国同行在这个年龄段上的比例为"0"。

就笔者调查取样最多的新闻节目来看,中美电视新闻节目主持人的年龄差距似乎没有那么悬殊,中国主要集中在"30—39岁"(47.1%)和"40—49岁"(35.3%)这两个年龄段,美国则主要集中在"50—59岁"(33.3%)和"60岁以上"(46.7%)这两个年龄段。但这些数据仍雄辩地说明,西方新闻主持人群体与中国新闻主持人群体相比,普遍年龄偏大。

(二)男性新闻主持居多

在美国电视新闻主持界,特别是在一些特别重要和严肃的新闻节目当中,男性似乎一直处在主导位置,多数电视台的新闻节目主持人都是上了年纪的男性,如前面提及的美国三大电视新闻网《晚间新闻》的三位现任主播当中,便只有黛安·索耶一位女性。尽管在凯蒂·库里克退休之前,三大新闻网的《晚间新闻》主播曾经出现过女多于男的情况,但这种情况在她退休之后便重新消失了。再比如《60分钟》节目,在总共8、9位出镜记者型主持人当中,只有两位女性,其比例远远低于男性。

在另外一项研究当中同样可以发现,中国电视节目主持人的性别构成总体上是女高男低(分别占53.8%和46.2%),特别是在谈话类和综艺娱乐类栏目中,女性主持

---

① 高贵武:《中美电视主持人群体特征比较》,《国际新闻界》2007年第12期。

人不是独占鳌头，就是占了半壁江山，只有在真人秀节目当中，男性主持人才勉强有某些优势。即使在新闻节目当中，女性主持人依然具有与总体上非常相似的优势。

与之相反，美国电视节目主持人中男性的比例(65%)显然具有较大优势，这一点同时体现在新闻、综艺娱乐、真人秀等节目当中。综艺娱乐、真人秀节目甚至出现了男性主持人一统天下的局面，只有在谈话节目中，男女主持人在比例上才达到平衡。

(三)新闻报道经历丰富

只要稍加留意美国当今新闻主持人们的履历，便不难发现他们都有一个共同的特点，那就是在这些新闻主持人们坐上主播台之前，都有着异常丰富的新闻报道经历。比如NBC《晚间新闻》的主播布莱恩·威廉姆斯在担任《晚间新闻》的主播之前一直从事记者工作，他不仅当过NBC的驻白宫首席记者，而且是2003年伊拉克战争中第一个抵达伊拉克的战地记者。由于在记者岗位上的出色表现，布莱恩·威廉姆斯先后11次获得过爱德华·默罗奖，其对卡特琳娜飓风的报道则被美国《纽约时报》称为飓风报道的“标杆之作”，他也被《名利场》杂志称为“危机时刻国家的主持人”。ABC的黛安·索耶同样从1967年便开始在地方电视台从事记者工作，在成为ABC《世界新闻》的主播之前，她不仅曾是著名的CBS《60分钟》的第一位女记者，而且足迹遍布世界各地，几乎采访报道过当今世界所有的重大新闻。由于工作出色，黛安·索耶不仅获得过包括“艾美奖”在内的无数奖项，而且于1997年成功入选美国电视学会名人堂。2012年6月刚刚继凯蒂·库里克接任CBS《晚间新闻》主播的斯科特·佩利更是从15岁起便开始进入媒体工作，并在地方电视台当了几十年的记者。在1989年进入CBS以后，他不仅当过CBS驻白宫的首席记者，报道过政治、战争等各类新闻，而且曾是《60分钟》栏目的主力记者，《60分钟》全部获奖作品几乎一半都是出自佩利之手。而他个人则先后获得过14次艾美奖和5次爱德华·默罗奖。①

新闻主持人们丰富的新闻报道经历同样有数据支持，我们通过比较发现，在中国电视节目主持人中，在现有岗位上工作1－2年的主持人相对最多，其比例为34.6%，其次是在现有岗位上工作3－5年者，占19.2%，二者之和为53.8%，说明中国超过一半的主持人在现有岗位上干了不到5年。能在一个岗位上工作超过5年，即持续工作20年以上、11－20年和6－10年的主持人均不到1/6，各为15.4%。即使是在历史相对较长的新闻节目中，人数最多的仍是只干了1－2年的人，几乎占到1/3(29.4%)，而真正在一个岗位上连续工作20年以上的仅仅不到1/4(23.5%)。

而在美国，在一个岗位上连续工作十几年甚至二十几年则属平常。美国电视节目主持人中，人数最多的是在一个岗位上连续工作10年以上的人，比例占到30%，

---

① 三人资料分别来自三大电视网网站。

其次是在一个岗位上连续工作 20 年以上的人，所占比例为 20％，二者相加达到 50％，即在美国有一半的主持人已在现岗位上连续工作超过 10 年。如果再加上已在一个岗位上工作 6－10 年的人数(占 15％)，则美国大部分主持人都已在各自的岗位上干了 5 年以上，这与中国电视节目主持人工作不到 5 年者超过一半的局面形成了鲜明的对比。在美国电视节目主持人中人数最少的才是那些在一个岗位上工作了 1－2 年的人，只占 15％，这意味着美国的电视节目主持人岗位上的确新手不多，也足以说明美国电视节目主持人的生命力之顽强。

(四)人生阅历丰富

一方面有着丰富的新闻报道经历，在成为真正的新闻主持之前已干过多年记者，并且在采访报道领域成绩非凡，另一方面则是人生阅历异常丰富，在成为真正的主持人之前既当过记者(甚至在不止一家媒体工作过)，也有着其他行业的工作经验，这也是以美国为代表的西方电视媒体新闻主持的一个特点。例如前面提过的黛安·索耶早年曾经在总统选举办公室担任过秘书，斯科特·佩利更是从 15 岁起便开始进入媒体工作，并在地方电视台当了几十年的记者。

通过统计比较，曾得到过如下数据：中国新闻节目主持人中，“有过三种(含)以上从业经历”、“有过两种从业经历”、“有过一种从业经历”者的比例分别是 35.3％、23.5％和 29.4％，另有 11.8％的人“无从业经历”，具有两种及以上工作经历者共计 58.8％，超过一半。美国新闻节目主持人中，“有过三种(含)以上从业经历”、“有过两种从业经历”、“有过一种从业经历”者的比例分别是 46.7％、46.7％和 6.7％，没有“无从业经历”者，而具有两种及以上工作经历者共计 93.4％，远远大于中国主持人的同类指标，说明美国的新闻节目主持人在阅历上要远比中国同行丰富得多。

统计同时发现，中国电视节目主持人大部分原来已经是主持人或是有过主持经历的，比例高达 65.4％，紧随其后的则分别是记者、编辑(导)和播音员(包括主播)，所占比例为 30.8％、26.9％和 26.9％，另外还有超过 1/5 的人(23.1％)有过其他职业经历，如教师、军人、职员等，而没有从事过任何职业和有过制片人(监制)经历的主持人则分别只有 11.5％。由此可以看出，在中国，曾经当过主持人、播音员或记者、编辑的人更有可能成为主持人。在美国，现任主持人曾经从事的职业排在第一位的是记者，比例高达 65％，而中国排名第一的主持人职业在美国则退居第二，所占比例为 55％。排在第三、第四位的是主播(包括播音员)和其他职业，所占比例分别为 40％和 35％，显然都高于中国同行的同类指标。排在其后的职业是编辑(导)和制片人，各为 15％，编辑一项明显低于国内同行，而制片人一项则略高于国内同行，这可能与两国电视编辑职业与制片人职业的业务重点不同有关。资料同时验证了前文结论，即一毕业就直接从事主持人工作的现象在美国是不存在的。

值得关注的是，在美国新闻节目主持人曾经的职业经历中，有过记者经历的比例高达 86.7%，充分说明美国在选择新闻节目主持人时更看重其当记者的经历。

(五)主持人是所在栏目的核心与灵魂

如果说当今中国的新闻主持还多少有些名不符实，无法体现其中“主”的角色及任务的话，那么美国的新闻主持则可以称得上是真正的名副其实。按照当初发明新闻主持一词的唐·休伊特的意思，“Anchor”一词是对记者或专家等报道团队中居于主导地位成员的称谓。由此不难看出，新闻主持实际上是在新闻节目中处于主导地位，参与新闻的采访、编排并出镜播报新闻的人，与传统意义上只履行有声播报职责的“播音员”(在英文中通常被称为 Announcer 或 Reader)或“主要的播音员”相差甚远。换句话说，新闻主持应该是其所在栏目的核心与灵魂，而这恰恰是美国新闻主持的一大特征。

在美国，一个栏目的主持人绝对是该栏目的核心和灵魂，栏目内所有的人员配置和工作安排基本上都是围绕着主持人展开的。主持人不仅在栏目中具有较高地位，往往头顶“执行总编辑”的头衔，而且具有较大的权力，掌握着节目内容的绝对控制权，有权对节目的内容做出选择，有权对节目的内容进行编排，有权左右节目的表达方式。所有在栏目内的编辑和工作人员完全听由主持人调遣和指挥，随时处在准备协助和服务于主持人的状态。这一切当然都是为了充分保障和体现主持人的个人风格，为了使整个节目具有主持人鲜明的个性色彩。与新闻主持的高职位和高权力相比，美国的新闻主持同时也有着高收入的特点。作为所在栏目的核心和灵魂，同时也作为节目最鲜明的品牌符号，新闻主持们同样是所在栏目收视率和社会影响力的保障，因而他们的收入也普遍高于其他工作人员，如当年 CBS 用百万年薪留住丹·拉瑟，拉瑟退休后，CBS 则又用 1500 万美金的年薪从 ABC 挖来了凯蒂·库里克。正因为此，绝不是人人都能成为或称为新闻主持，只有“少数几个真正能在工作中起主导作用、以个人魅力将电视新闻制作的各个环节整合起来的主持人才配得上唐·休伊特当初发明这个词的本意”。①

三、西方出镜报道与新闻主持的发展趋向

进入新世纪以来，随着电视新闻媒体间的竞争和技术进步，以及受到网络新媒体的影响和冲击，以美国为代表的西方电视媒体的出镜报道和新闻主持也出现了不少新的变化，似乎预示着世界范围内的出镜报道和新闻主持的某些发展趋向。

---

① 高贵武：《世界电视新闻报道的奠基人与先行者》，《国际新闻界》2009 年第 11 期。

(一)记者人数逐渐减少,一人多任现象明显

当新媒体日益分流传统媒体的用户群时,传统记者的工作环境也在发生着微妙的变化,其中的变化之一便是传统记者,特别是驻外记者人数减少。对此,CNN 前驻五角大楼记者杰米·麦金太尔有着深刻的体会。1991 年,当在巴格达进行现场报道时,他们需要五个人操作 24 台设备。但 2008 年 2 月,杰米·麦金太尔借助网络视频及 MacBook 等,一个人便从伊拉克首都为互联网发回最后的现场报道。在美国传统媒体工作者的眼中,当经济紧张和技术进步减少了对大量工作人员的需求时,好的策略是广播电视机构的驻外部越来越依赖于一至两人的运作方式。NBC 新闻频道高级副总监在谈及 NBC 运作方式的改变时也承认:"当我们想要开设新的办事处时,我认为越小越好"。[①] 一面是商业压力的增大,一面是公民记者分享和发布新闻行为的增多,驻外记者需求锐减的现象不仅仅出现在美国。据路透社最新研究显示,驻外记者"可能将不再是我们了解世界的主要渠道"。2011 年,越来越多的新闻机构将严重依赖普通公民上传的社交内容。[②]

图 2-4 外国出镜记者在做报道

由于记者人数的减少,美国电视媒体的记者,特别是出镜记者在角色上一人多任或"超级记者"的现象逐渐明显。一方面,出镜记者一个人要承担过去由文字记者、摄像记者等其他人分担的工作,体现一专多能;另一方面,出镜记者的报道范围与报道领域也在不断拓展,比如 NBC 驻中东首席记者理查德·英格尔,因为常驻中东,熟悉阿拉伯世界且精通阿拉伯语,所以只要涉及中东局势报道,不管是埃及、利比亚,还是叙利亚、伊朗、伊拉克,但凡有这方面的报道,人们总能在电视上看到理查德·英格尔,他似乎成了一个全能的"超级记者"。

(二)出镜记者专家化趋势明显

分析美国的新闻报道不难发现,与中国的情况大体相似,活跃在电视报道中的记者大都有着各自负责的领域,用中国的话说就是都有对应的"口",都属于跑口记者。如负责白宫报道和国会报道的始终负责白宫报道和国会报道,负责气象报道和环境报

① Priya Kumar, *Backpack Journalism Overseas*, www. ajr. org.

② 搜狐 IT ,《2011 年新闻媒体业十大预测:驻外记者可能消失》,http://it. sohu. com/20101221/n278431342. shtml。

道的始终负责气象报道和环境报道，负责财经报道和健康报道的则始终负责财经报道和健康报道。但与中国情况不同的是，美国的出镜记者除了常常在自己对应和负责的新闻领域出镜报道之外，还是其所负责报道领域的专家，往往既有着首席记者的称谓，又在其负责的报道领域内享有较权威的话语权，承担着其所报道领域的观察家和评论员的角色，电视媒体一旦要对某些新闻发表评论，首先出现的便是负责这一报道领域的记者。拿NBC的《晚间新闻》来说，负责报道国际新闻，特别是中东局势新闻的是其常驻中东的首席记者理查德·英格尔，每当《晚间新闻》里有关于中东局势的报道时，观众总能看到理查德·英格尔身穿防弹背心站在中东某地，面对镜头所做的出镜报道，而每当《晚间新闻》报道中需要对中东的局势做出分析和评论时，观众也总能看见理查德·英格尔身着西装坐在演播室里就中东及世界局势侃侃而谈，甚至不光《晚间新闻》里有他的评论，在其他的栏目中也总能看到他的身影。

理查德·英格尔是这样，负责其他领域新闻报道的记者几乎都是这样，例如一旦有食品、药品方面的新闻发生，出镜来做报道和进行评论的肯定是负责这方面报道的记者，一旦有股市、证券方面的新闻发生，出镜来做报道和进行评论的肯定也是负责这方面报道的记者。这些记者由于长期负责某方面的报道，不仅对其负责领域的情况了如指掌，拥有大量独家的信息，而且堪称其报道领域内的专家，对其报道的新闻具有专业而深刻的洞见，而这是中国的记者所无法比拟的。随着传统电视机构的精简，出镜记者尽管在负责的领域上出现了某些拓展或整合的趋势，但成为专家的趋势并没有削弱，而是更为突出。

（三）新闻主持风格日益多样

美国当地时间2005年8月7日，詹宁斯因患肺癌在纽约家中离世，享年67岁。随着詹宁斯的去世以及布罗考、拉瑟的相继离开，美国三大无线新闻老牌主播的辉煌时代已成为永远的过去式。而在此之前，美国新闻界一直保持着CBS、NBC和ABC三足鼎立的局面。

与最早的新闻节目主持人克朗凯特以及后来《晚间新闻》的三大明星主播正统、严肃的主持风格相比，当下美国新闻主持的风格也出现了日益多元的趋势。在今天美国当红的新闻节目主持人群中，既有以NBC《晚间新闻》主播布莱恩·威廉姆斯为代表的传统的严肃型主持人，也有以《每日新闻秀》主持人乔·斯图尔特为代表的娱乐化的新闻节目主持人。尽管按照传统的观念，斯图尔特并不算真正意义上的新闻节目主持人，而更应该算是娱乐或谈话节目类的主持人，但在新闻节目中加入娱乐的元素，或者以更多区别于以往新闻节目主持风格的方式来主持新闻节目的情况却越来越常见，也越来越多，这也反映出以美国为代表的西方国家新闻主持发展的某种趋势。

（四）新闻主持的影响力与号召力已不如前

美国三大明星主播时代的结束既有主持人本身的原因，也与传媒新科技的发展不无关系。新科技的出现，已经大大改变了新闻主持界竞争的格局。在当今美国，也已很难找出像当年的克朗凯特与三大主播那样有着巨大影响力和感召力的主持人。现今美国电视新闻节目的竞争，已不再单纯是无线电视网之间的竞争，而转变为无线电视网与有线电视、传统媒体与新媒体、博客及其他电子传媒之间多角的竞争关系。正如佛罗里达大学新闻系主任威廉·麦基恩指出的那样，像沃尔特·克朗凯特这种观众可以完全信任的主播再也不会有，像过去那种单一的竞争环境也不复存在。

思考题

1. 中国的电视出镜报道目前还存在哪些不足？
2. 中国的新闻主持目前都存在哪些问题？
3. 美国当下的出镜报道和新闻主持具有哪些特点？

第三章
中外出镜报道与新闻主持比较

第一节　中国与美国电视出镜报道和新闻主持比较

鉴于美国的电视媒体常常是代表了西方电视媒体的较高水平，通过对美国电视新闻节目的出镜记者和新闻主持情况进行梳理，从不同方面对中美电视新闻的出镜报道和新闻主持进行比较，就能够发现中美电视媒体在出镜报道和新闻主持方面的不同以及中国电视媒体与外国同业存在的差距。

一、中美电视新闻出镜报道基本模式比较

关于出镜报道(On-camera Report)的定义，凡是报道中出现报道者以记者身份面对镜头、面对观众进行报道的电视新闻报道均属出镜报道。从此概念来说，中美出镜报道在电视新闻节目中的表现几乎没有差别，只是在出镜报道的构成要素上，央视和美国电视台在处理新闻时稍有不同。

(一)"出镜记者"单一元素模式——中国电视新闻的主要模式

对于出镜报道来说，其最基本的构成要素为出镜记者。只要在单条新闻或直播中出现出镜记者，就可以被视作出镜报道。在美国的即时电视新闻节目中，出镜记者不和主持人互动、单独完成出镜报道的新闻非常少见，除非在纪录片中，或大型的直播节目中才零星出现。但是在中国的新闻节目中，尤其是在《新闻联播》式的节目中，单独由记者完成出镜报道，即以出镜报道单一元素模式完成却是出镜报道的主要类型。如2011年10月2日《新闻联播》中的"本台记者亲历的黎波里激战"，就是目前国内电视

出镜报道中最常见,同时也是最主要的报道模式:

图 3-1 "出镜记者"单一元素模式

记者徐圣益:我现在距离执政当局武装人员和卡扎菲支持者交火的一个地方不到一公里的距离,也是我们能到达这个交火地点最近的一个检查站。那么这边执政当局的武装人员告诉记者呢,现在交火已经持续两个小时了,我们依然能听到枪声,而且这样的战斗也会继续,还有不断的执政当局武装人员来涌入这个地方,来增援这个战场。

(二)"出镜记者+新闻主持+技术手段"复合元素模式——出镜报道的高级模式

所谓"出镜记者+新闻主持+技术手段"复合元素模式,即在"出镜记者"这一基本要素的基础上,根据新闻内容和节目时长的要求,增加主持人和技术表现手段,配合出镜记者完成报道,使出镜报道更加完整和出彩。

目前在出镜报道要素的组合模式中,美国出镜报道要比中国出镜报道更加多样化。CNN 晚间新闻节目的代表《时事直播室》(*THE SITUATION ROOM*)中,主持人在演播室中站立出镜,让新闻节目"动"了起来,同时辅助以特设的八块电子屏报道新闻,这八块电子屏幕不仅可以实现和出镜记者的对话,还能够同时插入不同画面和评论员,让新闻报道更加立体。而这样的模式在国内目前的电视新闻报道中主要存在于一些直播连线类的节目当中,虽然也较为常见,但似乎并没有成为主体,而且在元素复合的多样性上也远不及美国。

图 3-2 "出镜记者+新闻主持+技术手段"复合元素模式

二、中美电视新闻出镜记者角色比较

由于美国电视新闻发展较早,尤其是电视直播新闻的发展一直领先于世界,不夸张地说,中国的电视新闻在其发展过程中,无论是节目形态还是表达方式,都是不断借鉴和改良国外模式而发展起来的。并且,对于出镜报道来说,在国际范围内已经基本形成了对部分表达方式的认同。表 3－1 展示了目前出镜记者的身份及其在报道中所起到的作用。

表 3－1　出镜记者身份和作用

出镜记者身份	报道中所起的作用
记　者	介绍现场
	调查、分析和探索
主持人	介绍报道者
	介绍现场
	调查、分析和探索
	播音员式出镜(中国)

记者直接面对镜头，对新闻现场进行介绍，对新闻事件予以描述，甚至配发评论，是出镜报道的基本表现方式。按照出镜记者在报道中所起的不同作用，可以将其分为两类：

第一，实时出镜，介绍现场，即记者在突发新闻和一般新闻中进行的出镜报道，是最能表现电视优点，也是最为成熟的出镜报道形态。

自 24 小时新闻频道成为电视新闻主流之后，大规模受过专业训练并且全职参与新闻报道的出镜记者不断涌现，他们通过实地采访而对新闻事件进行描述、分析和评价，并且和演播室的主持人进行互动，更加深刻地让新闻事实展现在观众眼前。

应该说，从目前来看，美国和中国的电视新闻都非常重视记者在重大新闻中的实时出镜，在形式上两国基本没有差距。而在内容和质量上，中国的实时出镜记者和美国知名电视网的差距还很大，尤其体现在国际突发事件新闻报道上，能够流利使用英语并且具有较高新闻专业素养的出镜记者依然是凤毛麟角。

美国各大电视网的出镜记者往往能在国际新闻的实时出镜中表现良好，除了归功于各大电视网的严格选拔、记者本身的优秀素质之外，各大电视网在国际上的影响力、英语的广泛传播力的贡献也不可忽略。

在我国，此类记者体的繁荣和发展始于本世纪。在央视的新闻实践中，出现了不少“我在现场”的节目，也成就了诸如何润峰、王晓昆、刘茁野等知名记者。在地方电视台民生新闻节目中，日常新闻的出镜报道也逐渐成为主流，赢得了观众的肯定。

第二，调查、分析和探索，即记者成为推动事件发展的因素，在调查和走访中向受众呈现事实。

出镜记者的这类作用除了在消息类节目出镜记者的身上得以体现之外，更多、更典型地体现在调查类等专题节目的出镜记者身上。在美国，电视新闻纪录片(Documentary)和新闻杂志(News Magazine)是这类出镜报道的主要承载节目。从上个世纪 70 年代起，CBS《60 分钟》就开始在节目中引入出镜记者，在节目中充当“侦探”、分析者和“游客”，来介绍犯罪新闻、政治经济文化新闻和部分软性新闻。从《60 分钟》后，此类出镜记者模式很快被其他电视台所模仿和引用，也极大促成了此类电视节目在中国的产生。

对中央电视台来说，《焦点访谈》和《新闻调查》等节目的新闻记者也是扮演此类角色。王利芬、白岩松、董倩和柴静都曾经在相关节目中承担调查、分析和探索的任务。基本上，中国优秀的出镜记者正是从新闻杂志中起步和发展起来的。

需要指出的是，此类记者出镜报道往往采取录播的形式，作为表现电视新闻的深度和观点的手段出现，并且出镜记者不和主持人互动。

从整体来看，央视出镜记者的综合素质与美国的出镜记者相比还有待提高，尤其体现在国际报道上。近些年央视为了推进自身国际报道的影响力，在选拔出镜记者时常侧重语言能力，对记者的专业素质有所忽视。从国外电视发展的经验来看，只有报道的主体真正回归到职业报道角色——记者，报道领域拓展到日常新闻的时候，出镜报道的发展也许才能真正称之为迈向成熟。

除了记者之外，站在镜头前从事出镜报道的还有主持人。承担出镜任务的主持人大多数出身记者，有着良好的采访和出镜功底，在出镜报道中以记者身份面对观众。从理论上讲，只有记者出身的主持人才能够应对“主持人体”的出镜报道。作为出镜记者的主持人和一般的出镜记者来说没有差别，需要承担调查、分析、探索以及呈现现场、进行实时报道等任务。

严格说来，美国电视新闻节目主持的概念和记者的概念区分并不明显，因为大多数新闻主持都是从优秀的新闻记者转型而来的，因此其头衔只是根据所从事的具体新闻报道而定，对于新闻主持来说，常常可以完成甚至更高质量地完成出镜记者的任务。

在主持人作为出镜记者的概念下，中国和美国的实践有共性，也有差异。

在中国的电视节目尤其是央视的节目中，一些在调查性报道中积累了丰富出镜经验的记者成为“主持人出镜”的报道主力。这些主持人重新回到记者岗位，担任重要直播节目的出镜记者，成为中国“主持人出镜”的主要模式。如白岩松在 1997 年参与报道香港回归，张泉灵在“5・12”汶川地震中参与直播报道。但是，在常态新闻的出镜报道中，中央电视台一般不会使用主持人作为出镜记者。

同样的情况也出现在美国。美国诸多电视新闻节目也使用主持人进行现场报道，因为几乎所有美国电视新闻节目主持人都是记者出身。但是由于主持人的特殊地位，若非重大新闻或重要直播，使用主持人做现场报道的情况较少。

与美国不同的是，中国的出镜报道还包括“播音员体”，“播音员体”出镜报道的主体是播音员，基本形式是播音员固定站立，面对镜头播读新闻导语。从央视的实践来看，“播音员体”主要存在于党和国家领导人出访等重要时政新闻当中。如央视 2009 年 2 月 1 日《新闻联播》播出的《胡锦涛抵达利雅得开始对沙特阿拉伯进行国事访问》，李瑞英担任出镜记者。

在目前央视的新闻节目中，出现了将播音员引入常态新闻进行出镜报道的趋势，希望实现从播音员向记者转型的"逆向发展"。如 2011 年 10 月 2 日《新闻联播》"【走基层 · 蹲点日记】库尔班：我的命运跟着坎儿井转"中的李瑞英；11 月 9 日《新闻联播》"关注 119：全民消防 生命至上"中的紫凝和郭志坚。但是从这两条报道本身的质量来看，三位播音员作为记者的表现却是差强人意。这也从侧面印证了"主播"一词创始人唐 · 休伊特的话："要想成为一个好主播，你必须先是一名好记者。"

所以，由于出镜报道的主体是记者，因此从未从事过记者工作的播音员和"播音员体"必然会随着电视新闻实践的进步而逐渐消失。

三、中美电视新闻主持比较

（一）中美新闻主持的概念比较

"新闻主持"的概念在中美两国电视新闻实践中的差别较大。美国电视新闻由于发展较早，对主持在不同形态的新闻节目中应该发挥何种作用有着清晰的认识，并且角色不同的主持往往在节目中的头衔也不一样。虽然中文翻译对应的均为"主持人"或"主持"，但在英文中却是不同的单词。如 Host 指一些谈话节目或娱乐、益智、真人秀等节目的主持人，更贴近中文"主持人"的意思；Moderator 指在某些论坛或辩论会现场担任调解或控制话题走向的人，代表人物如美国 CBS《面向全国》（*FACE THE NATION*）的主持人鲍勃 · 席弗（Bob Schieffer）、NBC《会见新闻界》（*MEET THE PRESS*）的主持人大卫 · 格利高里（David Gregory）。[①]

在电视新闻节目中，主持人在英文中最为常见的称呼为 Anchor。在美国电视新闻的发展史上，克朗凯特通常被认为是第一个真正实现主持人职能的播音员。自他开始，新闻播报者的名称和职权最终从"播音员"（Announcer）转变为"主持人"（Anchor）。[②]

Anchor 表示在新闻节目中坐镇演播室，将不同记者和新闻介绍给观众的人，同时特别强调其对节目的控制和参与程度，甚至要求他（她）必须在节目中加入评论，或者参与节目的写作和编辑。在美国，金牌主持人丹 · 拉瑟、汤姆 · 布罗考和彼得 · 詹宁斯都属于主播（Anchor）类主持人，目前美国的电视节目中，NBC 的布莱恩 · 威廉姆斯也属于 Anchor 型的主持人。

① 高贵武：《美国电视节目主持人的称谓及内涵》，http://blog.sina.com.cn/s/blog_48e450bf0100ebsv.html。
② 王纬：《镜头里的第四势力——美国电视新闻节目》，北京广播学院出版社 2000 年版。

在中国,“Host”型的主持人有崔永元、董卿、李咏、朱军等,但是较少涉及电视新闻节目;而“Moderator”型的主持人,其典型代表为凤凰卫视《一虎一席谈》中的胡一虎。在我国电视新闻的实践中,对于新闻主持的称呼也有自身的特点。

以央视为例,对新闻节目主播的称呼有如下几种:主播(如《朝闻天下》中的胡蝶、《共同关注》中的慕林杉)、主持人(如《环球视线》中的水均益)和评论员(如《新闻1+1》中的白岩松)。值得关注的是,《新闻1+1》对于主持人的称呼似乎也不一而论,例如白岩松被称作“评论员”,而另外一名主持人劳春燕却被称作“主持人”。

图3-3 中国电视新闻主持有不同称谓

从这些主持人所起的作用来看,央视的新闻节目确实也出现了Anchor型的主持人,典型代表是《环球视线》中的水均益。在节目中,水均益不仅需要播报新闻,还需要和前线记者连线,辅助技术手段对新闻予以分析,引进评论员对新闻进行评论等等。

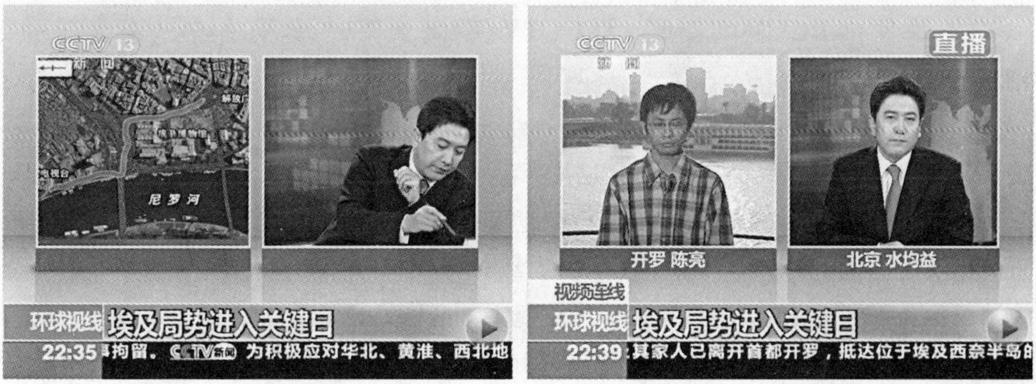

图3 4 水均益在节目中

但是对于中央电视台大多数主持人来说,并不能被称作Anchor,因为这些主持人大多处于播音员和Anchor称谓中间的层次——虽然摆脱了单纯念稿子的状态,可以承担演播室直播和连线任务,但是却无法承担控制节目节奏、引导嘉宾和评论员以及评论和采访等任务。

(二)中美电视新闻主持作用比较

在美国,电视新闻主持人被称为电视台的“面孔”,各大电视台千方百计大打“主持人牌”。这种情况在2005年之前,三位金牌主持人都被称作电视台的“新闻发言人”。虽然随着老面孔的离开,这种主持人对新闻节目的绝对控制不复存在,但是美国各大电视台还是崇尚有记者经历、资历深厚并且容貌声音均适合上镜的主持人。

对于新闻主持,尤其是晚间的新闻节目来说,更加崇尚“主持人明星制”。晚间新闻节目的主持人不仅承担主持,更多情况下还要承担制片人和评论员的职责。这些主持人参与到新闻报道的决策过程中来,不仅要确定当天的新闻选题和播出次序,更需要对节目整体的播出作出规划,保证节目的质量。

中国电视主持的作用较为单一,即只为“主持”。这种“主持”的作用介于Anchor和Announcer之间。从历史角度来讲,中国长期形成的播音员主持模式在很大程度上影响了主持人作为新闻节目主体作用的发挥,主持人不承担或不参与制片、新闻策划和编辑等工作,而仅仅是作为播报者将“电视新闻成品”传递给观众。

对于中国媒体来说,主持人往往被要求有较好的声音和外形条件,以及播音主持专业背景等,对资历要求尚少,因此在央视新闻频道的众多节目里,“美女主播”成为各个节目的“名片”。当然,资历深厚的优秀主持人如白岩松、张泉灵和水均益也是央视新闻节目倚重的对象,因为这些主持人的表现更符合观众的期待。这些现象也反映了一种趋势,就是Anchor型主持人会更多出现,并且更受欢迎。

四、举例:NBC《晚间新闻》和CCTV《朝闻天下》“埃及总统是否会辞职”报道比较

2011年1月26日,由于受到突尼斯“茉莉花革命”的影响,埃及多处地方发生民众集会,要求总统下台。期间示威游行活动不断升级并演变为骚乱事件,埃及官方被迫做出反应。从1月30日起,骚乱时断时续,2月9日爆发大规模骚乱,再次要求总统穆巴拉克下台。此时,国际媒体纷纷将镜头转向埃及政局。2月11日,穆巴拉克辞职,埃及十八天骚乱宣告结束。埃及骚乱由于持续时间长、规模大以及埃及的国际影响,因而受到了全世界电视媒体的关注,这些媒体中既包括美国的CNN及NBC,也包括中国的中央电视台。下面我们透过NBC的新闻旗舰栏目 *NBC Nightly News*(以下简称《晚间新闻》)以及中央电视台新闻频道的《朝闻天下》对2月11日埃及骚乱事件的报道来发现二者之间的差别。NBC《晚间新闻》是美国全国广播公司的老牌电视新闻节目,也属于报道国内外重大新闻最具有权威性的节目之一。该节目每日

18：30—19：00 在全国 NBC 直属台和加盟台同时播出，受众达到 1000 万以上，每周末会播出周末特别版新闻节目。《晚间新闻》的主持人布莱恩·威廉姆斯以清晰的思维和出众的表达闻名，2007 年被《时代》杂志评选为最具有影响力的一百人之一。可以认为，《晚间新闻》代表了美国电视新闻节目的最高水平，因此，选取该节目的出镜报道作为西方电视新闻代表进行分析较有价值。

考虑到《晚间新闻》播出该报道是在 2 月 10 日 18：30，按照时差计算，为北京时间 2 月 11 日 6：30，与央视新闻频道《朝闻天下》的播出时间大体相当。除去信息对等的原则，在当天所有央视的新闻节目中，《朝闻天下》对此事件的报道时间更长，现场出镜时间也更长。当然，《朝闻天下》也是目前国内电视媒体中公开亮出主播的栏目之一。

(一)报道内容和报道时长比较

2 月 10 日《晚间新闻》中，埃及骚乱升级的报道占据了三分之二的时长，报道时间长达 20 分钟。而央视《朝闻天下》在一个小时内播出了三条相关新闻，其中前两条内容一模一样，由主播赵普和胡蝶分别播送，第三条为驻埃及记者的出镜报道。以下是报道内容和时长列表：

表 3—2　NBC《晚间新闻》报道内容（时长：20′11）

主播布莱恩·威廉姆斯介绍埃及骚乱情况	1′30
开罗记者 1 介绍现场情况	3′33
开罗记者 2 介绍埃及群众对穆巴拉克讲话的反应	2′05
开罗记者 3 采访骚乱现场群众	1′20
白宫记者 4 介绍奥巴马对埃及局势的看法	1′40
华盛顿直播间的 NBC 主播 2 介绍美中央情报局局长对穆巴拉克讲话的反应	1′18
布莱恩·威廉姆斯采访伦敦政治经济学院政治学教授	1′35
布莱恩·威廉姆斯就埃及目前人民情绪、军队态度和正副总统关系采访埃及驻美国大使	4′05
开罗记者 1 针对大使回答进一步报道现场情况	2′05

表 3—3　CCTV《朝闻天下》报道内容（时长：2′02＋2′02＋3′06）

主播赵普介绍埃及最新情况：穆巴拉克发表电视讲话拒绝辞职，各方反应	2′02
主播胡蝶重复播送前条新闻	2′02
开罗现场记者陈亮介绍穆巴拉克讲话的详细内容：穆是否丧失对军队的领导权，埃及民众的反应	3′06

根据两个节目的报道内容对比表，从形式上讲，除了报道时间的差距外，可以直观看到的是，《晚间新闻》的报道要远远复杂于《朝闻天下》：不仅有四个出镜记者配合主播布莱恩·威廉姆斯的报道，还有另外一个主播在华盛顿和布莱恩·威廉姆斯进行了呼应；同时布莱恩·威廉姆斯还代表《晚间新闻》采访了专家和埃及驻美国大使；在最后，还由现场出镜记者对信息进行进一步更新，较为完整地展现了当天埃及骚乱事件的原貌。

与之相比，《朝闻天下》仅仅有一名出镜记者和演播室主播进行沟通，形式简单直观，对此新闻可谓"窥一斑而不能见全豹"。

1.报道结构比较

以下是从报道结构角度考虑，对两家媒体的新闻报道做出的图式分析：

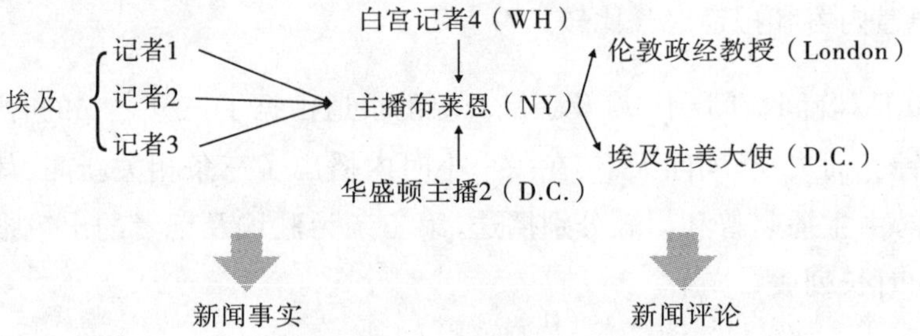

图3-5　NBC《晚间新闻》报道图式分析

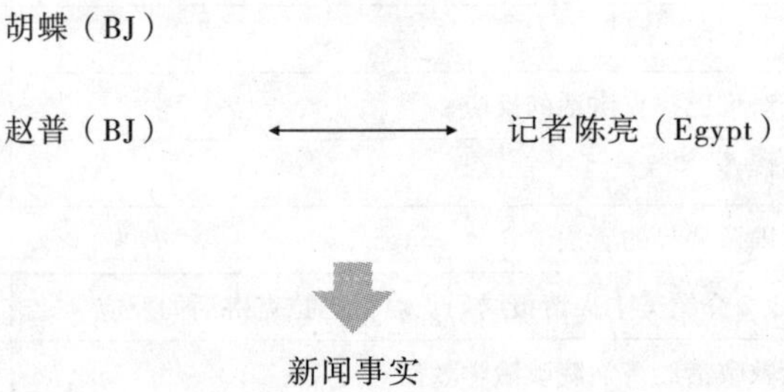

图3-6　CCTV《朝闻天下》报道图式分析

从《晚间新闻》的报道图式中，我们可以清楚地看出其报道结构：整个报道是以新闻主播布莱恩·威廉姆斯为中心形成的。埃及前方的三位记者通过不同角度的报道提供给布莱恩·威廉姆斯现场信息，驻白宫的记者提供了奥巴马关于此事的声明，而布莱恩·威廉姆斯通过和华盛顿演播室的主播进行互动，获得了美国官方的最新消息和态度。从结构上而言，这些算整个新闻报道的前半期，可以称之为"新闻事实展现"部分。从前半期的结构可以看出，埃及前方记者和白宫记者、华盛顿主播都在为布莱恩·威廉姆斯提供信息。在布莱恩·威廉姆斯对这些信息进行汇总之后，其角色发生了转换，由主播转为记者，采访了伦敦政经学院的教授，以及埃及驻美大使。这一阶段是新闻报道的后半期，即“新闻原因探讨”部分，期间加入布莱恩·威廉姆斯对事实的解读，有新闻评论的意味。

相比于《晚间新闻》，《朝闻天下》的图式非常简单，就是主播赵普和记者陈亮的互动，一问一答，仅仅展现的是新闻事实部分。主播并没有对事件进行深度的挖掘，也没有解读的意味。

2. 出镜记者表现比较

论及出镜记者在新闻现场直播中的作用，周勇在《电视新闻编辑教程》中提出五点要求：体现媒体能力；在现场及时传递信息；表达媒介的观点和视点；采访的作用；体现记者的个性化感受。① 根据以上要求，我们可以对两家媒体的报道进行比较。

“体现媒体能力”——出现在新闻现场的记者数量是衡量媒体能力的重要指标。《晚间新闻》派出三名记者对埃及事件进行报道，央视《朝闻天下》只有一名记者，并没有体现出一个国际电视台应该有的能力。

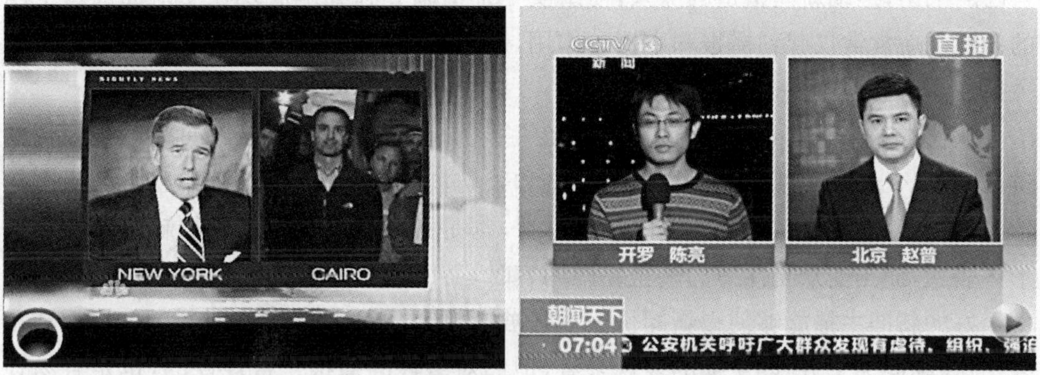

图 3-7 NBC《晚间新闻》和 CCTV《朝闻天下》出镜记者对比

“在现场及时传递信息”——“在现场”应该是对每个出镜记者的要求。从电视画面的背景可以看到，《晚间新闻》的记者 3 背后是埃及示威游行的人群，而央视记者陈亮的背后则是埃及夜景。因此，《朝闻天下》的观众对新闻的现场感受可能远远不如《晚间新闻》的观众。更进一步说，观众可能会对信息传递的全面性和有效性产生质疑。

“表达媒介的观点和视点”——可以说，在表达观点上，除去记者数量少带来的不利因素，陈亮和《晚间新闻》的四名出镜记者都基本做到了。

“采访的作用”——不能否认的是，《朝闻天下》在此新闻报道中的败笔出现于此：在

① 周勇：《电视新闻编辑教程》，中国人民大学出版社 2002 年版，第 134—135 页。

整个现场连线中并没有出现任何采访。但是《晚间新闻》的记者 2 采访了两名示威人士，并且这两名被采访者在镜头前表现的情绪十分激烈，对增强新闻的现场感贡献极大。

“体现记者的个性化感受”——央视记者陈亮的报道因为缺乏现场感，所以成了对穆巴拉克讲话的转述和各方意见的汇总转达，在个性化感受叙述上体现较差。《晚间新闻》的出镜记者 2 和出镜记者 3 都尝试用各种词语来说明自己对现场的感受。

综合以上五点，NBC《晚间新闻》的出镜记者在传递和解读新闻现场信息时，表现要优于央视《朝闻天下》。

3. 新闻主持表现比较

相比于出镜记者，新闻主持是电视新闻报道的核心，是报道思路的引导者和解读者，更是推动报道深入的重要角色。宋晓阳在《出镜记者现场报道指南》中提到，新闻主持要具备五方面的能力，即报道、播报、评论、主持、采访。这五点在《晚间新闻》主持布莱恩·威廉姆斯的身上，体现得相当完整和全面。新闻主播在扮演信息收集者角色的同时，还应该通过自己对新闻的思考和加工，形成新的问题，并且针对这些问题开展自己的采访，推动新闻报道的深入，使事实更加清晰和独到地展现在受众面前。中国的新闻主播常常仅起到播报和主持的作用，采访和评论少之又少，而且只有少量知名主播能同时操刀主持、采访和评论。

从仪态上来讲，布莱恩·威廉姆斯在主持和采访时动作更加自如。从某种程度讲，布莱恩·威廉姆斯是通过自己的主持和采访去吸引受众，而不会注意自己合理的形体语言。相比之下，无论是胡蝶还是赵普，都是正襟危坐、表情一致，缺乏个性化的形体表达，而当受众将注意力转至新闻内容时，又往往会失望。

好的新闻主播能够使得新闻价值重新被发现，也更能引起观众对新闻的兴趣和重视。从《朝闻天下》新闻主播的表现来看，他们对事件的播报是常规性的，也是容易让观众失去兴趣的。单纯的信息播报使得电视的画面性和现场感被降至最低。该新闻本是国外政坛的重大新闻，具有极为重要的报道价值，但是《朝闻天下》的处理使得信息本来的价值没有被体现出来。

(二)比较之后的结论

综合以上对两家媒体出镜记者和新闻主持的分析，可以明显得出结论：NBC《晚间新闻》的新闻主持和记者出镜报道对整个报道所起的作用要大于 CCTV《朝闻天下》；NBC《晚间新闻》比 CCTV《朝闻天下》的报道更立体，也更全面。由此看来，我们和美国优秀媒体的距离依旧很大，中国电视媒体使用的“主播”与真正的主播或新闻主持也还存在着一定的差距。

这种差距除了以上列举的各种形式上和内容上的原因之外，不能否认的是，CCTV 的国际主流媒体意识依然不够。作为国际主流媒体，对于国际重大突发事件应该给予最及时、最全面的报道，并且要有权威和丰富的解读。从 CCTV 对埃及事件的报道来看，无论是派出的记者、采访的角度、报道的深度，还是对事件的解读和评论，都没有体现出此事件本身的重大新闻价值。

作为出镜报道未来发展的主要方向——实时出镜报道，以上的比较案例分析代表性地呈现了目前中国和美国的电视新闻出镜报道和主持现状。值得指出的是，在案例的比较分析中，这里只是从技术和报道手法角度对中美电视新闻的不同处理进行了比较，并不能说明两国电视新闻所有出镜报道的情况。

不可否认的是，由于美国电视新闻业的高度发达，各大电视台面临的激烈竞争在一定程度上促进了电视新闻的专业性发展。但是，美国电视新闻的商品性和受众导向型报道方式在一定程度上也在影响报道的专业性。因此，对美国式出镜报道从内容到模式的全然赞同和模仿是不明智的，也不利于我国电视新闻业的发展。在探索我国出镜报道和电视新闻的发展之路时，面临国外同类节目模式，务必客观对待，冷静分析，才能避免电视节目从样式到内容的“山寨”化。

五、小结

电视媒体发展至今，“现场直播”和“在现场”成为公众在突发事件产生后选择电视的最重要的理由。因此，记者出镜报道的水平也成为公众选择电视和电视新闻节目的重要标准之一。但是，记者出镜并不意味着电视突发新闻事件报道的终结，恰恰相反，记者出镜是电视新闻报道的开始。只有对现场的信息进行再处理和再加工，融入新闻主持和所在媒体的解读和评论，并且表明态度，电视新闻报道才能显现出深度和特色。这也是电视媒体之间竞争以及各个媒介形态之间竞争的重要环节。

如何体现电视新闻的深度？根据本节对出镜报道和新闻主持的分析，不难看出，要保证电视新闻的深度，最重要的是发挥人的作用。出色的电视新闻现场报道不是赢在画面或技术，而是赢在人。这里的人包括新闻主持、出镜记者和采访对象。新闻主持主导着报道的走向，出镜记者提供最新的信息，新闻静态背景中的采访对象更加真实地补充信息，或者印证报道的观点。如何将这些人合理地组织起来并发挥更大的作用，是电视新闻报道的关键。

同时，在电视新闻现场报道中，中国新闻界传统的“出镜记者负责出镜”和“新闻主持负责播报”的概念大可以至此消弭。无论是出镜记者还是新闻主持，他们无一例外可以被称为“新闻人”——只为从新闻角度最大限度地呈现事件全貌。在这个过程中，主持就是记者，记者也是主持，他们共同合作来为受众提供新闻，给予解读和评论。在中国电视新闻现场报道中，如何使得主持人和记者向“新闻人”转化，是中国电视新闻业界需要继续探讨的重要话题。

第二节 中国与日本电视出镜报道和新闻主持比较

众所周知，由于所处的地理位置比较特殊，与中国一衣带水的日本一直都是个自然灾害高发的岛国，更由于地震等突发自然灾害频发，日本媒体，特别是日本电视媒体积累了大量应对突发事件的报道策略和报道经验，而由记者在新闻事件现场通过出镜方式来向观众报道新闻更是日本电视媒体中最为常见的报道方式。从报道的总体方式和表现形态上来看，日本电视媒体与包括中国电视媒体在内的世界电视媒体在出镜报道上的表现似乎并没有太大差别，但具体到新闻报道的细节，通过比较中日两国媒体在同类事件报道上的具体处理，也还是能够发现两国电视媒体之间存在的差距。本节将对中国中央电视台2008年的四川汶川大地震报道和日本广播协会（NHK）2011年的东日本大地震报道进行比较，目的是从中发现两国电视媒体在出镜报道和新闻主持方面存在着的异同。

一、语言表达

（一）信息含量

中央电视台的出镜记者在报道四川地震时，总是把重点自然而然地放在介绍重要数据等信息上，这些本来应该是演播室主持人的工作。因为分配工作的不准确等因素，使出镜记者因为要负责太多的介绍性内容，而把心思都放在熟记这些信息方面，从而常常会忽略掉现场应该介绍的是什么，也会忽略掉受众最关心的是什么等内容。这类事件的现场报道最重要的是用语言配合、解释画面，把现场的重要信息准确地传达给受众。比如灾民安置的问题可以不用精确的数据，大致的数字就可以，如果是伤亡人数、余震情况等信息才需要了解、准备一些这样的数据。对于出镜记者而言，最重要的应该是介绍自己所在地的情况，受众能看见的一些情况，这样才能使受众有身临其境的感觉。

在报道四川地震时，中央电视台的出镜记者多数是站在一个外部旁观者的角度，报道的都是一些与事件现场关系不是特别密切的信息。而日本广播协会在报道东日本大地震时，则基本做到了能够提供出镜报道所真正需要介绍的信息，比如受伤人数、死亡人数、失踪人数、地点、时间、避难信息、救援信息、事态发展等情况，信息含量比中央电视台略胜一筹。日本广播协会的记者多数是从参与者的角度报道的，这样更容易使受众感同身受，也可以使报道更加有信息含量。比起中央电视台的受灾报道，日本电视台更擅长把受灾报道转变为防灾报道。

（二）表达方式

中央电视台的出镜记者在表达方式方面，主要采取的是抒情加叙述事实的报道方式。在直播新闻中我们可以看到很多故意渲染共鸣、涉嫌故意炒作的画面和文字，似乎如果不把新闻报道得更加感人就不是好的新闻，就不会让人有身临其境的感受。这样一来，记者在报道新闻的同时，也就一次一次地强化了地震本身带给人们的痛苦。中央电视台的出镜报道之所以会出现这样的情况，很大一部分原因是报道者错误地理解了出镜报道的意义。实际上，出镜报道作为新闻报道的一种，其主要意义不是着力渲染共鸣，而是更好地把灾难发生地的现场状况报道给受众，增加社会对灾情的了解。总而言之，中央电视台的报道有着自己的一套固定模式，行文中有许多套话，有时会给人一种“假大空”的感觉，言谈中的感情色彩比较浓。

日本广播协会的报道则比较客观、真实，能够真正反映出震区的实际情况和受灾民众的要求。总体上讲，日本广播协会的出镜记者在表达方式上，是以客观叙述事实为重点的。日本广播协会的现场报道内容短小精悍，一针见血，更为符合现场报道的要求，让民众一目了然，务虚的成分和不大必要的成分较少。

二、电视画面

画面在电视报道中的重要性是无可比拟的，因为电视画面是最直观的新闻报道，让人一目了然的同时，还能产生强烈的视觉冲击，这当然也是电视出镜报道不可忽视的重要方面。对于一场大的地震灾难而言，出现在电视报道中的画面相对来说是较为固定的，特别是随着灾难发生时间的推移以及救灾工作的进展，这类报道中的电视画面也会出现一些不同。从中日两国媒体对于发生在中国和日本的地震的报道来看，其差异主要体现在以下一些方面。

（一）震中报道

因为中国的国土面积、技术等现状，目前没有办法像日本一样建立一套为地震等突发性灾难拍摄画面的设备。日本是多震国家，为了这个原因而准备专门的设备是非常必要的。虽然中国的地震没有日本那么频繁，这样做或多或少会有点得不偿失，但这同样使中国的电视画面中少了这方面的珍贵画面，是很难弥补的。

中央电视台在余震发生时刻的出镜报道很少，甚至几乎没有，而日本广播协会在余震发生时刻的出镜报道相比之下就多了。在报道中，观众经常可以看见有日本记者在余震发生的时刻，身处现场面向观众介绍当时的余震情况以及记者的个人感受，这使得观众可以通过他们的报道真切地感受到地震的发生，也使得记者所做的出镜报道非常震撼，这也是日本记者出镜报道特别出色的地方。中国的同类报道中缺少这样的画面，除了使电视报道本身缺少一定的现场感和冲击力外，或许也可以表明中国记者的反应和行动速度不是特别快。

(二)震后报道

比较中央电视台和日本广播协会在这一时间点的报道，可以发现，出现在电视画画中的两国的这类报道多数都是采访避难所的形式。有所不同的是，中央电视台的出镜报道在画面处理上并没有太多地注意人道主义关怀，虽然也会在有些灾民的脸上打上马赛克，但是在电视画面中却出现了当事人的伤口一类的电视镜头，有时甚至非常恐怖、血腥，让人难以忍受。除此之外，中央电视台的电视报道中经常出现的还有一部分就是老百姓在不断地说着感谢政府一类的话，以及一些老百姓非常悲伤、非常痛苦的煽情画面。

日本广播协会拍摄的画面则大多数都是灾民安静地待在避难所或者寻亲处的情景。因为《NHK 放送指南》中明确规定，电视画面在报道受灾人员的葬礼、遗体搬运、服装和态度时，都要充分考虑遇难家属的心情和感受，充分体现尊重受众的原则。此外，《NHK 放送指南》中还专门提出了遇难者人权的细节部分，要求出镜记者在报道过程中充分遵守这些规定，因此，在日本电视媒体对于地震的报道中，观众几乎看不到那些既恐怖又煽情的电视画面。

(三)救灾画面

在所在关于地震的报道中，中央电视台的救灾画面占地震报道的很大比例，大致就是被压民众的救助画面和得救画面，以及人民军队展开救援的画面。这些画面的优势无非是可以让受众了解到国家正在积极救助被困民众，使得民众对政府的信任感增强，对领导人的关怀感同身受，为人民军队的奋不顾身而感动。

日本广播协会的救灾画面以及血腥画面少之又少，救灾现场很少播放救人的过程，有的只是各国救援队的场景，偶尔出现被地震和海啸摧毁的房屋和城市的画面，出现灾民的画面时也是未受伤灾民的画面。这种报道方式很好地做到了只关注事实，几乎不做煽情处理，突显出了日本媒体在灾难和救灾报道方面的冷静与成熟。当然，媒体的这种成熟与冷静，有时也会让一些不了解日本的外国人理解为冷漠，甚至会觉得日本政府好像没有好好救援一样，也不能很好地传达被困灾民被救的情况。

(四)领导人画面

灾难发生之后，政府领导人亲临现场指挥救灾、了解灾情、慰问灾民是世界范围内较为普遍的现象。由于政府领导人的身份特殊，对其活动进行跟踪报道也是各国电视台较为普遍的做法。所不同的是，中央电视台的报道在拍摄领导人亲临现场的画面时，自始至终都把画面的主体放在领导人身上，而忽略了现场的画面和灾民的画面。因而，出现在电视上的画面一般都是领导人讲话或者领导人亲切地握着某某灾民的手，深情地问候他。画面总体单一，持续时间长，避重就轻。这种画面一方面会使受众审美疲劳，另一方面也使得新闻的信息性降低。当然，这种画面不能单纯地解释为一个电视台的画面处理方式，它也和一个国家的政治体系等因素密切相关。

日本广播协会在这类画面的处理上则比中央电视台要更专业一些，在领导人亲临现场的时候，电视画面中的拍摄主体并不一直是领导人本身，而是有变化的。画面也是各个角度的镜头互相切换的，这样就不会造成审美疲劳，反映给受众的信息量也会比较多。

(五)记者画面

中央电视台的出镜记者在出镜报道中出现时间多，不管是单独介绍现场情况还是和被采访人的对话，都总是出现在镜头中。与此相比，日本广播协会的出镜记者出镜时间比较少。虽说出镜记者出现在镜头里既是电视出镜报道的一个显著标志，其出镜报道在传播学意义方面也有较高的价值，但毕竟在一则出镜报道当中，出镜只不过是手段，报道才是真正的目的。因此在电视出镜报道的画面中，报道，或与报道相关的事件现场和新闻当事人才是主角，记者在现场所做的应该是想办法来突显事实，成为事件和事实的配角，而不能以突显记者个人来掩盖新闻事实的精彩。

三、服装

由于要出现在镜头前进行报道，所以记者的服装、装束、表情、动作等也都会成为重要的传播符号伴随着记者的报道存在。虽然对于记者这样一个职业群体来说，全世界没有哪个国家的电视台会对记者的出镜采访着装有硬性的统一规定，但记者的着装却对其报道有着不可忽视的影响作用。通过比较发现，中央电视台的出镜记者在着装方面还是比较注意的，曾见过有些出镜记者在采访中竟然背着背包，这是非常不职业的做法，也是很不尊重受众的表现。比如在灾区下雨的情况下，记者会穿上雨衣做现场报道，这样做可以使观众更好地感受现场气氛。但是，有时候雨已经停了，记者如果还是穿着雨衣报道的话，会起到“作秀”的反作用，不如改拍一些景物来反映刚才下过雨的事实。

日本广播协会的出镜记者在前往地震灾区报道时，一般都会根据需要穿着统一发放的服装，而不是自己的服装。这样不但能起到很好的报道效果，而且同时保护了记者人身的安全，还可以把地震出镜报道和平时的出镜报道区别开来。

四、采访

中央电视台的报道在采访类别上具有多样性的优点，既有采访领导人的，也有采访灾民、军人和志愿者的。在采访形式上大致分为四种，一种是在救援期间与被困民众和救援军人的对话；一种是在被困民众被救出后，采访其感受、感想；一种是在避难所采访志愿者、灾民、医护人员；一种是采访领导人、负责人的领导方针和政策。第一种采访形式既有利又有弊，有利是可以很好地做到实时传播，有弊是因为这样做有可能打搅救援人员的救援行动。第二种采访形式没有任何可提取的信息点，只不过是为了煽情而采访。这样有可能耽误受伤灾民的救治时间，是一种不可取的采访形式。

日本广播协会与中央电视台相比，无论是采访类别还是采访形式上都没有那么丰富。采访类别中几乎没有采访救灾人员的画面。采访形式上，只有中央电视台的第三种和第四种采访形式，即经常出现在日本电视画面上的采访，一种是在避难所对救援志愿者、灾民以及医护人员的采访，再一种就是对领导人、负责人就救援方案和政策方面的一些采访。

五、职业道德

对比发现，无论是中央电视台还是日本广播协会，两家电视台的出镜记者在职业道德方面都表现得很好。只不过，中央电视台的出镜记者似乎更喜欢煽情的成分。作为一名记者，不管怎样的情景都要使自己保持理智、保持清醒，不能有在镜头前面流泪等行为，像这种情况在日本的电视台中几乎是看不到的。

六、性别

在这类现场报道中，两家电视台的出镜记者多为男性，女性很少。在大地震刚发生之后、余震不断的最危险时期，男性记者的比例更高。等地震进入平稳期，危险系数下降后，女性记者的比例会略微增高。

在日本广播协会中，这一特点则更加明显。

七、小结

本节通过比较研究的方法，梳理和总结了以中央电视台和日本广播协会为代表的中日两家电视媒体在出镜报道方面的异同。正所谓，寸有所长，尺有所短，两家媒体在特点和性能上有很多不同，中央电视台的报道模式虽然存在很多政治因素，但却恰好起到了坚持正确舆论导向、引导广大人民团结一心的作用。日本广播协会客观、迅速的报道符合新闻传播的特性，可以让全国人民真实地了解到事实的真相，在媒体传播的过程中，所受限制较少，可以较快地发布消息。因为有完善的应急机制和丰富的出镜报道经验，使得日本广播协会的出镜报道的确比中央电视台的出镜报道要完善。出镜报道在现今电视媒体中是不可或缺的，所以加快完善出镜报道的工作就显得尤为重要。

第三节　央视与凤凰卫视出镜报道和新闻主持比较

1996年3月在香港诞生的凤凰卫视虽然历史不长，但自诞生之日起，凤凰卫视便以其独特的定位和鲜明的特色在国内观众中掀起不小的波澜，特别是在一些重大新闻的报道上，凤凰卫视虽然没有像央视一样的独特资源和雄厚实力，但依然以其快捷的报道速度、独特的报道视角以及深入的现场报道赢得了业内外的普遍赞誉，在社会中甚至流传着“大事看凤凰”的说法。而在为数不多的凤凰记者和主持人中，却有着像吴小莉、陈鲁豫、胡一虎、闾丘露薇、卢宇光、阮次山等一大批在观众中具有广泛影响力的出镜报道记者和新闻主持人。这除了得益于凤凰灵活的经营体制及其颇具眼光的名主持人名记者战略外，同样得益于凤凰在出镜报道和新闻主持方面所体现出的专业水准和专业理念。下面我们将透过央视与凤凰卫视的两个常规性具体栏目，即《凤凰早班车》和央视新闻频道的《朝闻天下》，来比较央视与凤凰卫视在出镜报道和新闻主持方面的不同。

为了体现比较的可行性和公正性，我们选取这两个栏目从周一到周五（具体是2012年3月5日、3月13日、3月21日、3月29日和4月6日这五天）[①]，从早上七点到八点播出的所有内容。之所以选择周一到周五，不是周一到周日，是因为《凤凰早班车》的播出时间是周一到周五，选择周一到周五，可以使所选样本基本构成一个比较完

① 具体的抽样方法没有从两档栏目实际播出时间中抽取整周播出内容作为样本，而是有意选取了一个离当下较近也是国内新闻媒体较为繁忙的月份，即2012年3月，将这个月的第一个星期一，即3月5日作为样本选取的起始日期，并抽取两台两档栏目当天播出的所有新闻内容，然后再选择下个星期的星期二两台两栏目播出内容、下下个星期的星期三两台两栏目播出内容，以此类推，便得到了两台两栏目周一至周五五天的节目播出内容，构成了一个播出周期。虽然不是实际的节目周期，但这样选择由于拉长了播出周期，实际上也是扩大了样本范围，并且避免了某一周可能存在的特殊情况，从而使两档栏目播出样本更接近常态，在一定程度上保证了结论的科学性和准确性。

整的抽样周期，虽然央视的《朝闻天下》属于日播节目，周六、日并没有停播，但为了体现比较的对等性，所以《朝闻天下》参照《凤凰早班车》同样选取的是周一至周五的节目。同样，七点到八点时段的选择也是为了更好地比较两档栏目，《凤凰早班车》的播出时间为早上七点到八点，只有一个小时，而《朝闻天下》则从六点开始，长达三个小时，为了更具有可比性，本节同样只选取《朝闻天下》七点到八点的播出内容作为研究对象。截取这一时段的另一个原因在于《朝闻天下》三个小时的节目中每一小时实际上是一个比较独立的板块，而且三个小时的板块设置大体一致，前一个小时播出的新闻在后一个小时一般重复播送，所以截取七点到八点档的《朝闻天下》实际上也可以代表它的全貌。

一、《凤凰早班车》

《凤凰早班车》的播出时间是周一到周五每天早上七点到八点，其节目一般包括“重点新闻”、“今日头条”、“环球聚焦”、“两岸三地”、“晨间财经”、“专线大观”和“气象”七大板块，每期节目构成大致相同，其中每期节目一般有一到两次的评论员评论。节目主持人为杨娟和杨舒。

表 3－4 是对凤凰卫视《凤凰早班车》中出镜报道的基本统计：

表 3－4 《凤凰早班车》中出镜报道统计

日期	板块	内容	出镜位置	评论
3月5日	头条	两会特别报道	开头	
		习近平出席港澳代表团联组会议	中间	有
	环球聚焦	俄现任总理普京获六成选票再掌政权	结尾 开头 （两条）	
3月13日	头条	人大今将召开记者会　卫生领域代表谈医改	贯穿始终	有
	环球聚焦	中美举行第三轮亚太磋商	结尾	
		白宫：美军屠杀平民不影响撤军	结尾 结尾 （两条）	有
		和平使命：2012 上合军演六月展开	结尾	
	晨间财经	财经新闻	贯穿始终	有
3月21日	环球聚焦	奥巴马批伊朗设“电幕”挡电子信息	结尾	
		美一口气对华产品处两惩罚关税	结尾	有
		奥巴马将与胡锦涛在韩国会晤	结尾	
		法犹太大学生联盟悼枪杀案遇害者	开头和结尾	
	晨间财经	财经新闻	贯穿始终	有

续表

日期	板块	内容	出镜位置	评论
3月29日	头条	胡锦涛在印度会见梅德韦杰夫，中俄在朝鲜叙利亚问题立场一致	结尾	
	环球聚焦	金砖国家经贸部长会议印度举行	结尾	
		朝鲜坚持发射卫星，美决定终止粮援	结尾	有
		美参议员要求武装支持叙反对派	结尾	
		美冀深化海湾导弹防御应对伊朗	结尾	
		医保听证结束　判决影响奥巴马连任	结尾	
	两岸三地	云南石林特殊地貌致旱情	结尾	
	专线大观	佛顶骨舍利四月底赴澳门供奉	中间	
		凤凰杯赛马，祝贺凤凰卫视16周年	结尾	
	晨间财经	财经新闻	结尾	有
4月6日	头条	美国国防部密切关注卫星发射	结尾	有
	环球聚焦	白宫冀中国向朝鲜施压停止卫星发射	结尾	
		柬埔寨成华商东南亚新兴市场	结尾	
		叙利亚声称开始撤军，各地再传冲突	结尾	
		安南视频连线向联大通报叙形势	结尾	
		美：主席声明不足以改变叙局势	结尾	
		奥巴马签新法案，加速美企业扩张	结尾	
		俄罗斯波罗的海舰队纪行之五：俄特种兵实训直击：游弋大洋发动突袭	结尾	
	晨间财经	财经新闻	贯穿始终	

（一）出镜报道总体特征

从表3—4可以看出，在《凤凰早班车》的32条出镜报道中（“晨间财经”由于其整体性，所以将财经信息归为一条），五天中有四天的头条新闻都含有出镜报道，也就是说80%的情况下，《凤凰早班车》的头条新闻都会以配有相关出镜报道的方式出现。“环球聚焦”是《凤凰早班车》所占比重比较大的一个板块，每天的“环球聚焦”至少有一条新闻配有出镜报道，据统计，“环球聚焦”的出镜报道占所有出镜报道的63%。“两岸三地”这一板块的出镜报道仅有一条，所占的比例很小。“晨间财经”栏目除了第一天没有出镜报道外，另外四天都有出镜报道，出镜记者固定为庞哲。

具体来看，凤凰卫视的出镜报道总体呈现这样的特点：

（1）《凤凰早班车》中，所有消息从出镜到配音都由采访记者独立完成。据统计，不管新闻是否有出镜，都由采制相关新闻的记者配音，如果遇到相关简讯或者平面新闻的解读，则由主播直接进行配音，没有出现专门的播音员进行配音。

（2）由表3—4可以看出，凤凰卫视的出镜记者在画面中多出现于报道中的后半部分。据统计，有 82％的情况记者是出现在整个报道结尾的位置，一般起补充报道信息和总结评论的作用，如对于 4 月 6 日的头条“美国国防部密切关注卫星发射”的报道，记者陈谚莹在结尾的报道就是补充信息的作用：“对于朝鲜表示将邀请各国的航空航天单位前往朝鲜观看发射，唐纳表示美国的航空航天局目前还没收到正式的邀请，不过美国的态度就是不会出席。”3 月 29 日“美参议院要求武装支持叙反对派”这一新闻，记者王冰茹在结尾的报道则更多有总结评论的意味：“支持这份决议的共和党参议员麦凯恩之前是公开要求美国政府军事介入叙利亚，不过在这份决议中，麦凯恩的措辞却没有之前那么强硬。”

(3)从出镜报道的比例来看，《凤凰早班车》中国际新闻的出镜比例远远高于国内新闻的出镜比例，国际新闻的出镜比例占所有出镜的 72％，而国内新闻的出镜比例占所有出镜的 16％，远远低于国际新闻的出镜比例。

(4)记者的语言表达和非语言表达能力都比较强，记者的状态已经完全投入整个现场，这样记者就融入了现场，提升了整个新闻的表达能力。

(二)新闻主持风格

(1)《凤凰早班车》主持人穿着更加随意(如图 3—8)，主持人一般站立于主持台后，在台上的活动空间也比较大(如图 3—9)。整个播报环境比较轻松，比较有利于“说”新闻，主持人也显得更活泼、更亲近。

图 3-8 《凤凰早班车》主持人以站姿说新闻

图 3-9 《凤凰早班车》主持人工作场景

(2)《凤凰早班车》中，主播的作用得到了充分的发挥，使其在台上收放自如。主播更主动地去评论一些新闻，采用网络上的消息或者报纸的评论来说话，使新闻更加有层次和深度。如在报道普京当选总统事件中，主播的串词是这样的：

俄罗斯的总统大选已经有了初步的结果，新任总理普京呢宣布他在公平、公正和透明的选举当中胜出。官方表示说按照已经点算的半数选票来显示，普京以将近六成四的得票再度登上了总统的宝座，而 59 岁的普京和现任的总统梅德韦杰夫是一起参加了在莫斯科中心举行的至少有七万人参加的一个祝捷大会。那么普京发言的时候已经激动地落下了眼泪，他说呢在公开、诚实的斗争当中取胜，避免国家落入到企图夺取权力的敌人的手上，不过呢大选委员会就接到了三千多起舞弊投诉，反对派也计划到莫斯科市中心要发动大规模的抗议。

有关于俄罗斯大选之后的最新消息，我们立刻连线目前在圣彼得堡采访的特派记者萧华。萧华你好，选票正式什么时候结束？

……

好的，非常感谢萧华在圣彼得堡为我们带来最新的消息。那么第六届俄罗斯总统选举结束，根据初步的选情统计，普京的支持率超过六成，但俄罗斯反对派指责普京当局操控选举，俄共总统候选人久加诺夫表示不会承认选举的结果，而自荐候选人普罗霍罗夫也表示说会搜集选举舞弊证据，诉诸法庭。那么反对派已经号召民众5号到市中心举行大规模的集会，抗议总统选举不公。

而在俄罗斯北高加索的一个票站呢遇到了袭击，造成三名警察死亡，那遇袭的票站是位于达吉斯坦的境内，在投票结束之后，三名蒙面的武装分子和警察发生了枪战，三名警察殉职，一名武装分子被击毙，而警方在他身上找到了自由武器和手榴弹。再带您看到的是黑狗的政治漫画，我们知道普京这次的总统选举呢又再一次地如愿地能够入主克里姆林宫，其实他之前已经当了八年的总统了。两个任期，普京在任的时候呢一直是以铁腕来统治俄罗斯，虽然说俄罗斯人民的生活是有了非常大的改善，但是也有人对他开始不满了，因为整个俄罗斯已经变成了普京的俄罗斯。普京可能已经意识到了这个问题，他也认识到不能光打硬汉牌，而是要打这个眼泪牌，所以在视频中看到在祝捷大会上已经是流下眼泪了。我们看到漫画当中呢就是他牵着一只大熊，这只大熊一直都是他操控的，就是一个垄断的总统权力，他说现在是时候要剪一剪指甲，开始表现得比较温和了。

由此可以看出，主播不仅掌握了大量与报道相关的资料，而且对整个新闻的把握和拿捏比较到位，评论比较有力道，主播的个人话语风格和主持个性特色非常明显。

(3)凤凰卫视主持人采用一种合作的方式，香港主持人主要负责整个节目的把控，美国演播室(图3—10)、欧洲演播室(图3—11)、台北演播室(图3—12)、香港演播室、财经的相关节目都有相关主持人进行更详细的主持。这样的分工合作，使整个节目更加紧凑，大家各司其职，既能防止观众对节目主持人的收视疲劳，又可以发挥各地主持人的信息优势和主动性。

图3－10 《凤凰早班车》美国演播室及主持人

图 3－11 《凤凰早班车》欧洲演播室及主持人

图 3－12 《凤凰早班车》台北演播室及主持人

（三）评论员风格

(1)《凤凰早班车》可谓很好地体现了“术业有专攻”这一古语。栏目在国内、美国和财经领域都有专门研究这方面的评论员进行分析，其评论内容也更专业。如评论美国事务的评论员薛海培①，他自 1991 年从威斯康辛大学社会学硕士毕业后，17 年来一直在美国非政府机构和公关机构工作，为中国获得美国最惠国待遇、加入 WTO 以及要求日本向慰安妇道歉等问题曾不遗余力地在国会山开展游说。他是第一个在美国国会搞游说公关工作的第一代内地移民。有媒体称，他对美国政治和美国国会在操作上的熟悉程度在华人中少有人能比。在 2004 年为民主党总统候选人克里助选后，这次又为民主党总统候选人奥巴马站台。再如评论“两会”的郑浩，他是大众新闻传播硕士、美国布鲁金斯学会东北亚研究中心 2008－2009 年度客座研究员，自 1990 年起，先后在香港《明报》、亚洲电视及《香港商报》出任高级记者及国际新闻部主任等职，擅长国际新闻，为报道重大新闻，足迹遍布世界各地。他是一位资深的新闻工作者，能操英、德语，具备良好的驾驭文字能力，并掌握了高水平的摄影技术，曾多次前往阿富汗、伊拉克做战地采访，独立拍摄制作过多部电视专题片，还曾参与凤凰多个大型直播节目的英语实时传译工作，如美国“9·11”事件、北京申奥成功、伊拉克战争等。凤凰卫视专业和权威的评论员队伍由此可见一斑。

(2)《凤凰早班车》中，观众很容易注意到，凡是加以评论的新闻一定是出镜报道，对于外国新闻的评论要多于对内地新闻的评论，说明凤凰更注重国际新闻的报道和评论，从表 3－4 可以看出，对国际新闻的评论达到 44%，对内地新闻的评论为 22%。

---

① http://baike.baidu.com/view/1978128.htm。

二、《朝闻天下》

《朝闻天下》于每天早六点开始在央视新闻频道播出，直播三个小时，每个小时的板块设置几近相同，一般固定的板块有内容提要、时政要闻、国际新闻和国内新闻，简讯和体育消息则依据具体情况而定，不是每天必有的板块。其主持人一般为赵普和胡蝶。

下面两个表是对《朝闻天下》出镜报道情况的统计：

表 3—5 《朝闻天下》出镜报道情况统计

日期	事件	出镜位置
3月5日	数千黎巴嫩民众集会，对叙立场针锋相对	开头
	阿塞拜疆购得以色列武器	开头
3月13日	巴以冲突持续：加沙地带武装冲突仍无停止迹象	中间
3月21日	美公布对我光伏产品反补贴初裁	中间
	德拟对中国光伏产品提起申诉	结尾
	走基层：下大箐村应急饮水工程完工通水	开头
3月29日	印度：零售业以传统业态为主，外资禁入 城市交通拥堵 手机资费低廉 用户迅猛增长	贯穿节目
	叙利亚动荡局势严重影响约旦经济	开头
4月6日	日系电子产品不同程度上涨	中间
	利比亚战事重创突尼斯旅游业	中间
	央行年内第二次上调存贷款基准利率	开头
	关注社会资金参建公租房，57年才回本，万科公租房项目遇阻	中间
	即将开启西汉名臣张安世家族古墓	开头

表 3—6 《朝闻天下》评论情况统计

3月5日	两会消息：提升政策质量，关注政策效果
3月13日	两会述评：关注两会亮点 货币政策一向敏感，关联性强
3月21日	美公布对我光伏产品反补贴初裁
3月29日	温州金融综合改革试验区将设立
4月6日	关注社会资金参建公租房，57年才回本，万科公租房项目遇阻

(一)出镜报道

从表 3—5 可以看出，在五天的抽样中，央视的《朝闻天下》总共有 13 条出镜报道，远远低于凤凰卫视出镜报道的绝对条数。其中，国际新闻占 8 条，占总出镜报道的

61.5%，国内新闻5条，占38.5%。

具体而言，央视新闻频道的出镜报道呈现如下特点：

(1)《朝闻天下》的每条独立新闻中，除了出镜记者在画面中出现有单独的声音外，整个新闻几乎全是后期配音。在五天的新闻中，仅有少数几条是记者自己配音，如3月13日的“巴以冲突持续：加沙地带武装冲突仍无停止迹象”，4月6日的国内新闻“央行年内第二次上调存贷款基准利率”中，记者既有出镜也有配音，其他的出镜报道则除了记者出镜部分，其他新闻均由播音员配音。

(2)由表3-5可以看出，央视的记者一般出现于报道靠前的位置，占出镜报道总数的84.6%。记者在这一时间的解说大多起新闻导语的作用，引导观众进入现场。如3月5日的“数千黎巴嫩民众集会，对叙立场针锋相对”，记者于鹏的报道就是典型的新闻导语式出镜：“这里是黎巴嫩贝鲁特市中心的烈士广场，我现在所在的地方就是叙利亚政府支持者正在举行集会的场所，而在我左侧大概一百米的地方则是叙利亚反对派支持者举行聚会的场所，在这一百米的中间地带，则是由黎巴嫩的警方和黎巴嫩的军队层层布防，并且用层层铁丝网进行隔离，以防止双方发生冲突。”

(3)出镜记者的语言表达和非语言表达能力相对比较弱，记者的现场参与感和融入感不强，记者的现场渲染力欠缺。如3月5日的新闻“数千黎巴嫩民众集会，对叙立场针锋相对”，离记者不远百米就有黎巴嫩民众游行，其实从记者身后可以看到现场还是比较激烈的，但是记者在出镜的时候则整个状态比较萎靡，声音的传达性也很弱。

(二)新闻主持

(1)央视主持人穿着更为正式，主持人坐于主持台前，活动空间比较小。这种庄重紧张的氛围比较容易限制主持人的发挥，尽管使主持人的播报更为正式，但也使主持人显得较为严肃、古板。

(2)央视主持人在很多简短的新闻中仅仅播报导语，并没有发挥主播所应有的作用，新闻的自主性弱，新闻的完整性和深度都有所欠缺。如关于普京当选俄罗斯总统

图3－13 《朝闻天下》演播室及主持人场景

图3－14 《朝闻天下》主播以坐姿播报新闻

的报道在《朝闻天下》中是作为小专题形式出现的，所以主持人应该可以对其加以评论，对这一报道的分析可以典型地反映出央视主播的自主性和灵活性问题。下面是《朝闻天下》中主持人的串词：

主播(严於信)：首先来关注俄罗斯总统选举，北京时间今天凌晨，俄罗斯总统选举的投票已经结束，根据目前的计票结果，代表统一俄罗斯党的候选人现任总理普京以较大优势领先于其他候选人，而普京本人也是宣布赢得了选举，详细情况我们来连线本台俄罗斯中心站的记者吴颖。吴颖你好，之前我们连线的时候也了解到计票已经进行了百分之七十多，现在根据你了解到的最新情况是什么样的？

……

嗯，64.84%已经是毫无悬念了，那么我们来分析一下啊，根据你的观察，为什么普京能够以如此大的一个优势领先于其他的候选人呢？

……

嗯，对于普京本人和他的支持者来说，这个夜晚的确是令人难忘，对于所有俄罗斯人来说，夜晚过后的黎明将带来怎样的一个未来呢？值得期待。那么有关选举的进展及后续，我们也会继续关注，感谢吴颖。

主播(胡蝶)：现任俄罗斯总理普京曾经出任两届俄罗斯总统，一直以果断和强势的作风著称。在俄罗斯，普京一直保持着较高的支持率，很多俄罗斯人认为正是在普京的带领下，俄罗斯才重塑了大国形象。

从串词中可以看出，央视新闻主播的主持内容大部分是对一些基本情况的介绍，其中即使有只言片语式简单的小评论，与之前凤凰卫视的比起来，难免微弱和单薄，也无法体现出主持人的个人话语风格和个性化主持。

(3)《朝闻天下》只有两名主持人，这两名主持人负责所有的新闻播报和串联，没有其他的主持人与之相配合，这样容易造成主持人疲劳，同时主持人可能会对不熟悉的领域出现把握欠缺的情况。

(三)评论员风格

(1)央视评论员在所评论领域的专业性优势不是很明显。在抽样的五期节目中，除了一期是周庆安评论，其余四期节目都是由杨禹进行的评论，多少有些“万金油”的感觉。

(2)在《朝闻天下》中，对国内新闻的评论要远远多于对国外新闻的评论。五期节目的评论，有四期是对国内政策和新闻的评论和探讨，仅有一期涉及国际，但是也可以算作国内新闻的评论，因为在“美公布对我光伏产品反补贴初裁”这件事情中，客体是我国，所以其本质也是有关我国的新闻。

三、凤凰卫视和央视出镜报道与新闻主持比较

首先，从两家媒体的出镜报道来看，凤凰卫视每条新闻都由采制新闻的记者独立完成，不管是新闻的采制、撰写还是播报，整条新闻呈现出来后是个一连串的整体。而央视的新闻则大多是后期配音而成，一条新闻当中记者出镜与后期在声音上很不相同，这样对于单条新闻来说容易造成断层，对于整个新闻节目来说，所有配录的声音都一样，不容易印象深刻。凤凰卫视中，记者的出镜习惯放在中间和结尾的位置，我们认为这样既可以避免与主播导语重复，又可以很好地对新闻进行引导和收尾，因为到每条新闻的最后，大多是些空镜头，这个时候记者不妨出镜，将最新的情况和进展介绍给观众。央视记者的出镜大多在开头，这样做的优点是能将受众比较早地带入现场，缺点是容易导致与主播播报内容的重合，其实出镜的位置并不一定绝对，关键还是看题材和需要。凤凰卫视的国际新闻出镜率要远远高于国内新闻的出镜率，而央视的国内新闻出镜率要远远高于国际新闻出镜率。

其次，从主持人风格来看，凤凰卫视站立开放式的主持人空间容易让主持人放松，让主持人更显平易，也能给予主持人更多发挥的空间。央视坐立式的空间则容易给观众正式的感觉，让主持人略显疏远，同时也束缚了主持人的发挥。凤凰卫视的主播有更多的主动权，可以对事件进行一定量的解读和评论，而央视的主播更多情况下是在进行播送和串联，真正的主播掌控全局的效应并不是很明显。凤凰卫视中各地主播共同联播的方式给观众一种专业感和权威性，也可以缓解视觉疲劳。央视虽然称其播报人员为“主播”，但是从以上的分析中可以看出，央视的播报人员并没有发挥主播的作用，更大程度上只是对新闻进行简单的串联和播报，对整个节目的驾驭能力较弱。

最后，从评论员风格来看，凤凰卫视的评论员业务相对更专业一些，央视的评论员相对固定一些；凤凰卫视对国际事务的评论比例远远高于对内地事务的评论，而央视对国内事务的评论比例远远高于对国际事务的评论。

对于央视和凤凰卫视在出镜报道和新闻主持上的风格差异，可能的原因或许在于：

(1)定位的差异化。央视的定位是国家电视台，观众也主要是国内受众，所以不管是出镜报道的比例还是评论比例，都是国内的要大一些。凤凰卫视的定位是面向海外华人，其国际视野更为广阔，所以国外的出镜报道比例和评论比例都要高一些。当然，这里不排除两家媒体在言论的空间上存在不同。

(2)媒介属性不同。央视是国家电视台，作为事业单位，其新闻必然更多地受到国家利益的制约，所以其主持人的装扮更加庄重严肃，主持人发挥的空间也很小，评论的

新闻也主要是国内新闻。而凤凰卫视是商业性质的电视台，其生存更大程度上依赖于市场，而市场的直接反应就是消费者，消费者在传媒层面表现为受众，因此凤凰卫视的国际化视野和专业化操作反映了其对市场的适应和对受众的满足。

(3)新闻专业主义理念的强弱有所不同。首先，凤凰卫视的新闻从采制到出炉都由记者独立完成，而央视的新闻则要加入统一的后期配音，这不免让整个新闻如出一辙，毫无特色；其次，凤凰卫视选择评论的事件是从国内和世界两个维度来出发的，而央视评论的事件一般是配合政策的执行和规定进行的，宣传的意味较浓；最后，记者们出镜的表现也各不相同，凤凰卫视的记者能更好地展现自我、展示新闻，精神面貌与新闻容易融为一体，而央视的出镜记者在语言表达和非语言表达方面仍需加强。

第四节　央视与地方台出镜报道和新闻主持比较

由于历史及体制的原因，中国的电视传媒在构成上历来有中央和地方之分，中央一般指的是中央电视台和中国教育电视台，而地方台则包括各省、直辖市、自治区以及各市、区、县的电视台，其中中央电视台直属广播电影电视总局(简称国家广电总局)，各级地方电视台则隶属于当地广播电视厅(局)等行政管理机构。尽管国家广电总局属于各级电视台的最高管理机构，但其直辖的中央电视台与各级地方电视台并没有直接的垂直隶属关系，因而长期以来中央台和地方台一直是一种既竞争又合作的关系。也因为中央电视台与各级地方电视台在行政级别、覆盖范围、服务对象上存在一定差异，所以以中央电视台为代表的中央台与各地方台在传播内容及传播风格上也存在一定的差异，这种差异同样体现在电视新闻的出镜报道和主持方面。

一、央视和地方台在出镜报道上的差异

(一)报道范围

作为国家电视台，由于报道的覆盖面及报道对象是立足全国，所以中央电视台在出镜报道的运用范围上明显比地方电视台更加广泛，遍布全国各省和境外各地的记者站也保证了中央电视台的记者在突发事件发生后的第一时间就可以赶到事件现场，为电视机前的观众带回现场报道。

比如 2010 年 8 月 25 日，央视《朝闻天下》节目中的记者王跃军在吉林伊春发生空

难之后，就迅速赶到现场，以出镜报道的方式向世人报道了这一震惊中外的突发事件：①

出镜记者(王跃军)：大家可以看到我旁边就是坠毁的客机的残骸，这个客机按道理来讲应该是三十六七米长，但现在由于这是残骸，所以可能更长一些，散落得更长一些。本来是一个很威武的大家伙，但是现在可以看到，很多烧得跟炭一样。

我们来近距离看一看，(边说边走近残骸)这个就是它的驾驶舱，这个驾驶舱大家看到，我们老是说面目全非，就是这样一个状态。据说整个机组人员有五人，其中三人遇难，有两人获救。我们再顺着往里面走一走，看一看飞机里边燃烧爆炸后的情况，(边说边继续往里走)应该说看起来非常非常触目惊心，我们看不到比较完整的东西，大家看到，这里有这样一个飞行手册，(边说边拿起残骸上的飞行手册)这个相对来说保存得比较完整。再往后面走呢，这个地方是前部客舱，据说发生坠毁之后这个地方的遇难者是比较多的。坠毁之后，有一部分人是被飞机甩了出去，在这边大概有二三十米远，甩到那个方向，(边说边手指方向)大概有八个人。绝大多数遇难者一个是在这个部位，一个是在机尾。

我们再往后面看一看机尾的情况。(边说边往机尾走)据说昨天晚上有雾，雾很大，而且从我们现场能够看到的情况来看，这个飞机并没有在机场里面。大家现在可以看到我脚下全是非常泥泞的泥土路，距离后面，我们摄像给一个镜头，(边说边手指后方)距离后面大约五百米的地方，那个地方亮着灯，那个地方才是真正的机场跑道。所以现在可以完全断定飞机并没有失事在机场里面，而是在机场外面。

我们再往后面看看飞机现在的样子。(边说边往后走)这个地方是飞机的中部，据说这个地方人员逃生是比较多的，断裂之后人员被甩出，同时有一些人从安全门等地方跑了出来。由于着火，后面的地方相对来讲遇难的人比较多，就在后面那个地方。大家现在往里面看连座位的痕迹都看不出来了，(边说边指向飞机内部)可以看出当时着火的情况。昨天伊春市的消防部门应该说非常非常及时，他们在机场的消防队，两支消防队第一时间就赶到现场进行扑救，而且对人员进行搜救。从目前的情况看，整个96人，54人生还，42人遇难，其中包括3名机组人员。

作为央视驻地方站的记者，王跃军第一个到达伊春空难现场，并在这一报道中充分展现了其面对突发事件的应变能力。他通过自己对现场的观察和了解，将已有的信息清晰准确地传递给观众，包括飞机残骸的现状，机组人员的情况，飞机坠毁时的场景还原，目前了解的死伤情况等，特别是他对现场细节的捕捉(飞行手册)，展现了其细致

① 视频：http://www.hi.chinanews.com/hnnew/2010－08－25/95766.html。

的观察力。

相比之下,地方台的出镜报道由于受到报道资源的限制,往往局限于本地新闻的报道中,很难将触角伸往别的省市,更不要说将报道的范畴扩大到世界领域。尽管近几年一些经济实力雄厚、不甘在新闻报道方面落后的省级地方台也通过各种方式努力将出镜报道的范围扩大,但也仍是仅限于一些特别重大的新闻事件,在大多数情况下,地方台的出镜报道还是仅存在于本地,发生在本地的新闻事件往往才会成为它们在出镜报道和新闻主持方面显身手的良机。

(二)报道内容

由于是国家大台,中央电视台在规模、机构、人员等方面都非地方电视台所能比,仅中央电视台新闻中心就包括了时政部、经济部、社会部、地方部、国际部等多个报道业务部门,报道内容则涵盖了时政、经济、文化、社会、法律、体育等各个领域,同时,中央电视台还拥有全天候播出的专业新闻频道。而地方台由于历史、实力及所拥有的资源都不及中央台,在业务的分工和覆盖上也往往达不到中央台的全面,所以目前地方台中开播新闻频道的也是寥寥无几。由于具有"先天"的优势,较之地方台,央视的出镜报道内容呈现出更丰富、更多样化的特征。

比如央视体育频道的记者冬日娜就有机会在北京奥运会 110 米栏半决赛的现场出镜采访中国运动员史冬鹏:①

冬日娜:今天的状态看上去比昨天要兴奋了很多,而且途中一个栏都没碰。

史冬鹏:准备活动的时候也比昨天要好,但是,怎么说呢,还差一点点。

冬日娜:过了半程以后觉得反而技术有点紧张了。

史冬鹏:对,后边加速没有加上来。

冬日娜:看得出来今天这场比赛是按照决赛来跑的,是吧?

史冬鹏:对啊,因为实力本来就这样嘛。

冬日娜:没关系,这次跑进半决赛也是你的一个突破,上次你都没有进入第二轮。

史冬鹏:但是很遗憾,在家门口没比好。

冬日娜:其实还能比得更好点,不过明年还有世锦赛,你还有机会,大史。

史冬鹏:不一样了,感觉。

冬日娜:没关系,继续加油,加油,大史。

再比如央视 2011 年 4 月 7 日的《新闻联播》节目中,记者向晖可以在日本地震后

① 视频:http://v.ku6.com/show/NrQLpJ06_pb3Bfua.html。

对地震灾区进行探访：①

向晖：这里就是仙台市最大的一个临时住宅建设点了，可以安置233户人家，计划在5月底以前全部建成。经过10天的建设，我们看到住房的整体结构现在已经起来了。

(解说)目前，宫城县有3万户灾民需要临时住房。按计划，宫城县将在今年6月底以前建成1万套临时住房，到明年完成3万套的建设任务。考虑到灾民在临时住房里要住上至少两年的时间，房间的设施也必须要完备一些。

向晖：(走进一套临时住房)这里就是一套30平米的临时住房，可以住3口之家，我们来看一下。(走到一房间内)这一块是预留的厨房的位置，这边是洗手间和一个一体化的浴室，在这边是两间卧室，整体上看下来，我们感觉这个临时住房还是比较人性化的，设施比较齐全。你比如说这一块，(指向一个角落)它预留了一个水管，是用来做什么用的呢，它是用来接洗衣机的。

(解说)据了解，平均每套临时住房的建设费用超过30万元人民币。灾民将以抽签形式免费入住，但水电费需要自理。

日本政府原计划为福岛、宫城、岩手3县的灾民搭建三万两千多套临时住房，随后又发现还远远不够。5号，日本国土交通省要求"住宅生产团体联合会"再增加3万套的建设计划，总计将搭建6万套临时住房。

由于没有中央台的实力和优势，在地方台的出镜报道中很难出现上述报道，因而在出镜报道的多样化或出镜报道的应用范畴方面，除了东方卫视、黑龙江卫视等少数几家有实力的电视台外，地方台往往不能与央视相比。为了与央视竞争，或者为了更好地发挥地方的优势，扬长避短，地方台往往将出镜报道应用在具有接近性特征的民生新闻上，使电视出镜报道在民生新闻方面找到了施展手脚的天地。

比如安徽经视的民生新闻节目《帮女郎》播出的《不当妇检 女孩受伤》中记者吴婷的采访，就属于民生类新闻节目的出镜报道：②

(出镜地点：安徽省合肥市第一人民医院)

吴婷：你好，你是院领导吧。

医院副院长：现在正在处理病人。我们在救治病人。

吴婷：是在救治哪个病人？

---

① 视频：http://news.cntv.cn/program/xwlb/20110407/108056.shtml。

② 视频：http://www.tudou.com/programs/view/DvHEW5sZcME。

（院长走出了办公室，记者跟随出了办公室）

（不停地追问）你们说在救治病人，是在救治谁啊？

医院副院长：你不要影响我工作好吧。我正在救治病人。

（院长继续走，下了楼梯，记者尾随）

医院副院长：我正在救治病人。

吴婷：怎么救治呢？那个女孩怎么救治呢？

医院副院长：她现在要鉴定，是不是处女膜破了，我们要做鉴定。

吴婷：如果是鉴定结果出来了？

医院副院长：那我们会做相应的处理，这一点我可以承诺的。如果是新鲜的破裂，那我们肯定会做相应的处理。

（另一场景）

吴婷：一方面是没有带证来工作，另一方面她在行医过程当中，出现了一些失误过错造成对方的伤害，这个怎么处理呢？

医院医疗服务质量接待协调处负责人（以下简称负责人）：现在还不能讲伤害，伤害是公安局下的定义，伤害，开玩笑，几级才算伤害啊。这个东西你不能乱讲的。

吴婷：（问女孩的姐姐）对你妹妹造成伤害了吗？

姐姐：我觉得伤害了。

负责人：我们讲伤害……

吴婷：（打断对方说话）您明白我的意思就行。

负责人：不不不，这个你不能瞎讲。

吴婷：（再次打断对方说话）那我想问一下。

负责人：你要瞎讲我就拒绝回答你的问题。

姐姐：那昨天我妹妹出现那样的情况算什么？

负责人：（继续针对吴婷，不理睬姐姐）开玩笑，你在开玩笑，你可懂啊，你懂不懂？我问你你懂不懂，不懂我就把你赶出去。（吴婷继续争辩）你可相信啊，你敢报道，我就把你赶出去你试试看。

姐姐：那你能不能回答我，昨天对我妹妹出现那样的效果那是什么？

负责人：（继续针对吴婷）开玩笑，你以为我电视台不认识人啊。报道要依据事实。

姐姐：（继续问）那我想问一下我妹妹……

负责人：（突然跳起来）好了好了，不跟你们谈了，关掉（摄像机），出去，把她赶出去，什么玩意你们。出去出去。我就赶你们出去，因为你讲话根本就没有知识，出去，不要讲了，不讲了……

（现场陷入混乱）

通过上述案例不难看出，中央电视台的记者出镜报道内容涵盖面广，出镜报道被应用于包括国际新闻在内的几乎所有类别的新闻中，呈现出多样化的特征。地方台则立足于本地新闻，因此报道内容更多的是关乎当地百姓生活的民生类新闻，更加贴近百姓、贴近生活。这当然与中央台立足中国、放眼世界的得天独厚的优势有关，也与地方台新闻资源相对匮乏、地域特征明显有关。

(三)报道风格

通过比较中央电视台和地方电视台出镜记者现场报道的多个案例可以发现，中央电视台的出镜报道在风格上多表现出严肃认真、端庄大方的特点。

比如央视新闻频道2011年9月27日《共同关注》节目中，记者王晨在上海地铁10号线两列车追尾事故现场发回的报道：①

主播(慕林杉)：我们要来关注在今天下午2点左右，上海地铁10号线突发设备故障，有两列地铁列车发生追尾，有人员受伤。详细的情况马上为大家连通一下正在现场采访的本台记者王晨。王晨，你现在在现场看到的情形怎么样？给我们大家说一下你在现场了解到的最新情况。

王晨：好的，慕林杉。是这样的，我现在所在的位置是上海地铁10号线老西门站6号门的出口，通过我身后这个紧闭的铁闸门我们可以推断出目前10号线运行恢复还需要等待一段时间。在今天下午的2点10分，地铁10号线新天地站的设备出现了故障。同时，在南京东路至交通大学的10号线路段出现了一个限速的现象。在2点51分，由豫园开往老西门方向的两列列车出现了一个追尾的事故。在2点51分同时，同方向至天潼路站路段实施了临时封站措施，其余两端采取小交路方式保持运营。在3点50分，我们通过地铁部门了解到的情况是，所有伤员全部送往了附近的医院。目前伤员情况初步了解，从卫生部门获悉的情况，是260余人。其中3人重伤，其他多为轻伤。我们另外派出了一路记者前往医院进行跟踪报道，我在现场的情况就是这样。

在上述报道中，出镜记者王晨的表现可谓严肃认真，中规中矩。其报道措辞多是选用官方发布的信息，将信息准确作为第一要务，概括清晰地描述了事件的主要情况。

与中央电视台相比，地方电视台的记者在进行现场出镜报道时常常表现得比较生动和活泼。地方台的记者会采用比较生活化的语言进行现场情况的描述，往往将生动的细节作为报道的重点。

比如东方卫视2011年9月27日的《东方新闻》中，记者冷炜在事故现场对同一事

① 视频：http://tv.sohu.com/20110927/n320728653.shtml。

件的现场报道大致如下：[1]

出镜记者(冷炜)：现在我们也能看到，已经有不少的武警官兵、消防已经赶到了现场，现在正在往出了事故的列车区域赶去。

我们现在步行了将近有六七百米的路程，在这隧道里面，我们看到出事的列车就在我的身后，边上都是从车上疏散出来的乘客，具体里面到底什么情况，我们待会儿再具体看一下。

现在我站在这个被撞的地铁列车车厢里感觉是有一种头晕的感觉，因为这整个车厢已经往我的左边倾斜了。看我后面这一节车厢的交接部分，很多板子已经被撞得变形并且脱落了下来。

其实这个尾部也就是后面一个列车的头部，通过这里我们看到，消防人员正在检查司机的车窗。通过车窗我们看到，不少玻璃已经碎裂了，而在发生撞击的另一辆地铁上面，现在还有不少人员正在疏散当中。

冷炜是第一批赶到事故现场的记者，他在第一时间对该事件进行了现场报道。随着他的脚步，我们一路看到了现场的真实情况。由于突发事件要求记者直接面对镜头进行报道，没有充足的时间组织语言，可以看出冷炜的语言上难免有些重复和错误，但却比事先准备好的"照稿宣读"要来得更加真实和生动。

通过上述案例比较可以发现，中央电视台的出镜报道大体上是秉持谨慎认真的态度，事先对报道内容进行了充分的准备，力求语言表达的准确和态度的公正。而地方台的记者由于没有那么多的约束，报道则显得更加亲切和生动，并且通过捕捉现场的细节，使新闻的可看性大大提高。造成两种不同报道风格的原因，可能是中央台与地方台在定位上的不同以及总体报道风格的不同。

(四)记者遴选

出镜报道由于其报道主体是出镜记者个人，因此报道的质量在很大程度上取决于出镜记者本身的综合业务素质和报道能力，而对出镜报道记者的遴选也就成了出镜报道实践的关键。在这方面，中央台和地方台也存在着较大的差别。中央电视台在出镜报道记者的选择上有着严格的选用制度和程序，只有出现在出镜记者名单上的记者才具备出镜的资格，不允许未在名单上的记者擅自进行出镜报道。而地方电视台在出镜报道记者的选用上并没有统一的严格的规定，往往只要是台里正式录用的记者都可以进行出镜报道。中央台这样严格的选用制度虽说从根本上保证了出镜报道的质量，杜

---

① 视频：http://v.pptv.com/show/ib6KBic2fNPXveXKI.html。

绝了“乱出镜、乱报道”的现象，但是也由此造成了一些问题，比如当突发事件发生时，第一个赶到现场的记者如果不具备出镜资格，就必须等待出镜记者到场或者临时向台领导请示，这样很容易错过最佳的现场报道时机，削弱了新闻的价值。而地方台较为宽松的出镜记者选用制度虽然能保证记者在第一时间出声露面来报道新闻，但出镜记者的报道质量却无法把控，很多不具备采访能力、普通话不很标准、语言表述不甚清晰、形象气质不佳的记者也出现在了荧幕上，整体降低了新闻报道的质量。

二、央视和地方台在新闻主持上的差异

(一)新闻主持素质

由于历史积淀及作为国家台的影响力和吸引力，中央台的新闻主持在素质和能力方面普遍高于地方台，这一方面体现在国内当今较有影响力的新闻主持仍然大多来自央视，另一方面体现为地方台的优秀新闻主持也都将央视视做更高的平台，有机会还是愿意跳槽到央视工作。2009 年 7 月，中央电视台新闻频道改版正式启动，打造名主播成为频道改版全盘制胜的重要一步棋。从改版后央视新闻主持人的选择及其素质构成来看，央视已然越来越青睐复合型的新闻节目主持人。具体来说，目前央视的新闻主持，特别是优秀的新闻主持在个人素质上大致呈现如下特点。

1.非播音主持专业科班出身

中央电视台目前的新闻主持人，特别是那些优秀的新闻主持很多都是非播音主持专业出身，或非原来的新闻播音员转行，且其专业来源呈现多元化趋势。比如白岩松毕业于中国传媒大学国际新闻系，张泉灵、董倩分别毕业于北京大学德语系和历史系，其他如张羽、李小萌、柴静也都学的不是播音主持专业。这些不同的专业背景使得主持人具备了多层面的知识结构和综合素质，不同的专业知识储备在节目主持中一定会有用武之地。2006 年，世界品牌实验室编制的一份《中国最具价值主持人》榜单中，十位品牌价值最高的主持人里只有李咏是播音主持科班出身的(他在节目中的作用并非播音)。之前，电视媒体在主持人选拔中往往呈现出要求外形养眼，发音字正腔圆，而不注重专业知识和思想深度的现象，因此，央视此番注重具有较高综合素质的复合型人才，对于培养一个优秀的主持人来说尤为重要。

2.较丰富的媒体从业经验

中央电视台的新闻主持人多数拥有丰富的媒体从业经验，几乎所有人在担任主持人之前都有过编导或者记者的多重身份，几乎所有人都不仅仅只有在电视台这一种媒体工作的经历。“记者——名记者——主持人——名主持人”是他们的职业成长轨迹。

比如董倩在担任了八年的编辑、记者后才正式进入主持人的队列，而白岩松在进入电视台工作前也曾经有过十年的电台工作经历，柴静则是典型的记者型主持人，曾在《新闻调查》节目中同时担任记者和主持人的双重角色。这些丰富的媒体从业经验使得这些主持人具备了敏锐的新闻价值判断能力、一流的新闻内容把关能力和较强的语言逻辑组织能力。

3.具有驾驭直播节目的能力

直播是体现电视媒体优势的重要手段，因此中央电视台在主持人选拔上还非常重视主持人的直播能力。能够成功驾驭直播节目的主持人必然拥有沉着冷静的处事作风、灵活机动的变通能力和良好的语言组织能力。白岩松主持了三峡截流、国庆50周年庆典、澳门回归等大型现场直播节目，张泉灵主持了跨世纪庆典、雅典奥运会等大型直播活动，这些都与他们出众的驾驭直播节目的能力密不可分。

4.善于思辨的评论者

现在的新闻节目越来越强调深度和评说，新闻解读和新闻评论成为新闻主持人必须具备的能力。中央电视台在选择新闻主持时常常选择善于思辨的评论型主持人。主持人在新闻节目中恰当地表达个人观点不仅可以提高主持人和媒体的社会影响力，还可以让主持人成为引导舆论的“意见领袖”，在传播实践中建立自己的威信。

地方电视台的主持人在素质构成及主持人选拔过程中则呈现出明显的“两边倒”的极端态势，即：

第一，播音主持专业科班出身占多数。

地方台选择主持人时仍然以播音主持专业出身为主，主要从开设播音主持专业的院校中选拔应届毕业生加入新闻主持的队伍。总体上要求主持人拥有靓丽的外形和字正腔圆的语音，缺乏对主持人知识结构和从业经验的要求。

第二，个人特色鲜明的品牌主持人。

地方台主持人选择中更为突出的特点是，具有鲜明个人特色的新闻主播成为地方台的品牌主持人。比如江苏电视台城市频道《南京零距离》的主持人孟非，杭州电视台的方言节目主持人“阿六头”安峰等都是地方台中非常有特色的品牌主持人。他们并非播音主持专业科班出身，但却有着丰富的人生阅历，他们说话并非字正腔圆，但却掷地有声、妙语连连，他们深受当地观众的喜爱和追捧，是地方台提升社会影响力和知名度的法宝。

(二)主持风格

与出镜报道一样，中央电视台的新闻主持大体上也呈现出端庄大气的风格，但有时也不失亲切犀利，尤其是随着近几年新闻主持人来源的多样化，新闻主持的风格也逐渐变得丰富多彩。以央视当下较受瞩目的几位新闻主持为例，白岩松的语言最大的特色就是犀利深刻，评述问题时常常一语道破天机，以简洁明了的语言直指问题最核心、最本质的层面，并且常常会用带有讽刺、戏谑的语气。曾经有人说白岩松是“语不惊人死不休”，也正是因为白岩松这种独特的语言风格才使他的主持才能尤其是评论才能得到亿万观众的肯定。作为记者型女主持人的柴静，她的语言风格比较委婉、含蓄，以表达感情为主，不仅富有表现力，而且能够调动采访对象的情感和情绪，有利于新闻事实的展示。柴静以她真实的情感，用具有感染力的电视语言，激发了观众的情感共鸣，有人用一句诗形容柴静的语言风格：“随风潜入夜，润物细无声”。张泉灵作为一名从现场出镜记者成长起来的主持人，首先拥有出镜记者的快速反应力。她反应敏捷，善于思考，语言逻辑性强。更难能可贵的是，张泉灵在每次主持前都会做好充足的准备，她会事先了解跟新闻相关的背景资料和相关知识，使主持过程中的导语表述、背景介绍和现场提问都恰如其分，同时张泉灵的主持语言朴素却深入人心，亲切而不失庄重，也因此深受观众喜爱。

地方电视台新闻主持相比之下显得更加个性张扬，自成一体。比如江苏电视台城市频道《南京零距离》的主持人孟非，他别具一格的语言风格、自然随意的说话方式，实现了主持人与观众的零距离接近。孟非在节目中摒弃了端起架子的播音腔，采用娓娓道来、自然随意的说话、聊天方式，同时，他在叙述中夹杂了自己对事件的评论，寓理于事，事理结合，在不经意中让人有所感悟。比如《南京零距离》曾报道了南京财经大学成教院拖欠学生资助费的新闻，孟非在新闻的最后评论道：

学校解释政策的领导水平低下到令人难以忍受。他说因为报纸的版面有限，我告诉你，报纸的版面你只要给他钱，他多大版面都给你，不存在这个问题。如果说因为版面有限，不可能把所有的内容都登上去，你把最关键的隐藏了没登上去，这就涉嫌欺骗！还说一二三四五，他怎么说得出口?！他还说没有负面影响，你觉得这对你们南京财经大学没有负面影响吗?！这不是涉嫌欺诈这是什么！

这段辛辣的点评将孟非的性格特点展现得淋漓尽致，他这种勇于说出自己看法的行为得到了很多人的认可。

再比如杭州电视台西湖明珠频道《阿六头说新闻》的主持人安峰，由于该节目在当初设计时就假定了一个“阿六头”的角色——一个消息灵通、富有正义感的普通市民，因此安峰在节目中用他麻辣犀利的语言和滑稽幽默的动作诠释了自己的观点和见解。比如 2009 年 3 月 3 日的《阿六头说新闻》，关于公共自行车设点问题，阿六头就表演了一段骑自行车的场景：

总归，点越多大家越方便，就比如在一条路上，“冈姿冈资”（模仿自行车的声音）一公里路骑下来，介个（杭州话，意为怎么）点还琴不着（杭州话，意为找不到），这时候要叫苦了。

这段风趣的语言配上阿六头安峰出色的表演，让人忍不住捧腹大笑，非常滑稽，增加了新闻的贴近性和趣味性。

通过中央电视台和地方电视台新闻主持人主持风格的比较，我们可以发现，中央电视台新闻主持人总体上呈现出端庄大方、严肃认真的风格，但有时难免出现死板、不够亲民的情况，而地方台的主持人则显得更为个性鲜明、独树一帜，但有时难免会有些嬉笑怒骂过于随意或哗众取宠的倾向。

三、中央台和地方台出镜报道和新闻主持存在差异的原因

（一）媒体定位不同

中央电视台是中国重要的新闻舆论机构，是党、政府和人民的重要喉舌，是中国重要的思想文化阵地，也是当今中国最具竞争力的主流媒体之一，具有传播新闻、社会教育、文化娱乐、信息服务等多种功能，是全国公众获取信息的主要渠道，也是中国了解世界、世界了解中国的重要窗口，在国际上的影响正日益增强。中央电视台作为国家电视台，承担了发布权威信息、政策宣传、引导社会舆论等重要责任。由于它独特的媒体定位，中央电视台对出镜记者和新闻主持人的要求也就和别的媒体有所不同。

1. 端庄大方，严肃认真

中央电视台的媒体性质决定了它所播报的新闻多数为有关国家大事的严肃认真的重要新闻，因此，无论是出镜记者还是新闻主持都必须在报道新闻时注意态度上严肃认真，语言和形象上端庄大方，这样才能与国家电视台的形象保持和谐一致。

2. 权威性和准确性

中央电视台发布的新闻注重其权威性和准确性，因此出镜记者和新闻主持的语言需要规范化，用词准确，立场公正，不允许嬉笑怒骂以及矫揉造作。

相较之下，地方台的政治性则没有那么强烈。虽然也处在各地宣传部门的领导下，但是地方电视台显然享有更高的自由。地方台的根本任务是立足地方，为地方人民服务，因此，这种媒体性质决定了地方台的出镜记者和新闻主持比中央台更加贴近百姓、贴近生活。

一方面，内容更民生。地方台的新闻报道更多将关注的视角放在关乎老百姓生活的家长里短上，因此，出镜报道和新闻主持的内容也更多的是民生新闻，很少涉及特别严肃的政治新闻。

另一方面，风格更亲民。地方台出镜记者和新闻主持的风格往往比较亲民，他们习惯用当地的生活语言甚至是方言来报道新闻。很多主持人由于亲民的主持风格而成为当地百姓喜爱或崇拜的地方明星。

（二）受众范围不同

中央电视台作为面向全国及世界播出的新闻媒体，其受众范围涵盖了中国内地观众、港澳台同胞以及世界各国人民。这样大范围的受众群，导致了其对出镜记者和新闻主持的要求必须符合社会大众的评判标准。

1. 语言规范，发音标准

普通话是央视出镜记者和新闻主持必须打好的基础，只有用所有中国人都能听懂的语言，才能把信息传达给每一个中国人。出镜记者和新闻主持必须说一口标准的普通话，并且语言表述要规范，面对镜头时要想象着是在向全国乃至全世界的观众传达信息。

2. 庄重为先，个性为后

主持人的个性固然是提升其社会知名度的主要手段，但是身处央视这一特殊媒体中，主持人有时需要适当收敛自己的个性，以媒体的整体形象为优先考虑，主持风格尽量庄重、大气，与中央电视台的整体风格保持一致。

地方电视台的受众范围基本局限于当地的老百姓，因此，地方电视台的出镜记者和新闻主持在报道新闻时应当从当地观众的喜好出发，立足于本地新闻，以当地人所习惯的语言表述新闻，尽量贴近生活、贴近群众。并且事实也证明了，越是贴近当地生活，越是站在当地观众的视角思考问题的出镜记者和新闻主持，也越受当地观众的喜爱。

（三）综合素质不同

如前所述，中央电视台的出镜记者和新闻主持在选拔过程中都经过了严格的筛选，无论是学历、阅历还是综合素质，在全国众多记者和主持人中都名列前茅。因此，无论是出镜记者的现场报道能力（包括语言组织能力、随机应变能力、捕捉细节能力等）还是新闻主持的现场主持能力（包括语言组织能力、驾驭现场能力、采访提问能力等），都比较出众。

地方电视台在出镜记者和新闻主持的来源把控上则没有像中央电视台那么"苛刻"的要求，因此记者和主持人的水平也参差不齐，很难保证每一个人都有良好的素质，都可以做到临危不惧、不辱使命。比如，有些地方电视台的记者在做现场报道时出现了作秀表演的行为，有些记者语言表达上前言不搭后语，无法准确描述现场，有些记者的个人职业道德和职业操守出现问题，做出了不符合身份的举动。有些新闻主持人不注意个人形象，随意走穴，有些新闻主持人无法恰当处理现场的突发情况。这些问题都是导致地方电视台出镜记者和新闻主持总体素质不够高的原因。

思考题

1. 中国与美国的电视出镜报道和新闻主持存在哪些区别？
2. 中国的电视出镜报道与日本相比有哪些不同？
3. 凤凰卫视电视新闻节目主持有些哪些比较明显的特点？
4. 与中央电视台相比，我国地方电视台在电视出镜报道中有哪些优势和劣势？

第四章
中外出镜报道与新闻主持个案

第一节　白岩松：在电视新闻中长跑

白岩松

中国中央电视台著名主持人，新闻评论员，记者。

1968年8月20日出生于内蒙古自治区呼伦贝尔市海拉尔区。

1985年考入北京广播学院(现中国传媒大学)新闻系。

1989年分配至中央人民广播电台《中国广播报》工作。

1993年初经崔永元推荐进入中央电视台《东方时空》，后正式加入中央电视台新闻评论部。

图4－1　白岩松

先后担任《东方时空》、《焦点访谈》、《中国之路》、《新闻周刊》、《新闻1＋1》等栏目主持人。作为记者，参与了1997年香港回归、三峡大坝截流、国庆50周年庆典、悉尼奥运会等许多重大事件的直播报道，还推出过《岩松看台湾》、《岩松看日本》等系列节目。

曾获得第三届中国播音主持"金话筒奖"、数次央视"优秀播音员主持人"甲等、第九届"长江韬奋奖"、2009年中国电视榜"最佳时评节目主持人奖"等。

从1993年进入中央电视台以来，白岩松先后转战主持了不同的栏目，经受过数次国内外重大新闻直播的历练，在这个过程中不断成长，逐步形成了自身个性鲜明、极富吸引力的新闻主持和出镜报道风格。如今的白岩松不仅是中央电视台最具影响力的明星主持人，更是国内电视新闻主持和出镜报道的标杆。

表情严肃，神态凝重，然不乏适时的黑色幽默；思维敏捷、反应迅速；言辞犀利、切中要害；语速适中，合理控制节目节奏，白岩松在节目主持和直播报道中所表现出的上述外在特点是对其“白氏风格”的最好诠释。他主持的节目深刻而不呆板，活泼而不媚俗，他严谨、睿智，温和而严肃，不怒而含威。[①] 他担任出镜记者所做的一系列现场直播和专题报道，则因为观察细致、采访到位而成了中国电视新闻出镜报道的范本。

一、新闻主持白岩松

作为一名电视人，白岩松最让人熟知的身份就是中央电视台的新闻节目主持人。他从 1993 年踏入电视界至今，主持过数档新闻栏目，包括《东方时空》、《焦点访谈》、《新闻周刊》、《新闻 1＋1》等，而大多数观众也是在收看这些节目的时候认识和认可了他。

主持人对于一档电视栏目的影响是巨大的，很多时候主持人与其主持的节目是二位一体的，观众对主持人的接受程度往往关系到一档电视栏目的成功与否。谈到央视的《社会记录》，绕不开其主持人阿丘；提及凤凰卫视的《有报天天读》，人们首先想到的是主持人杨锦麟。这些栏目的成功除了前期策划精细、选题与观众接近以及节目形式新颖等因素外，主持人的鲜明风格和吸引力也是重要原因。

电视媒体相较于其他形式的媒体，如广播、报纸最大的区别和优势就是它的可视性，即主要以画面为载体向观众传递信息。这种信息传播的载体特性要求画面具有可视性，具体体现就是电视画面要接近观众，接近生活，具体、生动、形象。一档电视栏目如何将抽象繁杂的信息具象化地传递给观众呢？通过栏目的代言人——主持人——面对面地与观众进行类“人际传播”式的交流，无疑是最好的形式。“主持人将人际传播的信息量大、手段多样、地位平等优势嫁接到了大众传播之上，给予受众一种人情味和亲近感，造成一个人与人相交往的虚幻环境，以此弥补了大众传媒规模化传播所造成的与受众的情感断流。”[②]

白岩松所主持过的《东方时空》和《焦点访谈》都是深受观众喜爱的电视栏目，从 1993 年到 2001 年，这一时期是白岩松个人风格的形成时期，其沉稳深刻的主持风格已初现端倪。2003 年，央视新闻频道《新闻周刊》创办，作为栏目主持人，此时的白岩

---

① 吴志文、陈嘉琪：《“白岩松风格”透视》，《韶关学院学报 · 社会科学》2010 年第 7 期。
② 李飒：《谈主持人的角色转型》，《新闻战线》2011 年第 11 期。

松经过十年的沉淀，严谨犀利、独到睿智的主持风格已经成熟。

（一）白岩松的形象：西装革履，表情严肃

作为电视栏目的“代言人”，主持人的外在形象和精神气质影响着人们对一档栏目的最初观感。电视栏目的风格首先通过主持人的形象传递给观众：娱乐节目的主持人常常衣着光鲜、青春时尚、亲切活泼，如湖南卫视《快乐大本营》的何炅和谢娜等，观众在接收节目内容之前已被主持人的外形特点所感染，处在悠然放松的精神状态，这自然能提高娱乐节目的消遣效果；严肃的新闻节目则要求主持人穿戴庄重正式，仪态沉稳大气，如央视《新闻联播》的康辉、李瑞英等，观众在一种严肃正式的氛围中产生的注意力相对集中，有利于其对重大新闻信息的接收消化，从而提高节目的信息传播效果。

图 4-2　主持《东方时空》的白岩松

因此，主持人的形象要和其主持的栏目风格高度契合，以达到引导观众情绪、营造信息传播氛围、提高栏目传播效果的作用。

白岩松前后主持过的节目，从《东方时空》到《新闻周刊》，均是选题紧扣国内外时事、社会热点、时代民生的严肃新闻节目。为契合栏目风格，白岩松也一直以沉稳严谨的形象出现在摄像机镜头前。

1. 西装＋衬衣＋领带

服装是构成主持人外在形象的基本要素，服装样式是对主持人气质特点的有力衬托。

西装上衣，另加色调协调的衬衣和领带，构成了白岩松一以贯之的主持着装。从现代服饰文化的角度看，西服衬衣的着装代表着正式、庄重、严肃。白岩松的这种服装搭配不仅符合其主持节目的内在品味，同时也给观众一种值得信任的权威形象。观众在收看节目、与白岩松进行类“人际传播”的信息交流时，认知会受到这种形象观感潜移默化的影响，相信眼前这位西装革履的人说的话、讲的事，并将对人的信任投射到对栏目的接受上。而且，白岩松也经常有意识地利用自身服装服务于节目主题，加深观众印象，增强传播效果。

2011 年 10 月 19 日央视《新闻 1＋1》播出的《这个“绿色”不环保！》，报道了西安市未央区第一实验小学给所谓“好学生”佩戴红领巾，给所谓“差生”佩戴绿领巾的做法。主持人白岩松在镜头前戴了一条与其所穿西服色调极不协调的绿色领带，这当然是他结合此次评述的新闻主题的有意而为。白岩松解说道：

在进演播室之前，我究竟是戴一个红色的领带还是戴一个绿色的领带，我犹豫了一下。最后我还是选择要戴一个绿色的领带。但是戴完了绿色的领带之后心里又有点含糊，会不会有很多观众朋友会认为我是一个不太好的主持人，跟戴红领带的主持人比较起来我比较差。当然，这只是一段开玩笑的这种语言，我是故意戴上绿色领带的，但是戴上这条领带其实是特别想跟西安一所小学刚开学，就是刚上小学一年级就戴了绿领巾的孩子们说上两句话：白叔叔和你们一样都戴过绿色的领巾，但是不意味着咱不好，咱们相当棒，而且非常好，跟戴红领巾的孩子一样棒，当然了你们比白叔叔还棒。为什么我要唠叨什么半天什么绿领巾，什么红领巾或者说是绿领巾呢？来，咱们一起看。

这是一个十分巧妙的服装设计。首先引出了新闻主题，白岩松由自己佩戴的极为醒目的“绿色领带”说起，过渡到“绿领巾”，紧接着点出该期节目的新闻主题——西安市未央区第一实验小学给“差生”戴绿领巾的做法。其次，白岩松亮出了自己对该新闻事件的价值判断：不管是“绿领带”还是“绿领巾”，都不是衡量佩戴者优劣的标尺。最后，传递出节目的人文关怀。对于天真的孩子们，学校发放“绿领巾”的做法会伤害到他们脆弱敏感的内心，新闻媒体不仅仅要报道新闻事实，也有责任保护和抚慰这些孩子，空泛地口头宣扬“人人平等”不如实在地做。孩子们看到电视上的白叔叔也戴了“绿领带”，或许会想，我们跟叔叔一样地“绿”，我们不差。对于受到伤害的孩子们来说，白岩松的“绿领带”无疑是最好的“心灵鸡汤”。

一石三鸟的服装细节，将观众顺利地带入到新闻情境中，对事件的评述和内含的人文关怀不仅抚慰着那些孩子，也感动着那些关注此事件的成人们。这条“绿色领带”是主持人服装与栏目主题完美契合、增强栏目对于观众的可接受性和吸引力的典型案例。

图4-3　戴绿色领带的主持人白岩松

2. 神情严肃，不愠不狂

出镜形象与节目风格保持一致是电视栏目主持人要遵循的业务准则。以《新闻周刊》为例，这档严肃的电视新闻评述栏目必然要求其主持人白岩松在新闻评述上做到客观公正，值得信任。主持人除了在着装方面要符合要求外，面部表情也是一个重要方面。

斯坦尼斯拉夫斯基说“外在的造型，是以动力活动的内在感觉为基础的”，主持人出镜时的神态特征自然也是以内在修养为支撑的。谈吐优雅者大多有深厚的学识积淀，气定神闲者无不经历过人生的起起伏伏，口出狂言、嚣张跋扈者多为色厉内荏之徒。

白岩松的表情特点便是严肃凝重,不愠不狂。不管是振奋人心的喜事还是“是可忍孰不可忍”的丑闻,他始终保持着冷静客观的表情特征,随时呈现出对事件的关注态度但排除自己的喜怒哀乐,恰好代表了《新闻周刊》秉持的对待新闻事件客观公正、不偏不倚的栏目立场。

以下是一组案例比较:一个是2011年9月17日央视《新闻周刊》关于“疯狂英语”创始人李阳殴打自己妻子的报道,一个是2008年9月12日湖北经视《经视直播》关于武汉一名女公交司机遭两名东北男子殴打的报道。两则新闻表面上均是强势男性对弱势女性的欺凌,然而两位主持人——央视的白岩松和湖北经视的江涛——表现得却完全不同。

白岩松评论道:“清官难断家务事,夫妻之间的恩恩怨怨、是是非非没人弄得清楚。但是,英语可以疯狂,拳头和巴掌却无论如何不该在自己妻子的面前疯狂起来。”白岩松没有从当事双方任何一方的立场出发去指责另一方的错误,而只是就事论事地强调“家暴”不应该发生。而江涛站在武汉本地人的立场,义愤难平,强烈谴责打人的外地男青年,在电视机前“放屁”、“畜生”等脏话不时脱口而出,客观中立的原则无从可见。事后也有很多观众在网上表达了自己对主持人江涛过火言论的批评。

其实,两位主持人是否在节目中坚持客观中立原则,通过一组表情对比也能够看出来:镜头前的白岩松表情平静沉稳,对于李阳家暴的事件以局外人的中立态度进行评说,而江涛则是情绪激动,立场鲜明地站在被打者一方,怒斥打人者。

图4-4　镜头前评述新闻的白岩松表情平静

表情是情绪的反映,主持人在镜头前或许可以用自己生动的表情感染观众,调动观众的情感,将自己的立场和价值判断尽情地传达给观众。但这种感情渲染的传播方式会导致两种结果:产生错误的舆论导向,使不太理性的观众的价值判断基于感情上的冲动而出现偏颇,有违新闻媒体坚持正确舆论导向的原则;或是遭到较为理性的观众的抵触,影响传播的说服效果。

图 4-5　主持人江涛义愤难平

媒体更多的时候应该扮演新闻事件的观察者和记录者角色，至于价值判断，则应交由观众做出。白岩松始终坚持着自己的中立态度，不以说教者自居，避免用自己的情绪去影响观众的判断。这样的风格使他获得了观众的充分信任，节目的公信力自然得到提升。

(二)白岩松的语言：犀利深刻

电视是关于视听的媒介，除了视觉上的吸引外，语言上的魅力对于提升节目质量也是不可或缺的。主持人的语言水平是一档电视栏目成功与否的关键。白岩松主持节目最大的亮点就在于他的"说"，所谓"名嘴"是也。

白岩松的口才最大的特点，就是犀利深刻，即评述问题时，一语道破天机，不拖泥带水、扭捏做作，以简洁明了的语言直指最核心、最本质的层面，并且以略带讽刺戏谑的语气和词句使自己的语言像刀锋一般"刺"向评论对象。

2011 年 11 月 27 日，国家公务员考试开考，报名人数达 141 万人。《新闻 1+1》于次日播出《"国考热" 会降温吗?》，评述"国考热"。

在节目中白岩松集中探讨"国考"受到大学毕业生如此热捧的原因，各界知名人士给出了自己的解释：

文化评论者"十年砍柴"认为："因为企业创造财富，政府机关管理并消耗财富，近几年公务员热，说明更多的人愿意加入分蛋糕，而不是去做蛋糕，原因乃是分配机制出问题了。"

潘采夫分析道："而现在政府管得又多了，国营企业权力大了，民企发展减缓了，社会的创业激情下降了。"

曹林认为："公务员热也许只是一个伪问题，当前的就业形势下，有几个岗位不热呢？公务员岗位的热，其实不比好企业的岗位更热，1000 个人争一个海尔的位置，公众觉得很正常，而100个人争一个公务员的岗位，公众就觉得是大问题了。公务员热主要是公众的一块心病，因为对公务员群体有意见、有偏见，认为其高福利、高稳定、高保障、高权力，所以不能容忍年轻人去报考公务员。”

面对各种意见，作为主持人的白岩松并没有随意附和某个人的观点，经过节目的进一步探讨之后他说道：“探讨到这里的时候，事情就不那么简单了，表面上看只是一个国家公务员招考出现了如此大的热度，背后其实社会有很多的变革必须开始进行，而且从中央政府的角度来看已经开始意识到了这方面的问题。比如说，为什么要不断地提经济发展方式的转变，为什么呢，大家想想看，我们现在依然还在劳动密集型产业占主导的发展阶段，既然是劳动密集型，农民工可能就比大学生值钱了，农民工只要1500元，你大学生管人家要2500元，可能干的活你还不一定有人家能吃苦，所以，当然就不愿意要你了。”

由“国考热”的社会表象，白岩松抓住了问题的内在本质展开评论，看到了由于国家经济政治制度的不完善所引发的各种社会现象。他意在说明，“国考热”不过是这种深层原因所引发的各种社会现象之一，治标首先得治本，转变经济发展方式便是一种解决之道。主持人在节目热闹喧嚣的讨论中，拨开繁杂的表象，将评论之矛直接刺向问题最深层的核心，没有拖泥带水，甚是爽快。

另外，白岩松不是一个只会板着脸孔的批评家，在某些问题上，他还会适当地加以戏谑讽刺，搞点儿黑色幽默。

2011年10月25日《新闻1+1》播出《别把运动会当“运动”!》，白岩松以一个小故事为话题引子：一支由10岁孩子组成的俄罗斯少年足球队访问北京某小学，以15∶0的比分狂胜队员身高平均高出自己一个头的北京少年足球队。白岩松开场以很严肃的口气说道：“最近两天，中国足球再次遭受非常严重的创伤!”突如其来的一句话或许会让观众猜测，国足是不是又在哪个赛场丢人了。毕竟，长期处于国足失利消息包围的中国观众对国足的又一次败北都有心理准备了。

可白岩松紧接着给了下文：“这话该怎么说？来，看看大屏幕上的照片，完全由00后来组成的俄罗斯一支少年队来到北京做客。北京一所小学派出了90后和00后的混编球队跟他们打了一场比赛，结果后果很严重，0∶15输了，而且这0∶15是在40分钟的时间里，原本要踢更长，后来一看这球没法踢了，收了。而且从照片上来看，由于我们是90后和00后混编的队伍，普遍比对手高出一头还多，但是还是输了。今天想报仇，北京派出了一支少年小学冠军队跟他们

图4-6　玩儿“幽默”的白岩松依旧神态稳重

踢，结果比 0∶15 好多了，3∶7，还是输了。”

一场小学生的友谊比赛，被说成中国足球的重创，确实让人忍俊不禁。评价第二场复仇之战，谈到结果又说“好多了”，吊足观众胃口，好到哪儿了？原来是 3∶7，还是输了！两个“包袱”连续抖下来，赚足了笑声。

但白岩松不是为了幽默而幽默，他是要引出自己对中国足球确确实实的担忧：“但说句良心话，面对这两场失利给我的打击比中国国家队失去世界杯的资格还要严重，为什么？基础不牢，地动山摇。”可见，他犀利的语言风格是贯穿始终的，随时能由身边的小事上升到对大事的观察。

（三）白岩松的思维：线索清晰，逻辑严谨

一个主持人是什么样的风格，我们能够通过他的外在形象和口才谈吐等感受到，总而言曰：气质。这种风格的外在形式必定有一个内在的支撑，白岩松的形象如何、谈吐怎样，都是靠他的大脑指挥，因此，探究白岩松的风格特征，必须要涉及他的思维特点。

作为一位电视新闻时评栏目的主持人，白岩松看问题的犀利来自于他思维的独到，总结起来就是：线索清晰，逻辑严谨。

高铁甬温线事故发生之后，《新闻 1＋1》做了一期节目，名为《中国高铁 重建信任》。面对事故，媒体自然要质问原因，而铁道部发言人给出的答案是：事故是雷击造成设备故障导致，详细情况正在进一步调查分析之中。面对这样的回答，无论是事故受害者还是观众都不会信服，媒体人白岩松更不会放过探究真相的机会。白岩松从三个方面来反驳来自铁道部的事故解释：

第一，“我国每年夏季都是雷雨高发季节，那是不是我们的铁路会像航空一样，每到雷雨天气就停运呢？”铁道部声称事故是由雷击导致，意指事故为天灾，非人力可抗拒因素，那么雷雨的天气就只能停止运输了，就像地震时不能待在房屋里一样，岂能因噎废食？明显不符合常理。白岩松的第一个疑问是暗示铁道部的解释将原因归于天灾有托辞之嫌。

第二，“雷击导致设备故障，设备是会出现故障，那我们能不能设计一些设备故障的纠错系统呢？这样才会使既有雷击又有设备故障的情况下不出事故。”从第一句反驳铁道部的“天灾说”顺接提到事故中人能有所作为（设计纠错系统），从逻辑上讲，就是假设条件，即便是在有天灾的情况下，人为因素还是能在预防事故中大有可为的。这里于是暗生出一层讽刺：事故即便有天灾的导火索，但本质上还是人祸埋下的炸药。以上两句话均是从字面意义上逐条驳斥铁道部发言人的“雷击说”。

接下来，白岩松将印证范围放大，提到了高铁之前所宣称的保障运行安全的高新技术：CTCS 系统（中国列车运行控制系统）、LKJ（列车运行监控装置）以及最后的保险丝——人工调度。既然有这么先进的技术，哪怕是最原始的人工调度，三道防线，哪一道都能防止惨剧发生，那么最后事故还是发生了，这说明了什么？这是白岩松利用事实的自相矛盾性对“雷击说”发起的反攻，从论辩上已经走出了你说一句我还一句的被动反驳，进入到提出质疑让对方来解释的主动进攻。

最后，白岩松亮出了“杀招”：“既然是雷击事故，那么为什么善后处理的第一步就是撤掉上海铁路局局长、党委书记，还有一个管电的副局长？如果是雷击造成的故障，为什么要撤人呢？仅仅是为了平民愤吗？还是因为这是一起（人为）责任事故？”四个连续的问号，从结果推断原因，反面证伪“雷击说”的合理性。

图 4-7　白岩松所持字板上，写着铁道部发言人对甬温线高铁事故所做的解释

白岩松质疑的思维脉络一目了然，四个层面，由表及里，层层紧扣，逻辑十分严密，步步递进，从逐条批驳到以彼之矛攻彼之盾。相信铁道部发言人在这样的质疑中会无话可说，至少他不会否认他之前给出的解释难以服众。

白岩松的出镜形象、言语魅力以及思维特点构成了他作为主持人的个性风格。这种电视界独一无二的主持风格是白岩松在长期的业务实践中逐步积累和锤炼出来的。白岩松前后获得的播音主持领域的奖项无数，他所主持的栏目收视率也一直居高不下，这些荣誉是对他主持事业的肯定，也是对他个人主持风格的认可。

二、出镜记者白岩松

当下的观众或许熟知和习惯于白岩松作为一名出色的节目主持人的身份，但事实上，白岩松还是一位优秀的出镜记者。他是中国电视新闻领域参与大型新闻直播报道的第一批出镜记者，在被称为“中国电视直播元年”的 1997 年，他参与了香港回归和三峡大坝截流的现场报道，后来在 1998 年长江抗洪报道、2000 年悉尼奥运会等大型直播中都有上佳表现。而由他担当记者的几部系列电视专题片《岩松看台湾》、《岩松看日本》、《岩松看香港》、《岩松看美国》等更是受到业界和观众的广泛赞誉，日本 NHK 在他访问日本制作《岩松看日本》期间还对他进行了专访。白岩松作为出镜记者的业务水平和影响力可见一斑。

虽然出镜记者与主持人的角色有很多不同，但白岩松作为出镜记者同样具有自身强烈的风格和特色，值得学界研究和业界借鉴。

（一）真实的现场感

出镜报道的最独特传播效果便是带领观众进入模拟的现场体验，使观众感受到远离自己的新闻现场的视觉冲击。[①] 所谓眼见为实，这也是新闻真实性得以保证的有力方式。记者在现场，就应该通过自己与现场的互动，将自己的体验有效传达给观众，将观众的视听感受带入到现场。

白岩松在出镜报道中，保持着与现场的紧密联系，随时注意将自己的所见所感通过镜头传递给观众。

在《岩松看香港》的第一集里，白岩松来到解放军驻港部队，采访了几位士兵。白岩松在现场发现驻军官兵个个身材魁梧、高大挺拔，他没有多费口舌去解说这几位战士如何威武，而是立即站起身，指挥着摄像师，在镜头前比划了起来："我的第一个感觉是，让我们的镜头把我装进去。不把我装进去你不知道人家个儿有多高。我走一遍观众朋友就会知道了。我的身高是一米七九，但是我们这边每一个人都比我高。"白岩松边介绍边在一排士兵面前穿梭，士兵的魁梧一目了然。如果作为记者的白岩松只是在镜头前向士兵提问，那观众在收看时对出镜记者的存在感以及节目的现场感都会大大减弱。白岩松以自己为参照物，通过与现场人物具体明了的比较，其存在感和画面的现场感立即凸现出来。这一个比较比出了真实性，也增添了节目的趣味。

图 4－8 《岩松看香港》

在《岩松看美国》的《黄色的特权》一集里，白岩松向观众介绍在美国每天负责安全接送孩子们上下学的黄色校车及其运行制度等。白岩松除了对校车的每一个细节进行了详细介绍外，还跟着孩子们一起进入校车里，向孩子们提问，自己也系上安全带，想象自己是小学生一般，体验坐校车的感受。将对美国校车的介绍和亲身体验结合起来，更好地验证了校车的舒适与安全，也让电视机前的观众有了更加直观和亲切的感受。

图 4－9 《岩松看美国》

① 韦嘉：《"我在现场"电视新闻出镜报道中的创新四度空间》，《中国广播电视学刊》2010 年第 10 期。

从出镜记者的功能来看，他本身就是要带给观众一个真实的现场，要想做到这一点，出镜记者必须将自己融入进现场环境。白岩松在各种现场采访中深知这一点，他并不是游离于现场之外的观察者，而是经常将自己作为现场的一分子，对现场环境高度参与、介入、体验，作为电视观众的感官延伸，去感受现场的一切，从而使现场不再只存在于画面上，还进入了观众的内心。

（二）对细节的敏锐发现

要还原现场真实，要求出镜记者与环境充分互动，对现场深度参与，但是仅仅做到这些，还不足以让报道出彩。往往记者对现场细节，尤其是那些与现场主题密切相关的细节的挖掘，能够让现场充满色彩感和立体感。

白岩松对现场细节的发现可以说做到了细致入微，很多时候在观众还没有想到的情况下他就通过细节的展现，使大家的视线紧紧地跟着他的指挥一步步移动。

最让人耳熟能详的便是 1997 年香港回归直播，当时白岩松本负责在皇岗口岸现场报道驻港部队驶入香港，但计划赶不上变化，白岩松回忆："在回归还差最后一天的时候，我和谭湘江去进行最后的演练，那是晚上灯亮的时分，在落马洲大桥上，谭湘江告诉我：这座桥上有一条管理线，虽然桥两边有各自的海关，但无人区的这条管理线才是内地与香港真正的界线。我说那为什么不在这儿报道呢？而在当时，这个点并不在报道计划内。我和谭湘江马上决定，咱们就在管理线这儿香港总部演练一下，争取这个报道点。"①

白岩松怎么会看上落马洲大桥上这一处管理线呢？香港回归，驻港部队进入香港，这些事件背后折射出的历史意义无疑是伟大的，然而同时也是抽象的，电视新闻讲究具体生动、可视性强，因此，如何才能将驻港部队入港这一意义较为抽象的事件通过一个具体的事物，由小到大展开呢？毫无疑问，落马洲大桥上那道人为分开香港和祖国的管理线是最好的地点，一条线，一边香港、一边祖国，驻港部队越过管理线的那一刻便是我国收回香港主权最具体生动的展示。于是就有了后来高收视率的"驻港部队越过管理线"的现场报道和与此相关的经典镜头：白岩松在大桥上指着自己脚下的那条管理线说："大家可以看一下，这里有一条铁的这样一条线，在桥的中央。我现在左脚一面就是香港，在右脚的一面就是深圳。"白岩松把两脚分别跨在管理线的两边，镜头也随之移动到他的双脚上，"按说这条线是不应该存在的，深圳和香港自古就是一个县，但是后来英国人入侵之后便有了这条让很多人伤心的线。"当驻港部队的车辆越过管理线之后，白岩松说出了那句经典解说词："今天，驻香港部队越过管理线的这一小步，却是中华民族的一大步！"

① 白岩松：《痛并快乐着》，华艺出版社 2006 年版，第 135 页。

图 4-10　一条小小的管理线，提升了整个现场报道的品质，直播经典由此诞生

白岩松的解说很精彩，这一系列画面也将被世人乐道。但如果没有那条被白岩松敏锐发现的管理线，可能很多话将无从说起，而很多经典镜头也不会诞生，可见，一个细节对于提升整个出镜报道的质量十分重要。

(三)强烈的好奇心

白岩松之所以能够积极地参与现场、融入现场，并且能够找到别人很可能忽略掉的细节，很大程度上源于他拥有一颗对与采访对象有关的一切事物的强烈的好奇心。好奇心让白岩松对采访环境随时保持着探究的心态，很多与主题有关的事物、人物就在这种好奇心的驱使下被挖掘出来。

在《岩松看香港》里这种展现出白岩松好奇心的例子比比皆是：

场景一

地点：香港老字号茶餐厅——莲香楼。

人物：记者白岩松、节目嘉宾——香港作家、美食家欧阳英霁。

主题：介绍香港饮食文化，谈香港特有的茶餐厅。

画面：一群老人围坐在老式餐桌前品茶，服务员穿梭于时刻满座的过道间。

节目画外音解说：走进莲香楼，仿佛走进了时光隧道，一脚踏进明清时期旧时的茶楼，甚至连空气中都透着一股陈年老酿的味道……莲香楼创办于广州，1918 年进驻香港，是名副其实的老字号。

在这个场景中，节目要突出茶餐厅在香港饮食文化中的悠久历史，因此选取了开业时间长达 89 年的莲香楼。

白岩松好奇地打量着莲香楼的里里外外、上上下下，他发现了横在天花板下方的木杆，于是询问嘉宾欧阳英霁。原来，“那个是八十年前的时候很多人习惯早晨去遛鸟，然后来了(茶餐厅)之后，就把鸟笼子挂在上面。现在虽然没有多少人遛鸟了，但是它的这个传统还保持着。”白岩松向观众介绍了他了解到的木杆的来由。

这一由好奇引发的细节，恰到好处地体现了莲香楼的这种古色古香和陈年老店的味道。一家老店保存着几十年前的旧物件，观众怎能感受不到一家老店的历史积淀。并且，这个木杆被保留至今，也说明香港茶餐厅对保留历史印记所作出的贡献，一家茶餐厅和香港饮食文化的密切关系从细微之处得到了完美诠释。

图 4－11　八十年前香港莲香楼提供给顾客悬挂鸟笼的木杆被保留至今

场景二

地点：香港城市大学学生宿舍公共厨房。

人物：记者白岩松、嘉宾——一位来自北京的香港城市大学女大学生詹宝。

主题：了解香港城市大学学生的日常生活。

画面：镜头从画面左侧向右移动，最后定格在詹宝身上。介绍着情况的詹宝身后，安置着微波炉、电冰箱、锅碗瓢盆等厨房用品。

白岩松想了解城市大学的学生们平日在宿舍是如何解决吃饭问题的，从詹宝那里，他得知除了在学校食堂就餐外，学生们还可以自己在宿舍公共厨房里做饭菜。于是，白岩松和詹宝一起来到宿舍厨房。白岩松与詹宝面对面坐着，听她介绍厨房的陈设和功能。

詹宝刚介绍完，就传来镜头外采访者白岩松的声音：我来看看冰箱里有什么。镜头随之右移至白岩松，他迫不及待地站起来，绕到詹宝身后，十分好奇地打开冰箱门，一探究竟。打开冰箱，里面有各种饮料、果酱和一包包用袋子包好的食物。

詹　宝：冰箱里什么都有的。

白岩松：但应该是同学们一块儿凑到一起的吧。

詹　宝：对。

白岩松：然后不同宿舍的同学可以一起做饭吃饭，一起在厨房聊聊天，看看比赛之类的。

詹　宝：对，没问题。

可是，这样集中储放，不会出现学生间食品的误拿误用吗？

白岩松发现了冰箱旁边墙上的写字板上写着一个留言：前两天弄错袋，不小心吃错两个苹果，现放在雪柜（冰箱）里头，请哪位同学拿回，对不起了。白岩松感慨道：“您看这位同学，多懂礼貌，吃错了还知道还回去，说明这里的大学生素质真是不错！”

图 4－12　白岩松好奇地打开冰箱

图 4－13　冰箱旁的留言板

这个好奇的举动不经意间引发了一系列新话题：大家将食物集中存放在一起，一起制作，这种饮食方式或许无形中能加强不同宿舍间学生的友谊。可是集中存放很可能导致误拿误用的情况发生，甚至是偷用，怎样防止这类问题出现呢？从墙上的留言我们可以了解到，城市大学学生素质非常高，误吃了别人的东西会奉还，更不用担心故意偷拿的情况了。

正是有了白岩松的这个好奇，观众才了解到城市大学学生集体生活、集体餐饮中有趣的一面，也从侧面了解到城市大学学生的精神风貌。如果没有这个好奇，这些有趣的信息，能够增强节目吸引力的话题就被错过了。

作为出镜记者的白岩松或许没有作为主持人的白岩松名头响亮，但是白岩松的记者功力是深厚的。他深知出镜记者的职责是将观众带入到真实的现场体验中，通过自己与现场的积极互动、深度融合，将观众的视听集中于自身，去感受现场的一切。因此，白岩松随时带着一颗发现现场、探究现场的好奇心，去寻找任何能够实现成功出镜报道的环境特点和细节事物、话语等等。

第二节　张泉灵：新闻人·电视人·主持人

张泉灵

央视著名主持人，记者。

1973 年出生于上海，祖籍浙江宁波。

1996 年毕业于北京大学德语语言文学系。在校期间主持了北大与央视共同制作的《中华文明之光》。

1997 年考入央视国际部。先后任《中国报道》记者、编导、主持人，2000 年新版《东

图 4－14　张泉灵

方时空》、《人物周刊》、《焦点访谈》、《新闻会客厅》等节目主持人。

作为记者，深入到抗击“非典”第一线、罗布泊无人区、阿富汗、汶川地震灾区等做现场报道。

获 2008 年央视“优秀播音员主持人”奖、2009 年《新周刊》“年度节目主持人”奖、2009 年“金话筒奖”电视播音员主持人奖、2010 年第十一届“长江韬奋奖”，被李长春同志誉为“广大新闻工作者的优秀代表”。

张泉灵在某些方面与自己的同事白岩松非常类似。他们作为电视人，都不仅是优秀的新闻节目主持人，也都是出类拔萃的记者，在新闻现场报道领域佳作不断。

在某次由新浪网组织的网友与张泉灵的对话访谈中，网友好奇地问道：“张泉灵，当记者好还是当主持人好？”

张泉灵回答说：“首先我是新闻人，再是电视人，最后才是主持人。”①

这个回答十分耐人寻味：首先强调的是自己的职业本分，即发现新闻、挖掘信息、探究事实的新闻记者操守；其次从自己所从事的媒体类别上，将自己定位为电视人；最后方提及自己的电视主持人身份。所以，张泉灵的回答透露出她内心其实更加看重自己新闻记者的身份。

作为记者，张泉灵最让人津津乐道的莫过于她在各个重大新闻现场所做的优秀出镜报道。从抗击“非典”第一线到罗布泊无人区，从阿富汗到汶川地震灾区、青海玉树灾区等，许多重要新闻的现场都留下了她的身影。

出镜记者面对的环境是变化莫测的：有时要冲在枪林弹雨的战场前沿，有时需面对水火无情的自然灾害；不仅要厘清千头万绪的现场状况，还需要处理错综复杂的现场人际关系。总之，出镜记者不仅要适应较为艰苦的出镜环境，更要处理好与现场的“人”的关系。所以，要成为一名优秀的出镜记者必须具备勇敢坚强、吃苦耐劳的品格，还要具备睿智机敏的头脑。

张泉灵素有“北大才女”之称，聪颖的天资加上不断地学习思考，使得她在采访报道时显现出快速的思维、机智的问答、清晰的表述。作为一名女性记者，她的勇敢与坚强更是“巾帼不让须眉”。

① 新浪网，《东方时空记者张泉灵、康锐做客新浪访谈实录》，http://news.sina.com.cn/c/2002－04－02/2101532284.html。

张泉灵的出镜报道，既有不惧危险、敢闯敢拼的阳刚之气，又有细腻柔情、温润人心的关怀，更有客观理性、严谨细致的新闻专业主义素养。

一、第一时间第一现场

一名优秀的出镜记者，其自身素质当然是成就一次经典现场报道的关键，但是一些关键事件、关键环境也能更好地帮助记者做出成绩，这也是为何突发性事件是各个媒体都十分重视的竞争点。记者一旦抓住了关键事件、关键环境，往往也就抢占了做出优秀现场报道的先机。但由于突发事件的现场环境瞬息万变，机会往往稍纵即逝，所以要成为一名优秀的出镜记者，必须做到在新闻现场的第一时间出现。很多新闻事件的环境是充满艰难和危险的，记者光有新闻敏感还不够，还得更多一份勇气。

我们见惯了男性记者在充满挑战的新闻一线冲锋陷阵，但张泉灵凭借着自己的勇敢和对新闻事业的进取心，每每出现在一些关键而危险的新闻现场，硬是在一贯由男性主导的报道领域绽放出了一朵铿锵的玫瑰。

(一)勇闯阿富汗

2006 年 3 月 24 日，中国援助阿富汗物资从新疆喀什启程。中央电视台《东方时空》子栏目《时空连线》节目组派出记者张泉灵全程跟踪报道。不想，3 月 26 日阿富汗喀布尔北部地区发生了里氏 5.9 级地震，这一突发事件让新闻敏感度极高的张泉灵一下兴奋起来。此次阿富汗之行本是跟踪报道我国援阿物资的进展情况，按照原来的计划，张泉灵应该在 3 月 31 日乘坐中国联航的飞机返回新疆喀什，星期一回到北京。但这场突如其来的地震打乱了原来的部署——她和同事们决定要深入地震灾区做报道。

当时，阿富汗战争刚结束不久，当地社会治安极不稳定，并且由于战争的破坏，阿富汗的基础设施也不够完善，从喀布尔到震区，这一路的艰辛张泉灵并不是预想不到。张泉灵事后回忆道："进灾区时，那种要把新闻带回来的冲动要比有危险的意识强烈得多。"①

虽然有心理准备，但这一路确实走得十分坎坷：从喀布尔到震中区，200 公里的直线距离竟然颠簸了九个小时，除了要翻越高高的雪山，还要随时提防发生新的雪崩和塌方。

张泉灵和同事们曾被堵在空气污浊的隧道里，呼吸都很困难，她亲眼看到一个人因窒息而晕倒。张泉灵说："遇到了自己经历过的最困难的堵车场面"。但比起一路上令人担惊受怕的地雷，堵车也不算什么了。"在我们一路往北走的道路上都有石头上

① 岱松：《与张泉灵对话——回忆阿富汗之行》，《新闻爱好者》2002 年第 6 期。

描上了红色，也就意味着石头外面有雷区。其实阿富汗安全部门在很长一段时间里重要的工作就是排雷。”张泉灵回忆说。①

张泉灵在灾区还经历了不断的余震，有一次把他们固定在三脚架上的摄像机都震落了。3月29日，当张泉灵和同事们回到喀布尔时，已经是晚上七时，总算赶在宵禁之前回到喀布尔，张泉灵这才长出一口气，因为在阿富汗赶夜路十分危险，一是道路难行，二是总有强盗和小偷作祟。

前往阿富汗震区前，张泉灵或许是出于对新闻事业的热情，感性上的冲劲使她毅然地踏上征途；但是在面对前进路上的种种困难以及工作环境中的各种挑战时，张泉灵仍然没有却步，此时，必然是更多理性上的勇敢与毅力使她最终在艰难的环境中坚持下来，圆满完成采访任务。此次阿富汗灾区的采访也成为张泉灵和央视《东方时空》的经典之作。

(二)深入汶川灾区

2008年5月9日，为报道奥运圣火传递，张泉灵还在西藏海拔5150米的珠峰大本营做“圣火耀珠峰”直播。5月12日刚回到拉萨不久，她得知四川汶川发生强烈大地震。新闻嗅觉敏感的张泉灵知道需要自己冲锋陷阵的时候到了。5月13日，张泉灵挤上了震后从拉萨飞往成都的第一班飞机，当达成都的当天下午，又马不停蹄地坐车三小时抵达北川。而这次灾区之行，一去就是十天。

且不说此时地震灾区的危险，单是沿途的车马劳顿让很多身强力壮的男性都会吃不消。之前在高海拔的西藏做奥运圣火传递报道的张泉灵，要克服高原的缺氧困难，勉强适应了高原气候，在拉萨还没来得及充分休息，又火速赶往地震灾区，从高原到四川盆地，海拔落差太大，人容易产生疲倦、无力、嗜睡、胸闷、头昏等症状的醉氧表现。从拉萨到成都再到北川、汶川，一路飞机、汽车甚至徒步行走，没有一丝停歇。很多公路受到地震破坏，崎岖不平，人就得在汽车里不停地颠簸，遇到无路可行的时候，还得靠最原始的交通方式——步行到达现场。这一路走来，张泉灵不仅要克服对气候的不适，更要挑战自身体能的极限，除了健康的身体，顽强的意志更是不可或缺的。张泉灵在当年6月的“抗震救灾英模事迹报告会”上回忆起自己当时的感受说：“经过不停顿的9个小时，我们紧随部队到达漩口镇，那已经是5月16号的凌晨一点。紧张、饥饿、劳累，我真的想躺下什么也不做，但一想那么多人等着里面的消息，我们立即投入采访工作。”其中的艰辛可想而知。

灾区采访，危险时刻在身边。张泉灵事后回忆：“在漩口，我们16个人挤在一个非

① 新浪网，《东方时空记者张泉灵、康锐做客新浪访谈实录》，http://news.sina.com.cn/c/2002－04－02/2105532286.html。

常狭小的帐篷里休息了一个晚上，所有人都没敢脱鞋，因为担心随时可能发生余震。在返回都江堰的途中，报道队伍刚经过一个非常狭窄的路口，后面500米高的山突然全面崩塌，如果稍慢一些，就可能是生死相隔了。”“到达汶川比上珠峰还难。上珠峰很多是可以预计得到的，但去汶川，有太多不可预料的因素。”

可是从小生长在城市，又是家中独生女的张泉灵在新闻的第一线奋战时，拿出了比许多男性还刚强的毅力和勇敢的精神，硬是在艰苦的灾区挺了过来。张泉灵曾说：“当初我选择新闻记者这个职业时，我就想清楚了这个职业必须接受和承担的一切，它不仅仅是令人羡慕的见多识广，不仅仅是经历光鲜荣耀的场面，也包括必须面对危险、面对困难，这是新闻工作者必须承担的社会责任，也是新闻工作者必须要具备的勇气。”①

进入阿富汗，不期地震来袭，采访珠峰圣火传递，孰料大灾突降，每一次张泉灵都是不畏艰辛，主动请缨，克服了各种危险与困难，出色地完成了任务。这一过程中，若没有极大的勇气，则会在机会面前裹足不前；若欠缺毅力，则会半途而废。哪怕张泉灵的新闻素养再高，现场掌控能力再强，到不了现场，一切才能都将无法施展，再好的想法也不能成为现实作品。只有具备了敢拼敢闯的勇气和顽强坚定的毅力，才能得到更多施展才华的舞台，所以，要成为一名优秀的出镜记者，这种品质是首先要具备的。

二、平等友善的亲和力

勇敢坚强、不畏艰险的品格，凸显了张泉灵作为一名女记者身上那种“巾帼不让须眉”的阳刚之气，第一时间第一现场亦是构成出镜记者现场报道的首要条件。但在现场采访，与人交流时，张泉灵也体现出了女性记者特有的优势。由于现场采访尤其是直播采访，不同于室内访谈，不可能从容酝酿和准备，而大多是即时即地的问答，这时候，采访者在沟通中的亲和力就显得相当重要。良好的沟通能够有效调动受访者的积极性和参与度，很多能使节目出彩的受访者的表情、话语、动作便在这种融洽的互动氛围中自然地流露出来。这些是电视新闻现场报道打动观众、提高传播效果的有效方式。女性记者在亲和力上较之男性记者具有天然优势，张泉灵在采访中也时时用温和近人、不卑不亢的态度与受访者形成平等和谐的交流氛围，打动着受访者、打动着观众。

三、亲切得体的记者形象

为了解到更多现场画面无法说明的信息，出镜记者很多时候需要采访现场有关人

① 于郁：《美丽女主持的“三个面对”》，人民网，http://military.people.com.cn/GB/8221/51757/45802/14550872.html。

员。然而有些受访者面对摄像机镜头和记者时，可能会感觉到拘谨、压抑等，在这种情绪下或许会影响其在镜头前的表达，电视直播又无法通过后期剪辑修正，从而不利于播出节奏的流畅，甚至会因此错过一些有效信息。

记者与受访者在电视机前的一问一答类似于平日的人际传播。在这里，传播行为的发起者——记者的外在形象，是受访者感受到的第一印象。在传播活动刚开始时，这种第一印象对形成怎样的传播情境（谈话气氛、参与积极性等）至关重要。表情严肃、不苟言笑的记者会让受访者感觉到压抑，咄咄逼人的记者会使人心生不快甚至是排斥感，曲意逢迎的采访姿态又得不到受访者的尊重。因此，亲切自然、神态轻松、不卑不亢的形象气质是打破隔膜，形成和谐交流氛围的有效方式。

（一）着装

图 4－15　报道“两会”

图 4－16　身处香港街头

图 4－17　深入地震灾区

张泉灵做现场报道时，对自身的着装是比较讲究的。

譬如在“泉灵看两会”的现场报道中，为了与人民大会堂这一庄严肃穆的场合保持格调一致，张泉灵在室内都是西服套装＋女士衬衣＋丝巾的打扮，在室外也会穿戴较为正式高雅的大衣。庄重大方而不失时尚朝气的服饰风格与“两会”报道的现场环境很好地融合在一起。这样，在与代表或其他工作人员的交流中，能从服饰文化的层面向对方传达出尊重和自信的个人形象，也能体现出作为中央媒体记者的风采。

香港回归十周年前夕，张泉灵担任央视《朝闻天下·香港早晨》的现场记者。在这一系列节目中，张泉灵更多地以普通民众的视角去观察香港百态，在这种场合下，她经常穿着朴实的夏季女式 T 恤衫走访香港的大街小巷。简易随性的市井风格，记者成为城市里街巷间里的平凡观察者，便于开启与市民间轻松平等的采访交流。

2008 年 5 月，在四川地震灾区的张泉灵常常和部队战士一块儿跋山涉水，在救援现场报道营救情况。在这十天的报道中，张泉灵出镜频率最高的装束便是她那件黑色长袖运动套装。此时的张泉灵远离都市，来到各个地震灾区之中，一件运动套装不仅方便采访工作，更能表现出与参与救援的官兵共赴抗震救灾一线的工作使命。记者不是跟着救灾队伍的一个可有可无的点缀，而是他们的一分子。

张泉灵在不同场合下的不同穿着，为的就是融入现场环境，从外在形象上保持同现场人员的一致性，进而获得他们的认同感。这无疑会为记者与受访者之间的有效沟通创造出平等融洽的交流氛围。

（二）表情神态

镜头前的张泉灵总是面带着爽朗的微笑和饱满的精神状态。

英国诗人雪莱说：“微笑，实在是仁爱的象征、快乐的源泉、亲近别人的媒介，有了微笑，人类的感情就沟通了。”在记者与受访者的互动交流中，微笑作为一种象征互动符号，能传递给对方一种真诚、友善、轻松的感觉。张泉灵在镜头前的微笑不仅让观众感受到这位女性记者带来的愉悦，更能促进受访者与自己构建积极互动的交流场域。

在2009年的十一届全国政协委员会第二次会议间歇，张泉灵采访了著名作曲家徐沛东。张泉灵问到徐沛东一个问题：明星委员是靠名气还是靠议政能力当选委员？这个问题是当时网友们热议的话题，张泉灵此问自然有备而来。然而问题很可能会让作为名人的徐沛东委员尴尬，张泉灵表述完这个问题后，马上朝徐沛东致以微笑。从徐沛东对问题的沉着回答来看，这个微笑是十分必要的。一个微笑传递出了张泉灵对受访者可能会有的不快所表示的歉意，也包含了对受访者畅所欲言的鼓励，更意在说明此问并无恶意。面对这一稍显尴尬的话题，徐沛东的回应积极诚恳，一个微笑开启了双方融洽的交流。

图4－18　张泉灵用微笑化解尴尬

图 4－19 张泉灵在两会现场

张泉灵在现场报道时总是精神饱满，活力四射，她曾说自己从小就是个爱说爱笑的人。一种情绪或精神状态在人际交往中是会传染的，张泉灵这种饱满的精神状态在访谈中很容易传递给受访者，让受访者的情绪也受到她的感染，从而愿意表达，愿意说得更多。

张泉灵在 2008 年四川地震灾区的采访中，经历了连续多天的山路奔波，风餐露宿，其中的辛苦可想而知。可一到了镜头前，面对一个个救灾现场，她立即以十足的精神状态投入到现场采访报道中。可见，张泉灵这种饱满的精神状态不仅仅靠先天的个性，更多的是靠工作中的坚持。

(三)气质

气质，在《辞海》里解释为：人的相对稳定的个性特点和风格气度，一般而言，就是根据人的姿态、长相、穿着、性格、行为等元素结合起来的，给别人的一种感觉。

一个人的穿着打扮时髦漂亮与否、神态外貌亲切与否，都是能够用具体的社会标准去衡量的。"气质"却是一个较为抽象的概念，它的确存在，但却以每个人的感受为基础，没有具体的外在物去测量。然而，气质在交流沟通中确实起到了重要的作用，比如温文尔雅、恬静大方的气质能给人一定的美感，刁钻奸猾、孤傲冷僻或卑劣萎靡的气质则使人厌恶。

镜头前的张泉灵知性优雅、端庄大方、活泼灵动，既有女性天然的温柔内秀，又有职业女性的热情、进取、自信。

张泉灵的气质特点对于她完成出色的采访是大有助益的。知性、活泼使人心生喜爱，愿意接近；端庄、自信能得到对方的尊重。由此，在采访中，张泉灵较易与受访者形成平等自由的对话，取得对方的信赖，得以让对方知无不言，言无不尽。

四、巧妙适宜的提问

记者对信息的收集就是通过不断的提问达到的。得体、轻松、机智的问题会让受访者放下心理戒备，说出记者和观众感兴趣的信息。

2008 年 9 月 25 日，我国"神舟"七号载人航天飞船从中国酒泉卫星发射中心发射升空。在此之前，张泉灵进入航天基地的航天员训练室，采访航天员在升空前的训练情况，向观众展示航天员鲜为人知的日常工作，这也是媒体第一次获得进入航天员训练现场进行采访的机会。但是出于保证航天训练环境封闭、安全的目的，基地要避免非相关专业人员的干扰，张泉灵和摄像只能在训练室的玻璃屏外进行拍摄。关于航天员的训练信息，只能采访随行的在玻璃屏外陪同的航天员系统副总设计师黄伟芬，整个新闻的亮点只能通过与这位负责人的交流来挖掘。

张泉灵就从这个玻璃屏说起，挑起了整个采访的话头。她向身旁的工作人员问道："我看到现在玻璃墙里还有其他的工作人员。现在这个阶段是什么样的人才能进到玻璃屏里面？"

黄伟芬回答："我们现在有两部分人员可以进到玻璃屏，一部分是跟航天员一起隔离的工作人员，还有一部分，是我们受控的，虽然没有跟航天员一起隔离的工作人员。所以你看到他们在里面和航天员一起操作的时候必须戴口罩，采取相应的措施。我们的航天员上天前还要进行一些必要的训练，这些工作是需要其他工作人员和他们一起协同完成的，所以我们要把这部分人同航天员一起隔离。"

问："也就是说，从任务前的十多天的时间里，他们就不能回家了？"

答："是的，和航天员一起隔离。"

……

张泉灵的这个开场问题问得十分巧妙。一方面在于该问的顺畅自然：虽然得到了采访机会，但却只能止步于玻璃屏外，未免有些遗憾。张泉灵顺势联想到，玻璃屏里不能随意进出，那么哪些人能够进入呢？这个问题从思维顺序上承接了"玻璃屏"这一个物件，也顺应了大部分观众的好奇心，从观众的接受心理上来讲，不会有突兀生硬的感觉。

另一方面在于引导了受访者积极主动的回应。黄伟芬不仅只回答了能进入现场的工作人员资格，还介绍了这些人员受到的严格工作限制。这也引起了张泉灵和黄伟芬的进一步交流，作为观众了解到了这些背后默默奉献着的航天人具体的辛劳。

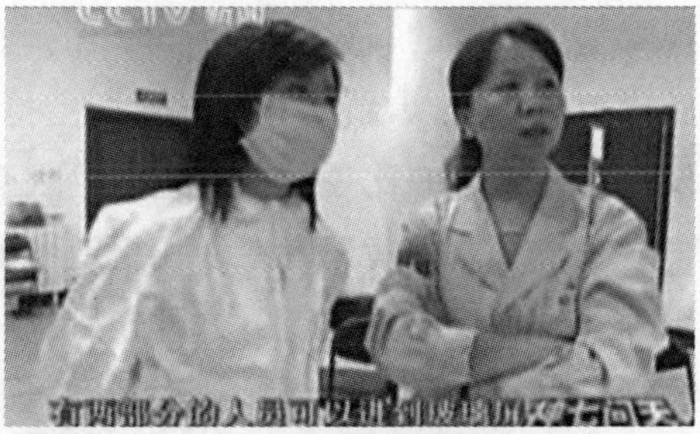

图 4－20　张泉灵在玻璃屏外采访

在接下来的采访中，张泉灵和受访者的谈话气氛越来越活跃，围绕航天员升空训练的话题也越来越多，很多小细节也会被张泉灵关注，加以发挥，从而引出更多的新闻亮点。

张泉灵注意到训练中的航天员手中拿着一本小册子，于是好奇地问黄伟芬："我看到他们手里都拿了一本小册子，那是什么？"

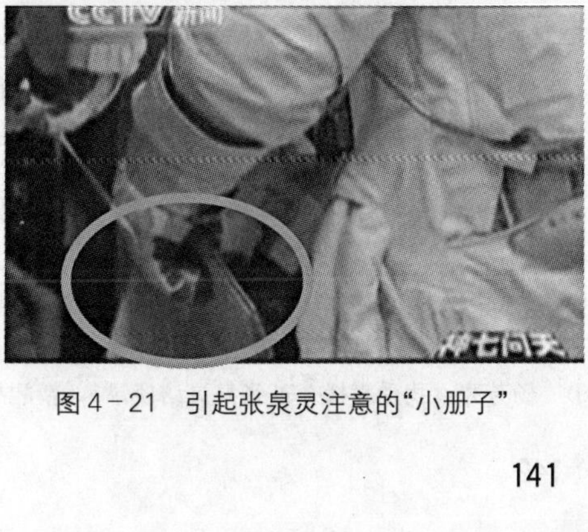

图 4－21　引起张泉灵注意的"小册子"

答:“那是飞行手册,出舱活动的手册。因为我们要求航天员在执行任务的时候要确保万无一失,那么我们要严格地按照手册规定的这些程序和要求来进行操作。”

问:“可是我们的航天员不是考试过吗?他么不是倒背如流吗?还需要有一本书吗?”

答:“那也必须要!我们不能说人是一定不会犯错误的。我们只有严格地按照手册的提示来一步一步操作,才能确保他不犯错。”

在这一轮问答中,张泉灵由一个小册子引发了自己的问题,没放过任何能够揭示航天员训练情况的问题。在受访者充满专业术语的回答中,她并不急于插话,而是让对方娓娓道来,再针对观众可能感兴趣的点入手,继续提问。这样的交流方式既不会产生太过强势而压抑受访者的积极性的问题,还能够从对方大量的叙述中找出新的提问点。

五、现场解说思路清晰、层次分明

勇敢坚强、亲和近人,一刚一柔在张泉灵的出镜报道中很好地融合在一起。从个人魅力上讲,张泉灵是相当出众的。但作为一名“新闻人”,她的专业素养同样十分深厚。从她作为出镜记者在现场报道中的表现来看,一个突出的特点就是现场解说思路清晰、层次分明。

很多新闻事件,其现场情况都是千头万绪的,单靠架起一部摄像机是远远不足以传递所有信息的,此时,出镜记者的作用便凸现出来。张泉灵对此深有感触:“记者的视野是360度的,感受是五官俱全的,而观众只有视觉和听觉感受,且视野仅限摄像机所摄范围。所以,新闻直播要通过主持人的传达和表述才能得到全方位呈现。把最新发展的事情以一比一的方式呈献给观众时,要通过你的提炼与选择。”①

张泉灵对出镜记者在现场报道中的作用的理解是精当的,她在自己的报道中一直很好地发挥着出镜记者的这种作用。一个很重要的表现就是她通过自己清晰明了的解说,以最易理解消化的语言将新闻现场的信息完整地呈现给观众。

2008年5月13日,张泉灵赶赴四川地震灾区进行现场报道,通往汶川的213国道因遭地震破坏而无法通车,张泉灵向观众介绍现场抢修的情况。

通过摄像机镜头,坐在电视机前的观众能够捕捉到的现场信息十分零碎:张泉灵身后是一辆侧翻着的被毁大卡车;再往后是一条被滑落的山石所堵塞的破碎公路;乱石堆上,一辆挖掘机正在吃力地作业;旁边是无数作壁上观的人。只通过这个镜头,观众疑问很多:抢救道路对于救援灾区十分重要和紧迫,为何只有区区一辆挖掘机作业?

---

① 杨芳秀:《我爱直播——张泉灵访谈录》,《新闻战线》2010年第10期。

图 4-22　张泉灵在 213 国道的抢修现场

旁边这么多人闲着，为什么不出力帮忙？这条道路何时能抢修完毕……种种疑问，必须要有记者来解释，而且面对凌乱的现场，观众也很需要有一个全景式的环境介绍才能更好地理解救援现场的进展，这些，摄像机镜头都不能给我们答案。

张泉灵在镜头前的解说为我们提供了事实的真相：

213 国道在我身后的这个地方就完全终止了。您看到的不是之前那些巨大的石块儿，而是整个山体都垮塌下来。

根据工程人员告诉我们的，现在聚集了大概 10000 方的土量，而这个挖掘机不断地工作，每小时能清除 30 方，总共需要 300 多个小时，十几天的时间才能把这些土方全部移走。

而且，可能面对这样的情况，您还会有疑问，为什么现在是看的人多，工作的人少，其实这也是一个相当无奈的事情。这段路宽也就七米左右，往这边走，（张泉灵用左手指向镜头右方）下面就是岷江，往另一边（用右手比划镜头左方）就是山体，这就只能允许一辆挖掘机在上面工作。

开场的介绍，张泉灵不是采用由近及远的空间顺序来介绍现场，而是从观众最关注的信息切入，先介绍了道路受阻情况的严重性，即造成道路阻断的障碍物不是滑落的石块，而是整个山体。对整个山体的清除比对几个大石块的清除肯定要困难得多，这一个信息对比使得观众对 213 国道的清除难度有了一个直观的初步理解。

有了具体的事物判断之后，张泉灵紧接着向观众提供一组数字来印证清除工作的繁重：10000 方的土量，以每小时 30 方的速度清除，总共要挖 300 多个小时。有意思的细节是，张泉灵将 300 多个小时又换算为以“天”为单位的计时，因为这种计时方式观众更加熟悉，十几天比 300 多个小时更能在人们心中形成时间长度的感受。

在介绍完最急需向观众交代的信息之后，张泉灵再来解释由于道路宽度的限制导致现场人员和机器无法全部投入救援工作的无奈。

这种类似于新闻“倒金字塔”写作方式的现场解说首先专注了观众最感兴趣的新闻点，再介绍新闻背景环境，让观众对新闻事件有更深入更细致的了解。这种逻辑脉络清晰，顺承了观众的思维习惯，让人消化信息十分容易。这样的解说非常符合电视传播规律，也突出了出镜记者的重要作用。

在直播现场，出镜记者既要统筹全局，又要深入发掘现场，并快速过滤、筛选信息，尽管是现场的即兴报道，但仍需逻辑清楚、表达缜密、张弛有度。张泉灵清晰的思维，明了晓畅的解说让整个现场活了起来。而她这种精深的专业素养并非一朝一夕之间的功夫，“在我看来，现场报道过程就是回答问题的过程。我经常不断地问自己，大多数人提出的第一个问题会是什么呢？当他看到了现场的第一个画面时，好奇心会集中在哪些方面？会对哪里有疑问？适当做这样的训练大有益处。我通常会在心里对自己先讲一遍，检验是否清晰准确地反映了现场的情况。如果不是，换一个方式。这里，往往侧重于事物的逻辑关联，而不是感性本身。在报道中，我会不断地问自己，你所说的话有事实支撑吗？结论的依据是什么？其中的逻辑链条是不是有断裂呢？”①非新闻科班出身的张泉灵为自己所热爱的事业付出了很多努力。

回到本节开始时张泉灵所说的那句话：“首先我是新闻人，再是电视人，最后才是主持人。”电视机前的张泉灵并没有将自己的身份严格归为是主持人还是记者，她最认可的是自己是一位新闻人。新闻人张泉灵，身上有着阳刚气十足的勇敢坚毅，也有着柔情似水的女性魅力，更有新闻人逻辑严谨、思维清晰的专业素养。正如各种有关她的文章最常使用的一句评价：张泉灵说话层次鲜明、逻辑清晰，既有外景主持的勇敢，又不乏职业新闻人的干练。②

第三节　柴静：如水流深、润物无声

柴静

中央电视台著名记者，以调查报道和人物访谈闻名中国新闻界。

2001 年 10 月加盟《东方时空·时空连线》，担任主持人。

2003 年起担任中央电视台《新闻调查》栏目出镜记者，是第一个进入“非典”病区“零距离”报道的中国记者。据统计，柴静在《新闻调查》栏目组所做的选题中，74%涉及曝光社会问题和关注社会的边缘人群。

① 杨芳秀：《我爱直播——张泉灵访谈录》，《新闻战线》2010 年第 10 期。
② 新华网，《主持人张泉灵——我对新闻工作心存感激》，http://news.xinhuanet.com/newmedia/2010－10/28/c_12711636.htm。

2009年担任央视新闻频道《24小时》主播，新闻频道《面对面》主持人。

2011年起主持央视《看见》栏目（周末版）。

提及柴静，“深邃”、“尖锐”、“独到”、“冷静”、“关切”、“人文”，是绕不开的词汇。人如其名，面对新闻，柴静一方面如火柴一般，能爆发出极大的热情和理性力量，将复杂的新闻事件层层抽丝剥茧，挖掘被掩埋的真相；另一方面，面对新闻当事人，她又如水一般，静水流深，润物无声，对人性、人格和人情饱含理解和尊重。

图4-23　柴静

无论是曾经的《新闻调查》、《面对面》，还是2011年7月开播的《看见》（周末版），以某一新闻事件为依托，在节目中对新闻人物进行一对一、一对多的采访，是柴静每一次面对镜头时的主要姿态，也是使她成为一名优秀的出镜记者的关键所在。

一、出镜记者的“存在感”

作为专题类出镜报道的主要形式，新闻访谈类节目中的出镜记者具有双重特征，这是由于电视访谈既是一种人际传播，又是一种大众传播。首先，记者与采访对象之间的交流具有人际交往的特征。作为一位平等的对话者，记者在交谈中想说什么，想怎么说，想说多少，表现欲强烈程度，是否主导话题，都是记者的个人选择。然而，这种交谈还具有职业活动的属性，因为它最终需要通过电视信号传递给观众，进入大众传播，这就要求记者不得不有所克制。因此，记者与被访者之间的私人交往活动是一种带有记者个人色彩的“公共交往活动”——记者成为连接新闻当事人与广大受众之间的桥梁，充当信息传递的媒介。“公共交往”要求记者尽可能淡化个人风格、个人情绪，尽可能将个人意识淡出新闻事件，让新闻事实、新闻当事人的信息以最低程度的减损传递给受众。

柴静说“采访，是一种懂得”，谈的就是这个道理。本质而言，新闻访谈是一个诠释当事人经历和内心世界的过程。新闻当事人是一个有待挖掘的富矿，他展露给外界的仅仅是冰山一角。记者永远不应先入为主地对某一新闻事件或新闻人物产生特定的看法（或称之为“成见”），进而对新闻事件预设报道框架，进行流程化作业。现实永远比记者的个人经验复杂。

2011年11月6日播出的《看见》，柴静对自贡拦路救狗事件双方当事人进行了采访。这一新闻事件的爆发源于一个长久的争论：人应不应该吃狗。当事人双方，一方是文化程度很低，几乎没有什么工作技能，只好以贩狗为生的农民唐大国夫妇；一方是因为喜爱小动物而坚决抵制屠杀、贩卖、虐待狗的动物保护者。动物保护者强行拦下唐大国装有 1000 只待售狗的货车，与其僵持了一天两夜，最终用 8 万元钱买走了全部的狗，并要求唐大国许诺以后不再以贩狗为生。

在媒体的报道中，唐大国的形象是个没有爱心、残害动物生命的残暴之徒。更有节目为了渲染戏剧效果，将双方都请到演播室，进行现场辩论，结果双方吵得满目戾气，甚至有观众将鞋子砸向了当事人。新闻操作经验中，对于此类社会新闻，矛盾越冲突，故事性越强，可看性就越强。然而，这期《看见》展现了唐大国不为人知的一面。在节目录制过程中，有一只猫非要趴在唐氏夫妇的腿上，唐氏夫妇怕猫影响采访，把它拴在楼下，但它一直凄惨地叫唤，他们又只得把它放开，它又趴上来打起呼噜。柴静说："一个动作，胜过千言万语，全看你是否能看见。"

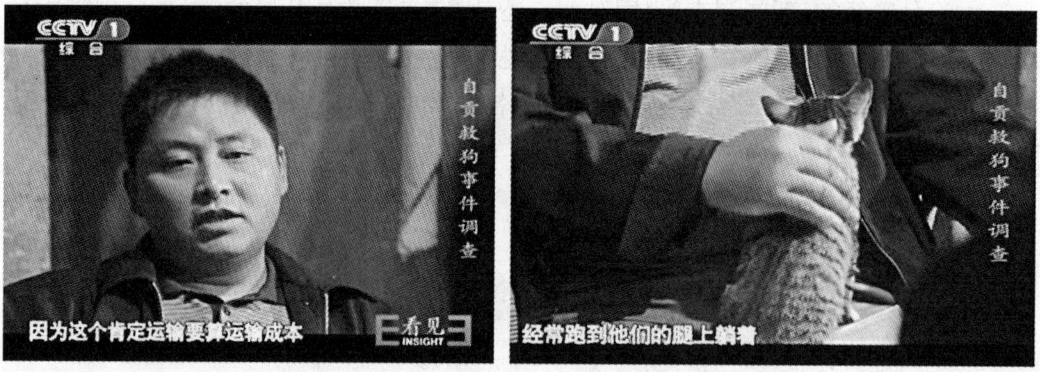

图 4－24　柴静看见"残害动物生命的残暴之徒"唐大国也有爱护动物的一面

可以说，唐大国夫妇的这个动作是隐藏在冰山之下的重要信息，也是唐大国想要向外界传达、受众需要获知的有用信息。在面对新闻事件，尤其是和常理常情相矛盾的事件的时候，记者一定要克制自己过早进入与对方交接的攻防状态，多问一些"怎么了"和"为什么"。受众收看人物访谈，其需要永远第一指向新闻事实，而不是记者的评论，更不是记者的情绪。

对于访谈类出镜记者而言，他们在节目中的"存在感"更应界定在一个"若有若无"的位置。"有"是指需要记者出镜完成节目的"结构性要求"、"功能性要求"和"价值性要求"。所谓"结构性要求"是指访谈栏目作为一种记者和当事人的谈话实录，在形式上需要一名记者出镜发问，为受众搭建节目的人际化交流平台；"功能性要求"是指节目的完成需要记者与当事人进行互动，深入理解新闻和新闻当事人，提出切合新闻关键环节、具有突破性和推进性的问题，引导新闻当事人更好地自我表达；"价值性要求"则包含两个层面，一是记者需要升华新闻价值，寻找新闻个例的社会普遍意义，做出评论；二是指记者的个人形象、精神气质与节目的形象合而为一，用记者为节目树立品牌。

而“无”是指记者在整个新闻诠释的过程中，尽可能将自己淡出，让新闻当事人“发声”，让新闻当事人“被看见”。为了保障新闻事实的流畅传递，需要尽量减少由于个人因素造成新闻事实在传递过程中发生的减损（或者根本挖掘不出来），尽量减少个人抢夺过多的受众注意力资源，出现“喧宾夺主”的局面。

一句话，这种“若有若无”的境界就是在新闻事实的表达过程中，记者淡出，在节目节奏、节目推进的关键节点上，记者出现。下文将以柴静在《新闻调查》和《看见》中的业务表现为素材，从提问、非语言符号的使用以及记者角色协调三个层面，来总结和探讨以柴静为代表的“新闻访谈出镜记者”应具备的业务素质和需要注意的问题。

二、镜头前提问的秘密

柴静认为，提问的质量来自于思考的质量，没有困惑和疑问就没有提问，提不出问题，提不出好问题的根源都在于此：“不是知之甚多，而是知之甚少，思考甚少。没有困惑和疑问就没有提问，对记者来说，提不出问题更是问题。提问代表着一个人对生活的观察和思考的能力，好的提问也能反映出一个人的自由人格和独立精神。”①

柴静认为，提问一定要提真问题。所谓的“真问题”是针对粉饰性问题、设计性问题提出的，这些问题的共同特点就是答案是已知的，只是为了把它问得很花哨，或者配合某些要求而特意问一遍，柴静认为这是没有价值的。她不愿意哪怕在寒风中穿着羽绒服，还要在冻得僵硬的脸上堆起笑容，对着镜头说：“三月的北京，春意盎然”。②

关于提问的态度，柴静认为记者提问时应该秉持疑问的态度，而不是质疑。这源自于柴静刚刚进入中央电视台《东方时空》时的一次失败经历：“我有过失误，在《时空连线》的时候，我做过一期节目《飞越的界限》，采访因飞越长城失败而丧生的那个人的教练和队友。有网友看过节目后评论：冷酷的《东方时空》，冷酷的柴静，还有专栏作者说‘柴静在采访中语带嘲讽，步步为营’。《新闻调查》的一期节目《事故的背后》播出后，也有领导善意地提醒我：有的问题太过尖刻，置人死地。事后我调出带子来看，发现我的坐姿，带嘲讽的微笑和不信任的眼神都传达了许多信息，这是我当时没意识到

图 4－25　初入新闻界的柴静充满了“凌厉之气”

① 方仁：《提问就是力量》，《传媒观察》2008 年第 2 期。
② 《掘地三尺挖出湿漉漉的新闻——〈新闻调查〉记者柴静访谈》，《新闻大学》2009 年第 4 期。

的。新闻中心的一个领导曾恳切地对我说：一个好的记者的态度，不是质疑，而是疑问。"①

此后的柴静在提问中削减了"凌厉之气"，取而代之的是"既冷静又保持关切"。记者的发问不应做审判，而是应该揭示和呈现，给被采访者说话的权利，同时也是给受众了解真相的权利，多问几个"为什么"、"怎么了"，也就有更多的可能接近事实。

柴静的提问具有三个特点：其一，事实信息居多，观点性语言鲜见，多疑问少反问；其二，逻辑缜密，步步为营；其三，冷静之中不乏关切。

(一)语句构成：事实性信息居多，观点性信息鲜见，多疑问少反问

在柴静提出的问题中，绝大多数是根据新闻进展过程中的关键节点、关键情节、关键矛盾冲突提出的事实性疑问，很少出现观点性问题。

事实性提问关注"怎么样"、"为什么"，在乎新闻的信息量、新闻的"硬货"。这种问话方式保障了记者与当事人的顺利交谈，不会让访谈双方产生对抗性气氛，使记者隐没在新闻背后，让观众的注意力始终保持和关注在新闻当事人身上，更加利于新闻当事人的"发声"。另外，这种针对事实的疑问，也非常符合观众收看电视时的伴随性思维，不会产生思维断链，进而让新闻事实更加自然地展现出来。而观点性问题更多是记者个人意识的体现，常常带有强烈的个人好恶，具有明显的"对抗性"和"攻守性"。在不了解全部事实的情况下，凭借个人体认发出观点性疑问，容易陷入"对抗性"的思维，进入"审判当事人"的场域，给新闻事实造成极大减损。

我们统计了《看见》两期节目中柴静提出的问题，这两期节目是2011年8月14日专访"药家鑫案"双方父母和2011年10月30日专访为了救其他溺水孩子而致使自己孩子不幸丧生的好人胡占凡。在前一期节目中，柴静共提出40个问题，40个问题全部为事实性提问，33个疑问句，7个陈述句，没有观点性问题；在后一期节目中，柴静共提出32个问题，其中24个为疑问句，8个为陈述句，均为事实性提问，没有观点性提问。

表4—1　柴静部分提问摘录

来源	类型	问题
1期	疑问	我看您曾经写过一句话，你说药家鑫从一个懂事的孩子，到一念之差犯下杀人罪，我负有不可推卸的责任？
1期	疑问	那他跟你儿子的沟通多吗？
1期	疑问	他的同学说他原来中学的时候，有比较严重的网瘾，说曾经被您关在地下室过？
1期	疑问	他妈说孩子对你是有点害怕的？

① 卲薇：《事实的背后是心灵》，《军事记者》2004年第4期。

续表

来源	类型	问题
1期	疑问	他跟外界一直有一个表达，说我爸是不允许我犯错的？
1期	疑问	您是农村人？
1期	陈述	好多人是很生气药家鑫说的那句话，说农村人难缠。
2期	陈述	我记得你说过一句话，你说你每次站在台上领奖，受表扬的时候，你心里都特别受折磨。
2期	疑问	为什么你说都会站不起来？
2期	疑问	你当时不得不带着这四个孩子往回游的时候，你能不能来得及跟你儿子喊一声？
2期	疑问	你当时已经不能够带着这些孩子再接近儿子了是吗？
2期	疑问	为什么你说他手里边这个泥巴，这个细节特别刺激你？
2期	疑问	你那时候能睡着吗？
2期	陈述	我看你原来说过一句话，你说有时候，睡不着的时候，都把床上的那个草抓着。
2期	陈述	当年你儿子在水中的时候，你也对他大喊过一句，让他挺住。

在柴静专访"疯狂英语"创始人李阳对妻子实施家庭暴力的节目中，柴静陷入了对抗思维。在这次采访中，李阳把话题引向柴静，希望寻求共鸣和佐证："在我心目中你是一个事业强人，我相信你会有大量时间扑在工作上，你没得选择的。"柴静不置可否："我觉得我如果没有办法对我身边的人尽到应有的爱和责任，我其实是没有能力来完成一个好的采访的。"李阳回答："那不是，你只要完成你对你爸爸妈妈的责任，其实丈夫并不是最重要的人。"柴静笑起来，提高了自己声音的分贝："你知道伴侣是人类最亲密的关系！"

节日中这两个回合的交锋，除了展示出两人对于爱情的价值观念有所差异之外，并没有多少事实性信息。这期节目中，李阳施行家暴的原因是观众希望了解的信息，而柴静关于爱情的看法则是游离于节目之外的"八卦消息"。事后柴静对这两个回合的口舌之辩耿耿于怀，跟李阳之间形成的对立令她十分沮丧。对面发来一个力，她急于用一套与之相反的价值观反击回去。她反思，自己更应该去问"你为什么这么想"，"李阳对于家庭的看法跟我不同，但不同又怎样呢，你只要去了解怎么不同，为什么不同这两个问题就够了"。①

这种失误在已经播出的16期②《看见》中仅仅发生过一次，多数时候，柴静的问题仍然紧紧围绕着新闻事实，事实性信息、多疑问是其鲜明的特点。

(二)步步为营，逻辑缜密

柴静的提问呈现出严密的逻辑思维性，问题的设计一环紧扣一环，及时根据被访

① 李岩：《柴静对抗柴静》，《南都周刊》2011年第45期。
② 16期为截至本书撰写日期播出的期数。

者的反馈信息进行调整和追问,确保采访的主动性和问题的走向由自己把握和控制。柴静设计的问题都极具针对性,直击要害。

在《新闻调查》的《虎照疑云》这期节目中,柴静提问步步为营、逻辑缜密的特点得到了充分体现。柴静通过证实验证虎照的专家不是老虎专家而是鸟类专家,来揭露这场由地方政府主导的虎照骗局。

(采访陕西华南虎鉴定团成员,陕西师大教授王廷正)

柴　静:您没有发表过关于华南虎这方面的论文是吧?

王廷正:我没写这个。

柴　静:您也没有在华南虎的基地做过专项研究?

王廷正:没有。

柴　静:就是说您是在没有研究过华南虎,也没有实地考察的情况下,做出这个地方有华南虎的判断的。

王廷正:只能是根据我搞动物分类学这个角度上我认为它应该是华南虎。

(画外音)我们还查询了其他几位参与论证会专家的专业背景,发现也并无大型兽类的研究方向。

柴　静:您是研究啮齿动物的,刘教授主要是研究金丝猴的,还有一位许教授主要是研究鱼的?

王廷正:对。

柴　静:听上去这个跟华南虎差距都挺大的。

王廷正:人家要开鉴定会了,这个省上没有研究这个的,他只能是找动物学工作者。

柴　静:不管是哪个级别的鉴定吧,比如说假如是一个关于田鼠的鉴定,可是由研究华南虎的专家来做,您觉得合适吗?

王廷正:好像也不太合适。

(电话访问陕西省林业厅副厅长孙承骞)

柴　静:他们(此次的鉴定专家)也许熟悉陕西的山水,可是他们不熟悉华南虎啊。他们怎么做这个鉴定呢?

孙承骞:那你认为我应该相信谁呢?

柴　静:在苏州跟福建都有华南虎的繁殖基地,有很多人熟悉虎的习性,中科院也有十几位研究大型猫科动物的专家,他们可能权威一些,你们有没有想过邀请?

孙承骞:我认为陕西的专家可以代表陕西的水平。

(三)既关切又冷静

柴静在面对新闻当事人时充分做到了平视被访者,面对高官时将“仰视”视角改为“平视”视角,面对普通大众时则将“俯视”视角改为“平时”视角,因为只有平视才能建立真诚的对话,才能走入被访者的内心。柴静认为:“(采访)最直接的方法就是让自己走进对方的心灵,让当事人开口说话。走进别人的心灵也是走进自己的心灵,当你去打开别人心灵的时候,首先要清空自己。当然你不能毫无立场,你必须有一些人类普世的价值观念。”①

在《长大未成人》这期节目中,柴静访问了一位未成年怀孕少女。未成年、怀孕,这样的元素在社会的道德判断中处在道德准线之下,极易受到歧视和打击。柴静面对这样的被访者,没有拿出道德上的高姿态,而是报以尊重和倾听的态度。在彼此的交谈中,柴静既关心这个少女,认真地去倾听、去感受少女对于爱情最纯真的理解;与此同时,也及时抓出少女在爱恋中的盲目和轻率,凸显出未成年人恋爱缺乏引导、急需社会关心,而不是大肆挞伐。

柴静:去念书,去清华、北大,去创造自己的未来,当时这些梦想对你来说,在你生命中占多大的位置?在没有遇到这个男孩之前。

小青:很大、很高的位置。

柴静:那时候跟他在一起,比其他所有的东西都重要么?

小青:我想应该比什么东西都重要吧。否则我当初也不会那么做。

(画外音)那个男生成绩不好辍学后,便鼓动小青跟他一起辍学,外出打工。

柴静:他身上有你需要的东西,对么?

小青:嗯。

柴静:是什么?

小青:一种呵护,无时无刻的关心。在我以前的生命中,可以说是从来都没有过的吧。

(画外音)真正的朝夕相处和打工生活的艰难,让小青逐渐从情窦初开的少女梦中清醒过来。然而,这时她发现自己已经怀孕了。

柴静:你怎么发现的?

小青:试纸。

柴静:当时的反应呢?

小青:当时我整个人都已经坐在地上了。虽然说之前有一些心理准备吧,但是当

---

① 方仁:《提问就是力量》,《传媒观察》2008年第2期。

这件事真的发生了的时候，我就觉得好像天都塌下来了一样。因为我当时已经想得很清楚了，他不可能是我生命的归宿吧。

柴静：但是，只不过是在短短的两个月之前，你认为他是世界上最重要的人，你为他可以放弃所有其他。什么改变了？

小青：我现在认为那只是一种错觉吧。是他对我的好，给我带来的一种错觉。

图4-26　柴静在访谈中既冷静又关切

三、镜头前的非语言符号表达

(一)姿势、表情、声音

柴静的非语言符号表达特点主要集中在姿势、眼神和声音三个方面。中央电视台《人物》栏目曾对柴静在节目中的非语言符号进行过初步的统计，发现："在我们看到的213次采访中，柴静的身体与地面呈现45°倾角，她与采访对象相距最近的一次是10厘米；在我们看到的169次采访中，柴静流露关切的眼神为156次；在我们看到的187次采访中，柴静的声音平均为20分贝。这个声音在柴静做湖南电台晚间节目时期，曾被当地听众称为'长沙夜空当中唯一的安慰'。"

习惯性地身体前倾，倾听姿态让记者可以更贴近被访者的内心，轻柔的语调、关心的眼神能够让被访者放下戒心，使记者真正走入被访者的世界。对于受众而言，在观看节目的时候，受众往往以记者的视角切入，与记者“视界融合”，记者所表达的非语言符号，同时也会将受众带入其中，获得更好的新闻体验。

（二）积极利用各种道具，挖掘现场信息

柴静认为记者出镜必须要给受众传达重要的信息，她反对把现场变成记者滥用的一个空间，如果无法传达信息，有记者没有记者均可的话，这样的出镜就是无意义出镜：“《60 分钟》的记者从来没有无谓的穿插，画面能交代清楚的事情，他们一定不出来，一定是画面当中有强烈的信息，而且又非得有一个人在现场解释，把这些信息关联起来组成一个更便于理解的东西之后，记者才在这个时候出现。我觉得新闻一定是这样的，就是观众觉得需要你的时候你才能出现。”①

记者出镜一定要传达给受众那些通过画面无法传达出的信息。这些信息通常需要记者借助道具，或者仔细观察现场，寻找现场细节。在《柴静两会观察》中，有一则关于教育问题的报道，柴静找到甘肃代表团要来了当地贫困学校的照片。其中有这样一张照片，在学校一面墙的裂缝上横跨裂缝贴着一张纸条。柴静解释说，这张纸条是用来起警示作用的土办法，如果纸条断裂，说明墙要塌了，就要紧急组织学生撤离。生动的照片，辅之以柴静细腻的语言，将贫困地区的教育困境活生生地展现在观众眼前，它是那么真实，那么紧迫，那么令人心酸。

图 4－27　柴静利用图片介绍农村贫困学校的困难条件

借助道具将深奥的概念和复杂的问题简单化，便于受众理解，达到有效传播，是记者出镜的一大目的。同样的做法也表现在柴静对于出镜地点的精心选择上。电视一直被认为是通俗媒体，传播思想一直是电视相较于纸质媒介的弱势所在。中央电视台

① 张国宁、王小河：《真正的歌者能够唱出人心底的沉默》，《今传媒》2006 年第 3 期。

著名电视制作人陈虻认为这种困境并不是电视或者思想本身的错，而是记者“在叙述这个思想的时候，叙述的节奏、信息的密度和它的影像化程度没处理好，所以思想没有被传递”。①

在《长大未成人》这期节目中，柴静借助飞速上升的电梯，将青春期的快速变化和青春期少年的不知所措描绘得淋漓尽致：“一个人进入青春期，就像打开了这样一个旋钮，你会看到童年的大门就在你身后永久地关闭，可是你既不可能停下来，更不能完全控制自己的身体，你只能听由它的牵引，去往未知之处。而让人遗憾的是，我们中的大多数人却被困在这样的眩晕当中，孤独成长。”

四、出镜记者的角色协调

(一)功能角色的协调

访谈类出镜记者多属于记者型主持人，担负多重角色职能。首先作为记者，面对现场，他担负观察现场、采集信息的职责；面对被访者，他担负提问交流的职责；而作为新闻现场的主持人，他需要担负播报和对新闻事件进行述评的职责。因此，作为一名出色的出镜访谈记者，必须成功区分开各种角色所承担的职责，并且在适当的时机加以完成。一旦产生角色定位混乱，将给节目品质带来巨大伤害。

以出镜记者的面貌面对镜头、承担记者职能时，最重要的任务是描述、交代现场，为节目营造一种“面对面”的人际传播语境。这就注定出镜记者应当尽量“说”而不是“播”。但有些记者，由于角色意识不清，会出现以“播”代替“说”的现象，将播音员的标准作为指南，完全是在“念稿”而不是“讲新闻”，非常容易造成报道与观众的疏离。

另外，由于访谈类出镜记者承担着节目主持人乃至节目主编的职责，提升和凸显节目的新闻价值和新闻意义也是他们的重要任务，精彩独到的评论是节目必不可少的组成部分。如前所言，出镜访谈记者在整个过程中要做到“若有若无”，这就需要记者在新闻操作的过程中，将报道思维与评论思维截然分开，不要在访谈过程中过多引入观点性信息，尤其是带有记者强烈个人色彩的看法。新闻价值的升华，应该建基于对新闻事实的全面把握，而这种把握恰恰来自于没有立场偏见的访谈。

药家鑫撞伤路人又连捅八刀将其残忍杀害的新闻震惊社会，引起人们的极大愤怒；贩卖小狗谋生的行为，也常常被描述成没人性、非常凶残，同样容易招来社会的道德激愤。在面对这两起事件的当事人时，柴静平心静气，以一个倾听者的身份和当事人交流，丝毫不带入个人观点，为的是尽可能获取完整的新闻事实。事实也证明，节目

① 柴静：《我以为我失去了他，但是我没有》，http://9.douban.com/site/entry/167841615/view。

都给观众带来了突破性的认识：药家鑫并非外界传言的官二代、军二代，药家鑫父母也不是坐拥权力、企图干预司法、对被害者冷漠的无情人，他们都是朴实、淳朴的市民，承受着丧子的剧痛，甘心受罚。同样的，贩狗谋生的唐大国也不是没有人性的“屠狗杀手”，他对于小猫、小狗也有怜爱的一面，贩狗只不过是一种无奈的谋生手段。

图 4－28　柴静评论“药家鑫案”

可以说，观众获得这些突破性认识得益于柴静角色定位的正确，在访谈过程中，她极力避免评论性思维，在访谈结束后，再根据获取的事实做出恰当、独到的评论：

感谢两个家庭在创伤中向我们袒露内心，让我们看到张家在无辜的女儿逝去之后，仍然能持有宽谅与善良，看到药家父母在儿子伏法之后，继续地救赎和反思。其实药家鑫已经成年，是一个有行为能力的责任人，他极端自私的思维个性和极端残忍的犯罪行为，其成因必然复杂，我们很难从一个家庭当中找到全部的答案。不过药家父母承担了他们所说的不可推诿的责任，就是去反思和总结儿子的人格成因，在这当中我们可以看到因为家人与他缺乏沟通，过于要求，造成他个性当中的缺陷，而责任教育的缺失，也使他在遇大事时不能担当，酿成大祸。药家鑫案已成过往，但也许这一切对于很多中国家庭仍有启示，就像药庆卫说的那样，我们必须从死亡中有所学习，因为这里有血的教训。

在这个社会转型的时候，人群之间不一样的观念和体验往往是冲突的来源。冲突呼唤着规则。其实在采访中我们发现冲突本身也酝酿了规则。当冲突的双方在摩擦当中不断地摸索边界，试图进入和理解对方的体验，才能尽可能地寻找共识。而这样的共识，就像一位大法官所说的那样，是人类社会的共有经验，也是立法的最牢固基础。

（二）个人角色的协调

出镜记者的个人角色由“职业的我” 和“个性的我”两部分组成。所谓“职业的我”是指记者进行报道活动时的专业意识，表现为时刻以新闻专业主义为准则规划个人行为；“个性的我”是指记者按照个人习惯进行活动，对外来信息作出本能性反应，根据个人的思维、偏好、体验发表言论。

“职业的我”和“个性的我”始终存在冲突，根本原因是人的行为受意识和情绪状态支配。通常情况下，记者的职业素养能够使“职业的我”占上风。但在特殊情境下，尤其受到情绪和价值观念冲突的影响时，“个性的我”在不知不觉中会成为主导，这时出镜记者便会出现角色失调，导致情绪失控或过激评论。

“职业的我”要求记者尽量保持克制，隐藏情绪，情感生发始终为报道服务，不可恣意蔓延而影响采访进程和新闻判断。而“个性的我”要求记者在采访过程中具备常人常态，喜怒哀乐随情而动。当记者陷入一种极度悲伤和愤怒的情绪当中时，其行为往往就很难再受意识支配。记者作为信息传播者，现场报道的最大任务是保证信息的最大化、条理化和秩序化，为此，记者必须学会控制情绪，唤醒“职业的我”，压制“个性的我”。

柴静专访药家鑫父亲时，药父透露了这样一个细节：在药家鑫被执行死刑之前，父子之间有过一次短暂的见面，在这次见面中药家鑫提出要捐献自己的眼角膜，但是药父没有同意。药父向柴静重复当时他对药家鑫讲的话：“我希望你把你的罪恶都带走，不要再连累别人”。这时柴静没有看他，也没有看镜头，低着头说了一句：“那个话可能他听了也很难受”。

后来柴静在采访中透露，当时她是很难过的：“我有情动于衷、不能自已的瞬间，而且流露了。我大致能体会药家鑫当时的心情，他想有最后的救赎，或者留点什么，但是被用一种挺刺激的方式拒绝了。”当时，柴静“个性的我”与“职业的我”产生矛盾，为了克制，在摄影机取景框以外观众看不见的位置，柴静正用笔尖扎着自己的手背，以求克制。①

图4－29　柴静采访“药家鑫案”双方父母

第四节　闾丘露薇：专业主义至上

闾丘露薇

凤凰卫视著名女记者，因报道阿富汗战争、伊拉克战争而为观众所熟悉，被亲切地称为“战地玫瑰”。此后，她的身影出现在许多重大新闻事件的现场。

1992年，闾丘露薇毕业于复旦大学哲学系，虽然她从小就梦想着成为一名记者，

① 李岩：《柴静对抗柴静》，《南都周刊》2011年第45期。

但由于专业限制，她毕业后并没有进入媒体工作。在从事新闻工作之前，闾丘露薇曾做过推销员，也在会计事务所担任过审计员。

图 4－30 闾丘露薇

1995 年，闾丘露薇移民香港，应聘成为香港传讯电视中天频道的翻译。三个月后，她跳槽到 TVBS（台湾无线卫星电视台）任电视记者，在此工作了一年之后，又于 1997 年 6 月加盟开播不久的凤凰卫视新闻时事节目《时事直通车》，成为凤凰卫视第一批记者之一。除了继续其新闻采访工作之外，她还主持一档财经节目——《经贸周刊》，并受到好评。

2001 年 11 月，阿富汗战争打响后，凤凰卫视决定派记者前往阿富汗采访。闾丘露薇率先报了名，并成为第一个进入阿富汗的战地女记者。在伊拉克形势日益紧张之时，凤凰卫视准备派记者去伊拉克采访，闾丘露薇再次主动请缨。尽管亲朋好友纷纷劝阻她，她却异常坚定。随后，闾丘露薇告别女儿，来到了前线，成为伊拉克战场上一朵耀眼的“战地玫瑰”。她出色的战地报道让许多观众记住了闾丘露薇这个名字，也得到了国家领导人的关注。

2006 年 7 月 25 日，闾丘露薇拿到了尼曼奖学金（Nieman Fellowship），暂时离开凤凰卫视，前往哈佛大学留学。一年之后闾丘露薇从美国返回香港，出任凤凰卫视资讯台《总编辑时间》节目主持人。2007 年 5 月，闾丘露薇在美国与朋友一起开办了新闻网站“一五一十部落”。

从 1997 年加入凤凰卫视至今，闾丘露薇采访报道过许多重大国际事件，也多次跟踪报道中国领导人的外访活动。她重要的采访报道包括：

2001 年在美国华盛顿现场报道美国总统就职仪式。

2001 年采访报道了中国申奥成功、加入世贸组织及上海举行 APEC 会议三件大事。

2001 年“ 9・11”事件后，她作为战地记者，深入阿富汗前线做现场报道。她是全球首位进入阿富汗腹地喀布尔采访的华人女记者，在 2002 年 2 月和 2002 年底，又两度前往阿富汗采访，成为唯一一位三进阿富汗的华人女记者。

2003 年伊拉克战争爆发，美军轰炸巴格达时，她是在巴格达市区进行现场报道的唯一的华人女记者。

2003 年 4 月初她重返巴格达，并且在当地采访半个月后又直接前往北京抗击“非典”的第一线，进行有关 SARS 的报道。

2008 年汶川地震后，闾丘露薇第一时间赶赴汶川，发回现场报道。

2011年利比亚战争爆发以后，她远赴利比亚进行战地报道。

可以说，哪里有重大新闻，哪里就有闾丘露薇的身影。她不仅受到全球华人观众的喜爱，也多次被国家领导人赞扬。时任国务院总理朱镕基2001年称赞她说："你很了不起，我佩服你。"国家主席胡锦涛2003年赠言予她："事业要追求，安全要保证。"作为记者，闾丘露薇收获了常人难以企及的荣耀，然而她却说："记者，是我的职业，我只是做了应该做的事情而已。""生命是非常非常重要的，但是，作为一个记者，我首先想到这是你的职业，这是你的职责，告诉大家到底发生了什么样的事情。"①记者对于闾丘露薇而言，不仅是一份职业，更是一项事业："有大事发生的时候，作为一个记者，可能是比较幸运的，因为你可以目睹这样一个事件的发展，这是其他职业所做不到的。"②

一、闾丘露薇与新闻专业主义

谈及闾丘露薇的新闻理念，最重要的关键词就是"专业主义"。大部分观众认识闾丘露薇是因为她在伊拉克战争中的表现，但这在她看来只是履行了记者的职责。与"战地玫瑰"这个美称相比，她更希望观众把注意力放在她所报道新闻的内容上。她曾说过："我希望有一天人们认识我不是因为我的勇敢，而是因为我的专业以及我对事件的观察。"她在接受采访时被问到自己是希望被当做"记者"还是"明星"，她毫不犹豫地选择了"记者"。

从进入新闻现场到选择新闻再到最终的报道，闾丘露薇在新闻报道的各个环节都践行着专业主义。

进入战争的第一线，对于闾丘露薇而言是获得新闻的必要手段。"记者必须在现场，记者在现场，并不意味着就有新闻出现。记者当然也不是新闻的制造者，而只是现场的观察者，并且最终自己作出判断，到底有没有值得报道的东西。"2003年伊拉克战争爆发后，凤凰卫视准备派出战地记者远赴巴格达进行战地报道，但候选人却不是她，于是"我不断地游说上司们……如果公司决定谁也不去冒这个险，那我也不会要求；如果公司决定要有人去的话，那我觉得我是最佳人选。"③

正是对第一手新闻的追求，促使她一次次走进最危险的现场。"如果别人得到这个新闻而我得不到，我会想自杀；如果试一下可以得到这个新闻而我没有去试，我也会想自杀。"④对于一个专业的记者而言，没有什么比失去新闻更痛苦的了。

---

① 榛子：《闾丘露薇：抢不到新闻我会想自杀》，《中华儿女》2009年第11期。
② 同上。
③ 闾丘露薇、冀惠彦等：《我在伊拉克经历战火》，上海文汇出版社2003年版，第23页。
④ 榛子：《闾丘露薇：抢不到新闻我会想自杀》，《中华儿女》2009年第11期。

图 4－31　闾丘露薇在做关于伊拉克战争的报道

进入新闻现场只是报道的第一步，最重要的是记者在现场能做出怎样的报道。然而对于一些记者而言，“在现场”就是一种姿态，至于报道什么完全不重要。这一点，闾丘露薇也在她的书中谈道：“让我觉得可惜的是，很多媒体来到当地（巴格达）的目的并不是为了深入的报道，而只是为了表现一种姿态。对于他们的记者来说，只要拿着麦克风站在巴格达做一个串场，那就足够了，之后就已经不重要了。”①

正是出于对专业的追求，闾丘露薇并不满足于在现场简单地报道新闻事件。利比亚战争爆发后，她作为第二批记者抵达利比亚，在她之前，已经有记者对战争的动态进行了充分的报道，因此留给她报道的余地并不大。但是闾丘露薇对事件孜孜不倦的发掘精神使她找到了新的新闻点。许多前方记者报道战争时只是就事论事，告诉观众这里发生了什么事。闾丘露薇报道时，不仅关注眼下的动态，更重要的是把新闻事件的前因后果讲清楚。在她的报道中，观众明白了战争到底是怎样发生的，为什么会走到现在这个地步。鲜活的现场加上深入浅出的剖析，使得闾丘露薇的战地报道脱颖而出。

闾丘露薇的专业还体现在她报道的客观性上。身处危机四伏的战场，耳边响彻隆隆的炮声，目睹着死亡的不断发生，大部分人都难以保持平静。但是作为一名记者，有责任以最冷静的态度向观众报道新闻，而不是让自己的情绪影响到报道的客观性。闾丘露薇在报道中尽可能地以事实说话，避免在报道中加入自己的情绪和观点。她认为：“把一件事情的真相告诉大家，而没有任何你自己的评论，这样的新闻比较真实。虽然说要做到完全的客观不可能，因为一个镜头角度的不同，或者说前后次序的不同，给大家的感觉就会不同。但是至少你要做到不要把自己的感觉和评论加进去，所以我一直提醒自己在采访的时候，不管是很悲惨的事情，还是很快乐的事情，尽量不把自己融进去。”②

战地记者的经历为闾丘露薇赢得了“战地玫瑰”的美誉，这与她的英文名 Rose 相得益彰。但是闾丘露薇对于人们把关注重点放在她的性别上感到些许无奈，作为一名专业记者，她希望获得的是对于她的报道的肯定。她曾写道：“还有一种讨论，那就是为什么是女记者去了，而不是男记者。当我听到这样的讨论的时候，自己感到相当吃

① 闾丘露薇：《我已出发》，北京出版社、文津出版社 2003 年版，第 49 页。
② 榛子：《闾丘露薇：抢不到新闻我会想自杀》，《中华儿女》2009 年第 11 期。

惊。在别人对我一个女性能够采访战争表现出的敬佩之余，我也感受到了，在很多人的心目当中，对于性别的一种界定。在巴格达的时候，有男记者，同样也有女记者，虽然性别会带来一些不同，但是在工作的层面，在报道的层面，大家都是一个角色，那就是记者。我一直希望，大家不要把兴趣集中在记者的性别上，而更应关心记者的报道方式、内容和角度。它们在某些程度上和性别有一些关系，但更多的，体现的是一个记者本身的素质和工作能力。”

正是因为在工作中秉持新闻专业主义的态度，闾丘露薇才能够深入新闻第一线，在现场做出全面、深刻的报道。可以说，战地记者不计其数，闾丘露薇能大放异彩，正是由于她对专业的不懈追求。

二、闾丘露薇出镜报道成功要素分析

一位成功的出镜记者最耀眼的时刻莫过于站在新闻现场做出最精彩的报道，但是，要做到在纷繁复杂的新闻现场中迅速捕捉到最有价值的信息，需要的不仅是现场的应变能力，更是深厚的专业功底和丰富的报道经验。所谓“台上一分钟，台下十年功”，正是多年的努力，成就了闾丘露薇这样一位优秀的出镜记者。

（一）丰富的实战经验

图 4－32　闾丘露薇在做关于伊拉克战争的报道

图 4－33　闾丘露薇在汶川地震现场做报道

阿富汗战场、伊拉克战场、“非典”病房、APEC 会场……这些重大新闻的现场都留下了闾丘露薇的身影，这些现场报道为她积累了丰富的实战经验，对于一名记者，这是至关重要的。2001 年的阿富汗战争是闾丘露薇首次参与战地报道，为她后来报道伊拉克战争打下了良好的基础。在战场上，她认识了来自世界各大媒体的记者，为自己积累了人脉。同时，她向这些有经验的记者学习到很多，特别是学到了如何在一个动荡的地区进行采访：如何判断；如何寻找新闻；如何保护好自己；如何更专业地做新闻……在阿富汗战场上积累的经验，在她后来到伊拉克采访时发挥了关键的作用。

在战场上，经验的判断是非常重要的。2003 年伊拉克战争尚未爆发之前，外国记者不允许进入伊拉克,闾丘露薇等一大批记者只好先在约旦驻扎。2003 年 3 月 20 日凌晨 3 点是美国给予伊拉克的最后期限,闾丘露薇凭借经验判断,如果战争爆发,在约旦与伊拉克边境可以捕捉到新闻。于是,她和摄影师连夜赶往边境。虽然刚赶到边境时那里一片平静,但是闾丘露薇敏锐的新闻感觉告诉她,再过几个小时这里就会有大新闻。果然,从凌晨 6 点开始,美军轰炸巴格达后的第一批难民抵达约旦边境。闾丘露薇凭借准确的判断,第一时间采访到伊战难民。当他们结束采访之后,其他媒体的记者才陆续赶来。丰富的经验为她赢得了报道的先机。其实在瞬息万变的新闻现场,现实不容许记者仔细论证,很多时候只能依靠以往经验做出判断,因此,丰富的实战经验有助于记者迅速找到新闻的关键点,选取最恰当的角度进行报道。

(二)敏锐的观察力

新闻事件的发生往往是没有预报的,爆炸性新闻可能只是一瞬间的事,错过了就无法挽回。所以记者在新闻现场要保持"眼观六路,耳听八方"的状态,时刻开启自己身上的"雷达",接受来自四面八方的讯息。多年的记者生涯,使闾丘露薇养成了时刻观察的习惯,她在接受采访时说:"做记者要养成很多好习惯。像我们在这里聊天的时候,我就观察了周围的情况,只要用眼睛一扫,就会明白这里有些什么人?待会儿会发生什么事?哪里有异动?就"嗖"的一声蹿过去……"

在印尼巴厘岛采访东盟峰会时,闾丘露薇在新闻中心与众多同行一起工作。突然之间产生了一阵骚动,多年来形成的本能,使她对于突发环境的变化能快速找到原因。探寻之下才发现,是大屏幕在直播奥巴马进入会场的画面,在场的东盟记者带着专注甚至是崇拜的眼神看着奥巴马。闾丘露薇从这个场景中,看出了东盟国家的人对于奥巴马,以至整个美国的态度。新闻现场瞬息万变,记者若是不注意观察,就可能错失良机。

(三)专注

从战场回来,闾丘露薇被人问得最多的一个问题就是:在那么危险的环境里,你不害怕吗?对此,闾丘露薇总是回答,根本顾不得害怕。的确,记者身边的环境会带来各种各样的干扰,如果记者不够专注,就难以集中精力做报道。这的确是很高的要求,记者既要随时关注周围环境的变化,还要专心致志地工作,而这二者似乎是矛盾的。但是对于一个优秀的现场报道记者而言,这二者又是不可或缺的。在战场上,正是专注让闾丘露薇摆脱了恐惧。在她心目中,"害怕会打乱阵脚,一点好处也没有,不要害怕,有了

图 4-34　闾丘露薇在利比亚做报道

图 4－35　闾丘露薇重返中东做报道

事，害怕也没有用。在阿富汗和伊拉克我都没有害怕过，只是提醒自己小心一点。到采访现场后，脑子里不停地在想下一步干什么、卫星传输是几点、有没有故事交差等，没时间去害怕。”当记者专心地工作时，害怕也就干扰不到他了。

采访完伊拉克战争之后，闾丘露薇回忆起当时最危险的一次爆炸。他们在做现场报道时，炸弹就在距离他们不到一百米的地方爆炸了，但是当时一心工作的各国记者们都没有惊慌，只是看了一眼爆炸的地方，随后继续进行工作。他们并不是不畏惧死亡，而是身为记者，他们要不断地思考下一步该怎么做，那样高强度的脑力和体力工作，使他们的精神必须高度集中，只有这样才能顺利完成报道。可以说，专注帮助战地记者战胜了害怕。

（四）认识问题的深刻性

出镜记者在现场的首要任务当然是把事实说清楚，这也是观众对出镜记者最基本的期待。但很多时候，仅仅报道事件并不能让观众彻底了解新闻，特别是一些复杂的新闻事件，记者如果只是报道碎片式的事实是不够的，还需要涉及新闻事件的背景等内容。要让观众了解透彻，记者自身首先要对于新闻有深刻的认识。这种认识不是一天两天就能形成的，它需要记者长期的积累。闾丘露薇在进行现场报道时，就要求自己首先搞清楚事情的前因后果，然后再讲给观众听。

2009 年 7 月 5 日，新疆乌鲁木齐爆发了打砸抢事件，事件发生后，闾丘露薇赶到新疆进行采访。在现场报道中，她不仅介绍了“7·5”事件的最新动态和乌鲁木齐当时的情况，还深刻分析了解决“7·5”事件的两个关键点：一是经济发展，特别是缩小南疆北疆的经济差距；二是建立身份认同感，“新疆虽然被叫做维吾尔自治区，但这里世代居住的民族有 13 个，有 47 个少数民族，还有 800 多万的汉族。那么对于这里来说，大家是怎样认同自己的身份呢？是以民族为先还是以国民的身份为先？营造‘我是一个中国人，我是一个新疆人’的身份，国民身份的认同对新疆的发展是非常重要的。”通过她精炼而深刻的分析，观众对“7·5”事件有了更深层次的认识。

（五）追寻新闻真相的执著精神

新闻并不总是唾手可得的，记者在采访中常会遇到这样那样的阻碍，如果记者轻言放弃，就不能获得最有价值的新闻。2003 年，刚刚担任国家主席的胡锦涛出访俄罗斯，这是中国新一届领导人第一次在国际舞台上亮相，引起了世界媒体的关注。凤凰卫视也派出闾丘露薇进行采访。

闾丘露薇的这次采访遇到了许多意想不到的困难:首先是航空公司临时取消航班,随后他们预订的胡锦涛下榻的总统饭店取消了所有预订,记者无法入住。不能入住总统饭店意味着几乎没有可能在酒店大堂等候胡锦涛,那么采访和提问的机会也就微乎其微了。

这些困难没有让闾丘露薇退缩,她想尽办法进入酒店餐厅,但是被告知要在胡锦涛出门前两个小时离开。为了继续留在酒店,她和摄像师不得不躲在酒店一楼的洗手间里,通过电话和外面的同事联系。终于等到胡锦涛出现在大堂,闾丘露薇马上冲到大堂,但是使馆工作人员提醒她不能冲上去采访。于是闾丘露薇只好站在大堂一边不出声。没想到胡锦涛经过的时候看到了她,并向她打招呼。虽然没有采访到胡锦涛主席,但闾丘露薇还是抓住机会采访了陪同访问的国务委员唐家璇,获得了独家新闻。

(六)平等地对待被采访者

在闾丘露薇的采访对象中,有国家政要,有博识学者,有普通民众,也有弱势群体。在闾丘露薇眼中,面对被采访人时,是没有什么阶层之分的,不论是国家领导人还是普通民众,在要采访的那一刹那,都是平等的,唯有如此,才能做出客观冷静的报道。"作为一个记者,最重要的一点,是要保持对于工作的热诚,这样才能够用平等的心态去对待每一次的采访。对于我来说,采访一个政要和采访一个老百姓,他们的意义是一样的,因为他们都是我的被访者,都是需要进行沟通的对象。"[①]闾丘露薇说。

(七)精确的提问

提问是采访的关键环节,好的提问可以最大程度地发掘新闻事实。闾丘露薇认为提问要越精确越好:"如果我的问题和他的回答都只是泛泛而谈,那这条新闻还有什么价值?我要考虑新闻怎么写、是不是大家关注的点等等,所以总希望问题越尖锐越好。当然,回不回答是他们的权利,我又不能逼着他答。"

胡锦涛主席首次出访俄罗斯时,闾丘露薇就抓住"第一次"进行提问,她先问:"第一次作为国家主席出访,您会向世界传递什么样的信息?"除了新一届领导的施政方针,闾丘露薇以一位女性的细腻心理,还关注到了胡锦涛如何看待自己首次出访的表现,她问道:"到现在为止,重头戏基本上已经结束,比如中俄峰会、G8 等,你对于自己的表现满不满意,可以拿几分?"胡锦涛听到这个有趣的问题说:"我还没有学会为自己打分,不过我可以为自己做一个评估。"胡锦涛说完这句话,哈哈笑起来。闾丘露薇回忆道:"这是我跟随他三次外访,第一次看到他开怀大笑,和他平时严谨的样子完全不

① 榛子:《闾丘露薇:抢不到新闻我会想自杀》,《中华儿女》2009 年第 11 期。

一样。"[①]就这样，闾丘露薇通过自己机智的问题，让观众看到一个不一样的国家主席。

(八)语言表达的逻辑性

闾丘露薇所采访的新闻很多都是信息量大、逻辑复杂的事件，要把这些内容清楚地表达出来，就需要很强的逻辑性，否则观众会听得云山雾罩，抓不住新闻重点。

图 4－36　闾丘露薇在利比亚做报道

例如闾丘露薇在日本地震后在现场进行的报道，当时震后的日本面临着各种各样的问题，闾丘露薇在做出镜报道时，先从与民众日常生活关系最紧密的生活物资开始谈，随后讲到能源、电力、通信等国民经济的命脉，最后还联系到中国国内抢盐的风潮，把中日两国民众的不同表现进行了对比。通过条分缕析的讲述，观众可以很清晰地了解震后日本的基本情况。

在报道温家宝总理访问印度的成果时，闾丘露薇从官方和民间两个层面进行分析，条理清楚，分析透彻。对于出镜记者而言，大多时候是没有现成稿件的，需要记者临时组织语言，因此特别需要注意自己的语言逻辑。

(九)团队合作精神

电视从来就不是一个个人项目，它需要团队的合作。闾丘露薇在接受采访时总是提到自己的同事，没有他们的支持自己是无法完成报道的。提到自己的摄像师，她说："我们是一个团队，我站在他身后，他会觉得我们是一起的，我们在做同一件事，这对彼此是一种支持。电视是一个团队工作，它和其他的媒体不一样，不是说你有一支笔就可以写出自己的作品，电视如果没有摄影师的话，我说我看到了什么东西，问到了什么问题，如果没有人为我拍摄下来，什么都是白搭的，所以，我和我的摄影师是缺一不可的。他拍到了什么东西，我不在现场，他的东西还能用，我看到什么，弄到了什么，他不在，他没有拍，那对电视台来讲一点用都没有。也就是说在某种程度上，他比我更重要。因为电视的画面比要讲的东西重要得多。因此，在记者招待会上，我也总是会跟我的摄影师站在一起。我们之间不仅需要交流，同时，我也要让大家知道，我们是苦乐共享的同事。"[②]正是这种良好的团队合作精神，让闾丘露薇与自己的同事相互支持，在艰苦的环境中做出优秀的报道。

---

① 闾丘露薇：《我已出发》，北京出版社、文津出版社 2003 年版，第 162 页。

② 潘天翠：《她从"荆棘"中走来——凤凰卫视闾丘露薇访谈录》，《对外大传播》2004 年第 5 期。

正是这些优秀的特质成就了闾丘露薇——一位出色的出镜报道记者。如果说她被观众熟悉是因为她的勇敢，那么她被观众喜爱则是因为她的专业。正是她鲜活而深入的现场报道让观众了解到新闻事件的真相，相信在未来的新闻战场上还会继续看到她活跃的身影。

第五节　陈鲁豫:中国的“奥普拉”

陈鲁豫

凤凰卫视著名主持人。

1970 年出生于上海。

1993 年毕业于北京广播学院（今中国传媒大学）外语系国际新闻专业。因获得北京市申办 2000 年奥运会英语奥林匹克竞赛第一名而一举成名，进入中央电视台《艺苑风景线》栏目担当主持人。

图 4－37　陈鲁豫

1996 年，加盟香港凤凰卫视中文台，先后主持《相聚凤凰台》、《音乐无限》和《神州博览》等栏目。在《凤凰早班车》中播报新闻，开创了电视“说新闻”的先河。

2002 年起，担任凤凰卫视《鲁豫有约》主持人。曾访问过北京徐悲鸿纪念馆馆长廖静文、奥运长跑金牌得主王军霞、著名诗人汪国真、国际巨星成龙、香港特区前保安局局长叶刘淑仪，以及青年偶像谢霆锋、亚洲歌坛小天王林俊杰等知名人物。

1994 年，获得“中央电视台最受欢迎的十大节目主持人”称号 。2000 年，当选为《新周刊》主办、观众投票评选的“2000 年度最佳女主持”。2004 年，获得《GOOD 好主妇》杂志评选的“最有影响力女性”称号。2005 年，荣获第一届主持人颁奖典礼之“最佳专访类节目主持人奖”。2006 年，当选“2006 凤凰卫视最佳主持人”，《鲁豫有约》获《新周刊》2006 中国电视榜之“最具亲和力谈话节目”。2007 年，荣获香港《旭茉 Jessica》杂志评选的“2007 Most Successful Women”称号。2007 年 3 月 5 日，一篇名为《陈鲁豫:中国的“奥普拉”》的文章出现在 CNN 网站的页面上，赋予陈鲁豫“中国奥普拉”的美誉。

一、《凤凰早班车》:开创“说新闻”风格

鲁豫最早出名是因为在凤凰卫视中文台主持《凤凰早班车》,在这档早上七点钟播出的新闻节目中,鲁豫开创了“说新闻”的先河,引发了一股“说新闻”的热潮。节目中,鲁豫青春靓丽的形象,亲切自然的说话方式,加之饱满而有新意的内容,让当时的很多观众都眼前一亮。

那时,恰逢凤凰卫视中文台进行节目改版,想增加一档早间的新闻节目,于是有了《凤凰早班车》,便想到了学新闻的鲁豫。她当时对未来的节目形态和样式还没有明晰的概念,但有接受新工作的信心,而且只有一个要求:“我不想只对着稿子念新闻,我不是播音系毕业的,而且我的嗓音条件并不比别人出色,我希望换一种方式来播新闻”。1996 年 3 月 31 日,第一天的《凤凰早班车》直播节目结束后,台里开了一个大会,大家说:啊,对了,就是那种说新闻的感觉。① 节目的魅力全凭鲁豫在节目中的即兴表达,她的胸有成竹来自于前期认真紧张的准备工作以及烂熟于心的腹稿。她曾用金庸的一句话来描绘自己播音时的状态——“手中无剑,而心中有剑”。

在《凤凰早班车》中,鲁豫第一次赋予了新闻播音员“新闻节目主持人”的概念,这个趋势是历史的必然。的确,一时间说新闻蔚然成风,现在几乎每个电视台都有说新闻的节目。有人说,这档节目最重要的意义在于催生了鲁豫说新闻的播报方式,并很快成为其他电视台拷贝的模板。② 在整整十年的时间里,已经无法计算各个电视台一共开设过多少“说新闻”类的节目,也没有数据显示,到底曾出现过多少模仿鲁豫来“说”新闻的主播。只是有人慨叹,鲁豫的方式可以模仿,鲁豫的风格是再也不会重来了。她参与主持了凤凰卫视许多重大新闻直播节目,如香港回归、澳门回归、千禧之旅、戴安娜王妃葬礼、美国总统大选以及“9·11”事件、阿富汗战争、伊拉克战争等,充分体现了她流利的英语表达和国际新闻方面的敏感度。

二、《鲁豫有约》:树立谈话节目主持人的品牌

观众所熟知的鲁豫形象,出现在她的王牌节目《鲁豫有约》中。鲁豫用她女性特有的恬静亲切、温馨娴雅的形象,以及温和委婉的言谈,主导着整个节目的风格。有评论说,鲁豫大方而不严厉,聪明而不做作,看完鲁豫的节目给受众最大的裨益就是获得内

---

① 王莉:《陈鲁豫:从新闻主播到心灵沟通者》,《职业》2002 年第 12 期。

② 《陈鲁豫:“东方奥普拉”》,《今传媒》2010 年第 6 期。

心的一份安宁与祥和。[1] 作为成功的谈话节目主持人，鲁豫的出色之处或风格形成主要体现在这样几个方面：

（一）端庄优雅的知性形象

在《鲁豫有约》中，鲁豫因其独具的敏捷机智、沉稳淡定的气质而塑造了一位邻家女孩的形象。鲁豫出生在北京一个充满书卷气的家庭，她敏而好学，敬业认真，身上始终有一种脱不去的校园气息，也因此受到了许多大学生和刚出校门的新知识分子阶层的喜爱。她那安静淡定的气质赢得了嘉宾的信赖，使他们能够袒露心声。鲁豫作为当代知识分子的一员，更多的是从这一阶层的立场和角度来理解嘉宾的故事，也体现了知识分子的政治诉求和人文情怀。

在节目中她邀请受众和她一起聆听客人讲故事。无论是什么级别的学者、专家，也无论拥有多么辉煌的人生，到了这里，被访者就只是一个普通的“说故事的人”。鲁豫始终如一的微笑和内敛的谦和态度，在为被访者创造场内轻松语境的同时，也为受众创造了场外自然的语境。鲁豫则更像是一个虚心请教的学生，常常以“有一点，我不太明白……”这样的语言来提问，也体现了她诚恳的态度。

1.外形与衣着

鲁豫的外形可以说非常具有自己的特色，简洁干练的偏分娃娃头似乎已经成了她的一个标志性发型。《鲁豫有约》中，她经常身着正装或者套装裙，显得端庄而优雅。

图 4－38　鲁豫正在主持《鲁豫有约》

从衣着风格来看，鲁豫的打扮介乎丁城市白领与摩登女郎之间，她既不会放弃当下服饰最前沿的时尚元素，比如，可爱的高腰裙、典雅的长裙、干练的西裤等等，也会巧妙地配合当日访谈嘉宾的类型（包括年龄、职业、性格等等）和话题的内容，更重要的是符合《鲁豫有约》的栏目特质，弥补主持人自身的缺点，凸现其独特的知性气质。所以黑色与白色系列仍然是她出镜率相对较高的色彩，也可见鲁豫对自身气质特点的准确拿捏。于是，除了每期节目引人注目的新闻人物和话题故事，主持人本身的造型也成为了观众的收视期待，

① 叶丽红：《试析电视谈话类节目主持人的个性特色——以〈鲁豫有约〉、〈艺术人生〉为例》，《佳木斯教育学院学报》2009 年第 4 期。

甚至是收视亮点或者惊喜。①

2. 表情与眼神

主持人的相貌、服饰、表情、体态等非语言符号能真实地传达无声语言的情感，渲染环境气氛，增强节目的感染力。在表情和神态的运用方面，陈鲁豫也有独到之处。在节目过程中，鲁豫总是会保持轻松、平和的微笑，自然温和的目光，这些都让说话人有被关怀、被肯定、被理解的感受，从而激发了嘉宾的倾诉欲。

鲁豫的眼神和笑容也是她的一张名片。相信每个看过她节目的人都会对她那双清澈的大眼睛印象深刻。这双眼睛经常带着盈盈的浅笑，在嘉宾讲话时，鲁豫总是能够在一旁默默地注视，让嘉宾感受到了充分的尊重和关注。每当嘉宾讲到幽默之处，鲁豫总是会发出爽朗的大笑，让嘉宾获得反馈的同时也感染了台下的观众，带动了访谈的整体气氛走向高潮。

她的眼神经常投注在嘉宾的身上，并且会随着谈话内容的不同而发生变化，有时是轻松的表情，又是会变得沉重，有时是欣喜或是理解，有时会哀婉和叹息……总之，这些变化都使嘉宾感受到了一种理解与尊重，从而可以滔滔不绝地讲述自己内心的故事。

3. 姿态与动作

图 4－39　鲁豫在主持节目

《鲁豫有约》中，鲁豫的坐姿一般是双腿交叠或是双膝并拢微微右靠，显得端庄自然、大方得体。同时，这种较为自然和生活化的坐姿能够给嘉宾营造一个轻松自然的谈话氛围，让嘉宾觉得仿佛是坐在咖啡馆里，和自己的一位老朋友闲聊，避免了正襟危坐、一问一答式的紧张感。

访谈过程中，鲁豫的坐姿也会随着谈话的进行而发生改变。比如，在嘉宾描述一件事情的时候，鲁豫的身体往往会微微前倾，呈现出一种很感兴趣、用心倾听的姿态。这也让嘉宾在聊天过程中感受到了足够的尊重，同时感到主持人对话题的关心，更容易激发嘉宾谈话的热情。再如，嘉宾讲到令人捧腹的事情，鲁豫也会自然地大笑着前仰后合，整个氛围轻松而自然。有时候，面对一些长者或者资深的人士，鲁豫也会托着下巴，认真倾听，仿佛是一个虚心的学生在认真听取老师的教诲……正是这些姿态和

① 金叶：《〈鲁豫有约〉主持人角色的非语言符号解析》，《浙江传媒学院学报》2008 年第 4 期。

动作传达出来很多鲁豫在主持语言之外的信息，为谈话营造了舒适的空间。

(二)真诚融洽的谈话风格

鲁豫的访谈风格一向以清新自然著称，节目中，她和嘉宾之间的对话就像生活中朋友之间的聊天一般自然流畅。鲁豫在接受采访时曾经说过："可能因为我很敏感，对人有种天然的兴趣，善于聆听和沟通，所以从新闻节目转到访谈节目我感到很自然，没有任何困难。"有记者曾经问鲁豫："你在做节目时能不能完全像生活中聊天一样真实自然，或者心里一直在想：要用什么样的采访技巧？"她回答说："我在做节目时没想采访技巧，一般就像聊天一样，我一步步地问，可能会有意无意中用到技巧，但自己并没觉察。我通常在与嘉宾采访前完全没有沟通，不见面也不打电话，事先我看完资料后只会准备第一个问题，即如何开场，让对方知道我对他很了解，又要让他的话匣子很好地打开。第一期采访毛阿敏时我还准备了一下，后来发现没必要，因为两个人谈话是无需准备的，互相聆听之中就会不断产生新的想法。"[①]当然《鲁豫有约》的成功也离不开团队的支持，鲁豫曾经说过他们制作节目的做法是：团队一起开选题会，讨论文案，编导也会给她一些关于嘉宾的文字提示等等，整个节目完全是在合作中来完成的。

1. 用心倾听、真诚互动

在谈话节目中，倾听对于主持人来说尤为重要，因为倾听首先是主持人和嘉宾平等对话的一种表现。在主持人的认真倾听中，嘉宾获得了一种平等的谈话氛围，因此可以将自己真实的思想经历全部拿出来与主持人交流；同时，主持人在倾听的过程中也能够捕捉到更多新的、有价值的信息，为后面的访谈做更好的准备。

凤凰卫视总裁刘长乐这样评价鲁豫的访谈："准确的提问、及时真挚的感叹和温和的聆听"。对此，鲁豫在接受《新周刊》总编封新城采访时坦承："我觉得倾听是一件非常重要的事情。首先，倾听需要足够的自信，我觉得爱抢话的主持人其实是不够自信的主持人。其二，对待不同的人，我会用不同的语言方式去交流。第三，有时候装傻也是很重要的，只有装傻，才能得到嘉宾的证实。还有一点，我很敏感，作为一个采访者，敏感是必需的。我会说'天哪'、'真好'，有时候我会连续地说'真好'，我还对一些比我小的人说'大哥你没事吧?'。"

在和嘉宾谈话的时候，鲁豫把大多时间都交给了嘉宾，而自己说话的时间最多也就占总谈话时间的20%，这也给了她更大的空间去追问嘉宾。在倾听的过程中，鲁豫还十分注意及时给予对方自己在倾听的信号。例如，在采访徐悲鸿之妻廖静文时，有一段是廖静文讲述她在"文革"中所受的打击，在两分钟的时间里，鲁豫点了6次头；在

① 刘智嘉：《从拉里·金、奥普拉·温弗瑞和陈鲁豫看访谈节目主持人的成功要诀》，《新闻天地(下半月刊)》2011年第2期。

图 4-40 鲁豫在节目中对潘粤明、董洁夫妇进行采访

采访前世界乒乓球男单冠军庄则栋时，庄则栋讲到了当年在山西的生活，在两分钟的时间里，鲁豫点了 4 次头并不时地报以微笑。这些看似无足轻重的技巧，却表明了主持人正在认真倾听嘉宾说话，传达了对嘉宾尊重和理解的信号，从而鼓励嘉宾的言谈兴致，使其容易敞开心扉、吐露生命体验与心灵秘密。

鲁豫的"倾听"技巧还体现在能及时对嘉宾的谈话予以回应，这使得嘉宾在谈话过程中能够更明确地感受到鲁豫的倾听和关注，谈话兴致会进一步受到鼓舞。比如在采访董洁和潘粤明的一期节目中，鲁豫和董洁之间有这样一段互动：

董洁：就是某一方面比较迟钝。

鲁豫：嗯。

董洁：然后那个时候就记得特清楚，然后人家都用那个电脑，都用得很熟了，然后我还拿一个特别笨重的大笔记本。

鲁豫：嗯。

董洁：在我的房间好像要传给朋友照片，我拿那个电话连接传照片。哎哟，特别特别久，传一天也不会把照片传过去的。

鲁豫：嗯。

董洁：但是我那时候根本就没有意识到还要宽带上网。然后他发现了之后，他说，哎呀，火星人你还是回火星去吧。经常说我。然后记得我第一次跟他拍戏的时候。

鲁豫：嗯。

董洁：也特别糟糕……

鲁豫：嗯。

可以看到，在董洁短短的一段叙述中，鲁豫给予了 5 次"嗯"的回应，对董洁的谈话表现出了充分的关注。

鲁豫与嘉宾之间的互动有时不仅仅是一个简单的点头或是简单的"嗯"、"啊"，她还会通过换一种方式复述嘉宾谈话中的关键信息来进一步表达其关注。例如，在《邓亚萍·我华丽的转身》这期节目中：

邓亚萍：……从内向外这种转变。但是我觉得好多人都在猜测好像我是做了美容了还是整容了特别是说。我说倒是没有。

鲁　豫：那我倒是觉得没有。

邓亚萍：可能就是因为通过这些年的磨炼、学习、经历，人逐渐地在成熟。

对于邓亚萍说自己没有整容这一事实，鲁豫进行了一句附和，这样一方面拉近了双方的距离，让谈话更加融洽，另一方面也表现了她对邓亚萍的关心和尊重。

经常收看《鲁豫有约》的观众可能会发现，鲁豫在和嘉宾交谈的时候，会经常性地出现类似于“呀，真好”、“天啊，真的吗”之类的应和，特别是她说出“真好”二字的时候，观众能明显感受到她由内向外散发出的真诚的态度和由衷的感叹，也正是这份真挚感染了嘉宾，让嘉宾能够和她产生一种心与心的交流。

2.亲切的态度为嘉宾营造宽松真实的氛围

一个好的谈话节目主持人首先应该是一个良好的谈话氛围的营造者。崔永元在《不过如此》中曾深有体会地写道：“好的谈话就像漫步聊天，话题忽上忽下，忽左忽右，却不会偏离主题。有话则长，无话则短。因为轻松所以避免了言不由衷。”由此可见，营造一个良好的谈话氛围对于谈话节目的成功有至关重要的作用。鲁豫访谈的成功，很大程度上是因为她非常善于为嘉宾营造一种宽松、真实的谈话氛围，使得嘉宾可以自由地敞开心扉，说出自己的故事。

（1）开场氛围的建立

鲁豫在访谈中非常注重开场时良好氛围的建立。每个嘉宾走入演播室，鲁豫都会热情地与他们握手，亲切地请他们入座。

在采访现代著名儿童文学家梅志的时候，鲁豫用了这样的开场方式：“来，梅老，您坐这儿。我们打扰您休息了，您是不是一般中午都要睡一会儿啊？”这种体贴温柔的态度给嘉宾留下了很好的印象，也有利于开启一种和谐的访谈局面。

在访问张铁林的节目中，鲁豫在采访开始之前，首先播放了一段张铁林十年前做凤凰卫视主持人时的录像，然后问在场观众：

鲁　豫：傻不傻？

观　众：不傻。

（这时，现场的气氛就被迅速地调动了起来，张铁林也在这时走入现场）

张铁林：为什么说我傻？

鲁　豫：他们说你不傻。

张铁林：我可没听见“不”字，就听见“傻”了。

这时候，台上、台下已经笑成了一片，一个轻松自然的谈话氛围迅速地形成了。

(2)访谈中气氛的维持

不光如此，鲁豫在采访的过程中也非常注重整个场上谈话氛围的维持。在她的采访中，经常是充满了欢声笑语。

在采访都灵冬奥会冠军韩晓鹏时，鲁豫表现得如同在自家的客厅里会见老朋友一样亲切和自然。

鲁　豫：你受伤时想到过放弃吗？

韩晓鹏：没有，只想等伤好了再试试。

鲁　豫：幸亏没有放弃，要不金牌就不是你的了。

韩晓鹏：就不知道是谁的了。（大笑）

……

鲁　豫：收到过女士来信吗？

韩晓鹏：没有。

鲁　豫：不可能。（大笑）是不是都让你爸爸、妈妈、教练收起来了？

在鲁豫的访谈节目中，这样的场景还有很多，她经常像这样和嘉宾开一些善意的玩笑，使场上的气氛迅速地活跃起来，并且自己也非常真诚地加入其中，同嘉宾和观众一起欢笑，一起分享访谈过程中的美好时光。

图4－41　《武林外传》剧组在《鲁豫有约》节目现场

(3)语言的生活化

鲁豫在做访谈的过程中，一个重要的特点就是语言的生活化。这种生活化的语言在不知不觉中就营造出了一种欢快自然的谈话氛围。在对《武林外传》剧组的采访中，有一段这样的对话：

鲁　豫：我想问一个问题啊，戏里可能都差不多，戏之外的，私底下，谁最厉害？就性格上，谁比较厉害？

闫　妮：我觉得是导演吧。

导　演：我是被传成这样的，呵。

鲁　豫：那是因为你今天装得还不错嘛。我觉得你今天还好。

展　堂：他在拍戏当中和聊天完全是两个人。

鲁　豫：他拍戏中什么样的？声色俱厉？财神刚才说天堂地狱。

宁财神：拍戏一旦拍得不顺利，积压到这个临界点的时候……

鲁　豫：他怎么着？

展　堂：摔剧本，提裤子，走人！

这段对话可以说是既生动又有感染力。之所以能够有这样一段对话，原因就是鲁豫在采访中使用了极其生活化的语言，她在提问中没有出现太多专业问题的探讨，而是使用了几乎如小孩子般的语言："谁最厉害"。看似没有道理的提问却为后面嘉宾的争先回答营造了宽松的生活化的氛围，于是才有了那么多生动的回答。正是由于主持人先用生活化的语言为嘉宾营造了随心所欲谈话的氛围，才避免了正襟危坐式的一问一答，活跃了全场，也感染了观众。

3. 感性而善解人意的采访

在《鲁豫有约》这档人物访谈节目中，鲁豫的风格是感性的、善解人意的，这也恰恰契合了节目整体平和、舒适的谈心氛围，让嘉宾能够和主持人、节目融为一体，充分地放松自己，打开心扉，说出自己的喜怒哀乐。

比如《"神奇教练"马俊仁》这期节目中，鲁豫从马俊仁对弟子的感情出发，替马俊仁说出了反映他心声的一句简单的话："你觉得都是小孩"。正是这句话，触动了马俊仁的心弦，让他能够顺承着这一情感，自然地说出了自己心里的很多话来。

在采访董洁和潘粤明的一期节目中，有这样一段谈话：

董洁：他很好。其实那个时候，我才能真真切切地感受到，就是你的亲人如果他出了意外，然后你去看他，知道他平安无事的时候，生命没有危险的时候，你这个时候已经是最欣慰的了。

鲁豫：我能明白。就是只要这个人还在，只要这个人在，不管怎样都没关系。

短短的一句回应，就足以看到鲁豫在言谈中流露出的对嘉宾的理解和支持。

采访中，鲁豫始终采取的是一种善意的提问方式，她也曾在采访中说道："我不喜欢把人逼到墙角，请嘉宾上你的节目不是为了折磨他"。对节目的追求，鲁豫只有两个字——舒服，亲切是她的王牌。① 鲁豫在提问的时候，几乎从来不使用咄咄逼人的方式对嘉宾紧紧逼问，让嘉宾难以应对，也不会事先设计好圈套来对嘉宾的隐私进行窥探。而是用自己一颗真诚的内心来感染对方，让嘉宾用自己的方式，主动地向她坦露心胸，讲出背后感人至深的故事。

采访毛阿敏的时候，鲁豫和毛阿敏之间有这样一段对话：

---

① 徐梅：《鲁豫：我不会把谁逼到墙角》，《南方人物周刊》2006 年第 6 期。

鲁　豫：但是，你想过没有，天啊，我有可能要坐牢，你想过这个没有？

毛阿敏：没有……我的本意从来没有这样。唱歌我不是第一个出名的，中国文艺界也不是我第一个开始演出挣钱的，我都是按前辈怎么做我就怎么做，别人没有事情，我想我应该也没有事情，哪想到都发生在我身上了。

对于《鲁豫有约》这样一档感性的人物访谈类节目，可能需要的不是从法律的角度来纠结事情的是非曲直，而是更多地从感性的角度挖掘人物的心路历程。鲁豫显然把握住了这一主线，所以她并没有从法律角度对毛阿敏进行紧紧的逼问，而是用一种带有强烈的感情色彩的方式发出了疑问，设身处地地"替"毛阿敏发出"天啊，我有可能要坐牢"这样一句内心的独白。这种讲话方式自然不会引起对方的反感，使得双方在谈到偷税漏税这一敏感话题的时候，还能保证双方基本信任感的存在，保证嘉宾倾诉欲的存在，从而使得访谈可以继续轻松顺利地进行。

鲁　豫：你看你有两次税务风波，那我在想除了这些原因，可能会有这么几个因素，第一就是作为女人可能本身对于数字，对于钱不是很精明。

毛阿敏：概念都不是很清楚的，还有模糊的。

鲁　豫：对，很模糊。第二对法律不了解，其实当时对法律不了解的应该不只是你，可能了解一部分，但是不太清楚，所以就容易出毛病。再有一种可能，就是觉得大家都是这样的话，那我这样做可能也无所谓，可能这几种原因都有。

鲁豫这种善解人意的对话，获得了毛阿敏心理上的认同，更有利于毛阿敏后面对真相的讲述。

鲁豫这种从对方角度思考、提问的方式在她的访谈中是屡见不鲜的。她经常会在和嘉宾交流的过程中询问类似于"你是不是产生过这种想法"一类的问题，或者是从嘉宾的角度说出一句心声，这都为创造良好的谈话氛围，获得嘉宾的信任，促使嘉宾敞开心扉发挥了重要的作用。

鲁豫的善解人意是从言谈中不经意地流露出来的，体现在每个微小的细节上。在采访邓亚萍的过程中，出现了一段对话，邓亚萍的语言不是很连贯：

邓亚萍：该做错了，该做对了，那就是表扬，做错了就是要给他说清楚，甚至要有一些罚。那么我想呢，那才能，才能……

鲁　豫：他那么小你会罚他呀？

在邓亚萍的语言表达出现障碍的时候，鲁豫及时地接过了邓亚萍的话，避免了节目的冷场和嘉宾的尴尬。正是这份善良和关心，使得鲁豫在嘉宾和自己之间架起了一座信任和友好的桥梁。

4.访谈中注重细节

善于抓住细节、发现细节是鲁豫采访过程中的一大技巧。对于一档只有45分钟的谈话节目而言，如何在短时间内挖掘出嘉宾的人生经历和性格气质，让对方真正能够面对镜头说出自己的故事，靠的就是细节化的提问。只有抓住了细节，才能让访谈真正具有故事性、可看性，那些能够揭示主题的要素，也往往蕴含在采访的细节当中。

在《师者于丹》中，鲁豫与于丹有这样一段对话：

鲁豫：据说你老公特别可爱。你去好多地方，你老公就写好多封信。

于丹：那是我给他写信！

鲁豫：你给他？那是你很可爱！

于丹：这些细节都是从哪知道的呢？

鲁豫：可能是你老公告诉我们的？

于丹：不可能！

鲁豫：那就是你学生告诉我们的？

于丹：我学生都是从哪知道的？

鲁豫在采访中，经常会利用之前收集到的一些信息，就某些细节发问，由此引发嘉宾更加具有故事性和可看性的谈话。

鲁豫的"细节攻略"不仅体现在提问的细节化，还贯穿于她访谈的每个环节，体现了她对嘉宾无微不至的心灵关怀。例如，在采访刘震云的节目中，谈话里说到了"角色"一词，鲁豫在第一次说到这个词的时候，"角"字使用的是正确的读音"jué"，但当嘉宾后面也说起这个词的时候，出现了误读，念成了"jiǎo"。鲁豫在访谈过程中很敏感的注意到了这一细节，于是自己在下一次用到"角色"一词时，也改口读作"jiǎo"。这样一个小小细节的变化，在嘉宾并不察觉的情况下，维护了嘉宾的面子，避免了交谈中给嘉宾带来的尴尬，也使得谈话并不会因为这样的小事而中断。

第六节　理查德·英格尔：最了解阿拉伯世界的美国记者

理查德·英格尔（Richard Engel）

（美国）全国广播公司新闻网（NBC News）首席记者，当今美国非常杰出的驻外记者之一。

1973年9月16日生于美国纽约上东区。

1996年毕业于美国斯坦福大学国际关系专业，获得文学学士学位。

2003年5月加入（美国）全国广播公司新闻网。

2006年凭借“Baghdad E. R.”报道获得爱德华·默罗奖，是该奖“硬新闻特稿”类的第一位获得者。

2008年4月成为（美国）全国广播公司新闻网首席驻外记者。

图4-42　理查德·英格尔

2008年获得哥伦比亚大学阿尔弗雷德·杜邦奖和梅迪尔新闻奖章。英格尔制作的纪录片《战区日记》，长约一小时，由英格尔在战区的个人视频日记编辑而成，全面记录了伊拉克战争中鲜为人知的场面。为表扬英格尔在新闻报道上的巨大勇气，该奖章第一次授予一位广播记者。

2009年获得乔治·福斯特·皮博迪奖、爱德华·默罗奖和专业新闻工作者协会奖。他在阿富汗的系列报道“矛之尖”向人们展示了驻阿富汗美军所面临的艰难和危险。

2010年获得格雷西奖。他在NBC《晚间新闻》里的报道“无望的难民”描述了阿富汗妇女因反抗受虐待的婚姻，而遭遇犯人般的对待。

2011年被授予丹尼尔·珀尔奖、大卫·布鲁姆奖和国际新闻协会奖，以表彰他为新闻事业作出的杰出贡献。

2011年，他更是因为对埃及革命、利比亚争端和整个阿拉伯世界的杰出报道而备受关注。

一、经验丰富的媒体人

很难想象，过去 15 年间几乎参与报道了世界各地所有的革命事件和政治转型，38 岁就已经获奖无数的美国新闻记者领军人物理查德·英格尔小时候竟然因为阅读障碍而让母亲担心不已。

就是这个患有阅读障碍的孩子，长大后，从斯坦福大学毕业，只身带着 2000 美元从美国加州到了埃及开罗，在开罗一个近乎贫民窟的地方一住就是四年。刚开始，他只能做一个自由撰稿人，常常会为当地的一些小杂志写稿。当然，有些杂志从未付给他一分钱稿酬。后来他开始为美国一些报纸写文章。他常常要自己打越洋电话给报社，询问需要怎样的文章，根据报纸的需要写稿，以此获得报酬。通常每篇文章能赚到 100—150 美元，只要写足够多的文章，就能生存下去。

2001—2003 年间，英国广播公司(BBC)、美国国际公众电台(PRI)、美国波士顿公共电台合办了一个栏目《世界》(*The World*)，英格尔在该节目担任驻中东记者。同时他也为《今日美国》(*USA Today*)、路透社(Reuters)、法新社(AFP)和《简氏防务周刊》(*Jane's Defence Weekly*)深度板块就埃及、也门和基地组织事务撰稿。

在美国和伊拉克的战争刚拉开帷幕时，英格尔成为美国广播公司新闻网(ABC News)的一个自由撰稿人，开始关注伊拉克战争。

2003 年 5 月英格尔加入 NBC，作为 NBC 报道伊拉克战争的重要记者之一，他在巴格达一待就是三年。如今，他是唯一一个参与了伊拉克战争全程的西方记者。

2006 年，他成为 NBC 中东报道的高级记者，同时成为贝鲁特分社的首席记者。2006 年夏，他在贝鲁特和黎巴嫩南部报道了以色列和黎巴嫩真主党的战争。

英格尔的报道如今出现在 NBC 新闻网的各个平台，包括 NBC《晚间新闻》(*NBC Nightly News*)、《今日》(*Today*)、《会见新闻界》(*Meet the Press*)、《洛克中心》(*Rock Center with Brian Williams*)、《日界线》(*Dateline*)、MSNBC 以及 msnbc. com。

英格尔不仅仅是一位经验丰富的驻外战地记者和撰稿人，更把自己的经历和体验写成了书。所以，他还有另外一个身份，那就是两本书的作者——《拳击马蜂窝》和《战地日记：我在伊拉克的 5 年》。两本书都记录了他在伊拉克战争中的经历。

美国"苹果教父"史蒂夫·乔布斯 2005 年在斯坦福大学毕业典礼上演讲，第一个故事讲到"把点滴串联起来"(connecting dots)。他说："你在向前展望的时候不可能将这些片断串联起来，你只能在回顾的时候将点点滴滴串联起来。所以你必须相信这些片断会在你未来的某一天串联起来。"

作为斯坦福大学的学生，英格尔很好地践行了这一点。现在回过头去看，他大学毕业去埃及开罗待了四年，帮各种小杂志和报纸做撰稿人，他可能从未想过自己能作为记者有今天的成就。这些经历让他能讲一口流利的阿拉伯语，让他懂得复杂的阿拉伯世界，让他精准地描述着战争的场面，让他写得出一篇篇好稿子。

二、最了解阿拉伯世界的美国记者

在埃及开罗做自由撰稿人的四年里，理查德·英格尔学会了阿拉伯语。同时，他常常在中东很多地区旅行，这使得他能够在很多种阿拉伯方言之间自由转换。而且，他除了能说流利的阿拉伯语，还能说流利的意大利语和西班牙语。

如果要看外语能力对于一个驻外记者来说有多重要，那么，英格尔在穆巴拉克下台后对开罗解放广场群众的采访，就是绝佳的例子。

图 4－43　英格尔在报道埃及局势

埃及开罗解放广场反对派 18 天的抗议游行，终于让统治了埃及 30 年之久的穆巴拉克决定辞职。全世界都在关注着穆巴拉克下台后的埃及。英格尔当晚在解放广场被激动不已的人群包围着，他采访并报道了现场的情况，这段报道使得英格尔成为很多观众心目中的明星。

英格尔被这群埃及人像兄弟一样围在中间，虽然其中很多人只是为了出现在镜头里。刚开始大家只是看着，听英格尔在做连线报道，后来，很多人喊起了口号，越来越多的人聚拢过来，纷纷想要在镜头前表达自己的心声。

尽管对着镜头，英格尔表情严肃，但是和身边的人交谈时，他总是面带微笑。他就在几乎有点失控的人群中，尽量和他们对话，一边翻译，一边连线给美国的主持人。

和其他很多驻外记者不同，当他们还在人群中努力寻找会讲英语的人时，他自己就能和他们自由交谈。在那样紧张、激动的氛围中，掌握流利的阿拉伯语显得如此重要。

有网友在视频网站上留言："英格尔真是太了不起了。怎么能讲那么流利的阿拉伯语？"

2011 年 7 月，英格尔接受拉里·奥尔森采访，当被问及怎么能说那么流利的阿拉伯语时，他回答说："只是需要花时间学而已。并没有那么难——我的意思是世界上有

2亿人在使用阿拉伯语。只是需要花时间而已。”①

英格尔在阿拉伯地区生活工作已经有15年之久。他精通的，不仅仅是这门语言而已，还有纷繁复杂的阿拉伯世界。

麦特·贝农·里斯，《时代》周刊前驻耶路撒冷首席记者，这样评价英格尔：他对外国文化特别着迷，一个优秀的驻外记者要学着了解极端情况下人们脑子里在想什么。②

英格尔了解基地组织的心态。

美国在伊拉克战争的泥潭里挣扎了10年，终于决定撤军。很多人可能以为，基地组织同美国人一样欢迎撤军，其实不然。英格尔说：“基地组织不希望美国从伊拉克撤军。基地组织最期待和美国在镜头前公开作战。他们希望同美军火拼的画面能出现在电视上。”③他明白，基地组织是想通过这种方式实现对组织的宣传。因此，他也一直认为，美国大规模派军队进驻伊拉克，本身就是个错误的决定。打击基地组织完全可以通过小规模的隐秘战斗来实现。

正是因为他能讲流利的阿拉伯语和多种阿拉伯地区方言，了解真实的阿拉伯世界，英格尔才能在中东地区做长时间报道，站在战争的第一线，用镜头真切地记录战争，准确地评价局势。

三、兴趣、勇气与毅力

任何一个合格的战地记者首先都是勇敢的。理查德·英格尔绝对是战地记者的佼佼者之一。他不是战士，没有责任把生命放在战场上冒险，但他参与的战争，却远远多于大部分士兵。正是对这份工作的热爱，让他无比勇敢和坚韧。

爆炸、枪战、火拼常常在眼前发生。“爆炸离我实在是太近了，就在我眼前，所以我根本没听到警告的哨声。我的采访对象情急之下把我拉到一边。接下来我又听到清晰的哨声，于是我只想趴下来，再低点，直到我的肚子紧紧贴着地面。”④英格尔后来回忆起那场发生在自己眼前的爆炸还心有余悸。

在报道利比亚战乱时，英格尔差点就中枪了。当时，英格尔正在利比亚班加西采

① NBC News Chief Foreign Correspondent－Richard Engel，http://blog. workingradio. com/2011/11/07/nbc－news－chief－foreign－correspondent－richard－engel/。

② Why NBC's Engel still Wants to be in Baghdad，http://www. marketwatch. com/story/why－nbcs－richard－engel－is－still－based－in－baghdad。

③ Inside Libya：A Conversation with NBC's Richard Engel，http://www. gq. com/news－politics/big－issues/201109/richard－engel－muammar－qaddafi－libya－9－11。

④ Richard Engel：Covering War For A Decade，http://www. npr. org/2011/09/09/140245106/richard－engel－covering－war－for－a－decade。

图 4-44　英格尔在做战地报道

图 4-45　英格尔在报道时差点遇险

访一名士兵，他向观众展示着士兵使用的一把像玩具一样的塑料手枪。这时，突然有人朝这里开枪。旁边的士兵迅速把正在连线的英格尔按在地上，才躲过这一枪。他差一点就被击中了。

英格尔说："……我不会放弃我的工作。工作也很有趣。只有工作有趣，生活才会有趣。我工作并不是为了出名、得奖或者赚钱。如果要赚钱的话，有很多其他更简单的方法。"①

"我不想受伤，但是如果你喜欢和深深相信你现在正在做的事情，那就不是什么问题了。我喜欢旅行，喜欢看到新的事，认识新的人。我喜欢遇到挑战。如果你真的相信你在做的事情，你会愿意为它担上生命的风险。"②

NBC 新闻网的同事坎贝尔·布朗评价他特别勇敢，但是更让他感叹的是英格尔的毅力。很多朋友和家人都跟他讲：够了，别那么玩命。但是他依然回到战场，对新闻报道无私奉献的精神是独一无二的。

当拉里·奥尔森问到他能忍受不洗澡的最长时间是多久时，他记得不是很清楚，大概一个月，但他说一个月不洗澡完全不会对自己有任何困扰。

尽管身处战场，看到的都是战乱、死亡和鲜血，但他依然坚信世界的美好。他说："不要被周围的世界吓到。的确，那里有恐怖分子，有很坏的事情发生，但是不能因为局部的事件，就觉得这个世界非常危险。如果你愿意花时间探索、欣赏、思考这个世界，就会发现它如此振奋人心、奇妙浪漫。"③

比起一个在外奔波的记者，大多数人更愿意待在演播室，穿着整齐的服装，吹着冷气或暖气，光鲜亮丽地在聚光灯下展开自己的工作。但理查德·英格尔是个例外。

2010 年 12 月，英格尔第一次有机会坐在主持人的位子上，看着提词器上滚动的

---

① NBC's Richard Engel Launches iPad—Based Series, Tours With Lucifer, http://www.thewrap.com/media/column—post/nbcs—richard—engel—launches—ipad—based—series—tours—lucifer—35136? page=0,2。

② NBC News Chief Foreign Correspondent—Richard Engel, http://blog.workingradio.com/2011/11/07/nbc—news—chief—foreign—correspondent—richard—engel/。

③ NBC's Richard Engel Launches iPad—Based Series, Tours With Lucifer, http://www.thewrap.com/media/column—post/nbcs—richard—engel—launches—ipad—based—series—tours—lucifer—35136? page=0,0。

字幕为大家播报新闻，有近二十年媒体经验的他却伤了脑筋，他甚至坦诚“坐在主播台上是令人头疼的经历”。

事实上，在直播过程中，根本看不出来英格尔是第一次做主持人，也没有任何问题。但是，当被问及愿不愿意再次尝试做主持人时，他觉得做主持人、了解主持人的工作都是很棒的事情，但是他更愿意把这些工作留给专业主持人来做。

很多国家都和美国一样，国内新闻往往会吸引观众更多的注意力。虽然，2011 年的阿拉伯世界似乎是个例外。有人问英格尔会不会关注 2012 年美国总统大选，他说如果涉及对外政策，他当然会关注，但是，仅仅关于选区和参选人的话，NBC 有专门的记者会关注。

2012 年英格尔的系列纪录片《秘密星球》将不会在电视上播出，而是在 iPad 平台上播放。对此，他认为这是 NBC 的决定，而自己更多考虑的是片子的内容。

四、客观、公正，态度明确

记者自身的态度往往容易使对战争和政局的报道有失偏颇。长期生活在阿拉伯世界的理查德·英格尔比任何西方世界的鼓吹者和宣传者都更了解阿拉伯国家的情况。所以，尽管态度明确，但英格尔从未站在任何政权一方。他做评论的依据是自己多年看到、听到和了解到的阿拉伯世界。

发动对阿富汗的战争之后，乔治·布什总统毅然决定发动对伊拉克的战争，他一直坚持伊拉克、萨达姆与基地组织之间有关系。

英格尔在 2011 年 NBC《晚间新闻》节目和布莱恩·威廉姆斯做连线时表达了自己对阿富汗战争和伊拉克战争的看法。他认为阿富汗和伊拉克只有在提到所谓的“全球反恐战”时才被放在一起，事实是伊拉克和本·拉登之间没有任何关系，伊拉克也没有大规模杀伤性武器。

美国最终击毙了本·拉登，报了“9·11”的一箭之仇。然而，美国付出的不仅仅是10 年的时间，还有几万亿美元的军费开支，超过 4400 名美国士兵和 15 万伊拉克人民的生命。英格尔坚持认为，美国对“9·11”事件反应过激，本来通过小规模的秘密战争就可以惩罚基地组织，实现反恐的目的。大张旗鼓地发动两场地面战争(阿富汗战争和伊拉克战争)、驻军、花费上万亿美元，不但削弱了美国的实力，而且本来就是不必要的事。

2011 年，埃及总统穆巴拉克辞职。受西方媒体影响，很多美国人希望 2005 年诺贝尔和平奖得主穆罕默德·巴拉迪能取代穆巴拉克成为新总统。英格尔却认为，受西方媒体影响的人们把穆罕默德·巴拉迪看得太重要了，其实在埃及巴拉迪并没有西方媒体所说的那么重要。英格尔还认为即使巴拉迪参选埃及总统，也不会当选。

根据自己对美国和阿拉伯地区的了解，英格尔为美国对中东的政策感到焦急。西方国家在中东事务的错误之路上越行越远。英格尔不禁疾呼："难道美国看不见(错误)吗？我们的中东问题专家都去哪儿了？"

在卡扎菲被捕前的一次采访中，主持人问英格尔：卡扎菲外逃，利比亚权力真空，国内形势微妙，是不是可能发展成任何一种局面？英格尔这样回答："利比亚当务之急是让人民有钱赚，这甚至比设定选举议程，选举议会和领导人更加重要。因为利比亚人民已经有六个月没有工作了。利比亚有六百万人口，比纽约还多。管理一个地方从来都不是那么难的事。但是在这六个月，利比亚经历着战乱，人们无法工作，因为无法进入银行，他们的存款也没有了。六个月战乱已经让他们山穷水尽。"①

没有站在政府军的立场，也没有站在反对派的立场，更没站在美国的立场，他只是作为一个记者，一个人，关切利比亚国家六百万人口的生活问题。在他心目中，人民比战争输赢、政权更迭更加重要。

五、生活在工作中

理查德·英格尔这样描述自己的工作："我不用专门工作，不用到一个地方，然后说我要开始工作了。其实我有点像生活在工作中。很幸运，我不用每天去办公室，打开灯，然后对自己说，好，我要从 9 点工作到 5 点。有时候我 24 小时在工作，有时候我只需要看看别人发的邮件，写写报道。我的工作不像其他工作那么受管制。"②

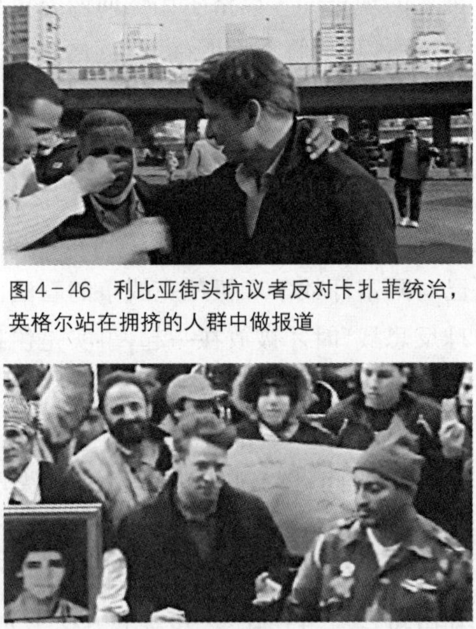

图 4-46　利比亚街头抗议者反对卡扎菲统治，英格尔站在拥挤的人群中做报道

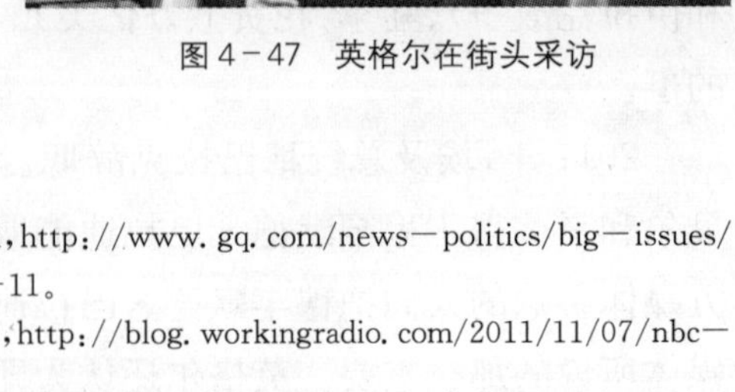

图 4-47　英格尔在街头采访

即使作为一名出镜记者，站在镜头前连线时，尽管英格尔很专业，但是他仍然很像他采访对象中的一分子。他总是能以生活的方式，而不是采访，融入到采访对象中，看到最真实、最自然的真相。

很多国内记者在埃及开罗做连线报道时，我们看到他们的身后是看似平静的开罗

① Inside Libya：A Conversation with NBC's Richard Engel，http：//www. gq. com/news－politics/big－issues/201109/richard－engel－muammar－qaddafi－libya－9－11。

② NBC News Chief Foreign Correspondent－Richard Engel，http：//blog. workingradio. com/2011/11/07/nbc－news－chief－foreign－correspondent－richard－engel/。

夜景。而英格尔被一群激动的人围着，让观众感受到一个不平静的开罗夜晚。

爆炸中一位老人受伤，连线中的英格尔一边做报道，一边转身帮助医生扶着老人。

英格尔不仅仅用生活的方式采访，也在采访中感受着生活。在对阿富汗战争的采访中，他发现了一个有趣的规律：越是贫穷的村子，那里的面包就越好吃。他不懂得为什么，但是他认为阿富汗有世界上最好吃的面包。

六、"战争发动者"

尽管理查德·英格尔明确表示："我鄙视战争，战争是很可怕的事情，是一个社会对另一个社会最坏最残忍的行为。"但是，出色的战地报道还是让人们把他和战争自然地联系在了一起。由于他所到之地都会在他到访前后爆发战争，舆论给他起了一个绰号——"战争发动者"。

2010 年 12 月，由于炮击事件致使朝鲜半岛处于高度紧张的状态，英格尔来到韩国，韩国网民对此表示极为不安。英格尔为采访延坪岛炮击事件于 11 月 25 日来到韩国的消息传开之后，网民们随即表现出夹杂着恐慌的反应。

不少网民担忧地表示，英格尔的到访意味着韩国可能会爆发战争，希望他尽快重返伊拉克，以免韩国也会发展成为"战场"，称"据说'战争发动者'来仁川了！有不祥的预感"、"为什么偏偏是韩国……马上离开韩国！"、"请务必为了朝鲜半岛和平……"等。

该事件中的英格尔似乎是一个不受欢迎的人，刚刚有去哪里报道的消息传来，就被当地人下"逐客令"。可是，从另外一个角度看，英格尔何以能在人们心中有如此大的影响力？他又何以能代表战争的发生？这是因为人们了解他对战局的精准预测，人们熟知他在战火中奔走的画面，人们信任他作为一个战地记者的专业水准。而这，也应该是人们赋予一个战地记者的最高荣誉。

第七节　布莱恩·威廉姆斯：名副其实的新闻主播

布莱恩·威廉姆斯(Brian Williams)

美国全国广播公司新闻网(NBC News)《晚间新闻》(*Nightly News*)节目主播和总编辑。

1959 年 5 月 5 日生于美国新泽西州。

1981 年，任 KOAM 电视台实习记者，开始广播电视生涯。

1982 年至 1984 年，任华盛顿 WTTG－TV 电视台勤杂记者。

图4-48　布莱恩·威廉姆斯

1985年至1987年，任WCAU－TV电视台驻新泽西州记者。

1987年至1993年，进入WCBS－TV电视台，做主持人和记者。其间，1987年就股市风波的报道，为其赢得首个艾美奖。

1993年至1994年，任NBC（美国全国广播公司）新闻通讯员。

1994年至1996年，担任NBC驻白宫首席记者。

1996年至2004年，主持MSNBC的独家新闻报道栏目《和布莱恩·威廉姆斯看新闻》。

2004年起任NBC《晚间新闻》主播，其前任是汤姆·布罗考。①

2007年被《时代》杂志评选为百位影响世界名人之一。②

2010年，有著名媒体观察员称他为“21世纪的沃尔特·克朗凯特”。③

2011年10月31日起，同时担任另一档时事杂志节目——《洛克中心》的主持人。

迄今威廉姆斯已荣获11个爱德华·默罗奖，12个艾美奖，杜邦－哥伦比亚大学奖，沃尔特·克朗凯特优秀奖，以及美国广播业的最高荣誉——乔治·福斯特·皮博迪奖。

目前，威廉姆斯的年薪为一千万美元。④

一、从地方小电视台起步

布莱恩·威廉姆斯1959年生于美国新泽西州一个中产阶级爱尔兰裔天主教家庭，后随父母迁到纽约，在那里度过了他的整个童年时代，高中时再次随父母搬回新泽西，直至成年。⑤ 自孩提时代起，威廉姆斯就对新闻表现出了异常的兴趣。他不像其他的美国孩子一样热衷于电视里的儿童节目，而是对电视新闻节目看得津津有味，还时常会拿着一个玩具麦克风站在客厅里扮演记者模拟报道新闻。虽说对新闻有兴趣，但威廉姆斯并没有想成为一名记者的打算，他早年上课并不专心，高中毕业时热衷于当志愿消防员，而不去多想前途。大学之路他同样走得不同寻常，从布克戴尔社区大

① http://www.msnbc.msn.com/id/3667173/。
② http://www.time.com/time/specials/2007/time100/article/0,28804,1595326_1595332_1616821,00.htm。
③ http://www.marketwatch.com/story/brian－williams－21st－century－cronkite－2010－06－02。
④ http://www.msnbc.msn.com/id/3667173/。
⑤ http://www.nytimes.com/2002/10/27/nyregion/in－person－the－life－of－brian－annotated.html。

学到乔治敦大学再到美国天主教学校，威廉姆斯曾三次转学，但最终还是未能大学毕业。1981年，他最终放弃了念书转而到白宫为时任总统吉米·卡特的那一届白宫内阁做起了实习生，同时又在全国广播协会找了个办事员的工作。尽管未能拿到大学文凭并没有影响到他后来的事业发展，但辍学终究是他最大的遗憾之一。他在面对杜兰大学学生的演讲中不无遗憾地说："你们都有一样你们经过刻苦努力得到的东西，大学文凭，而我却没有，这也是我一生中最最遗憾的一件事情。"①

对新闻节目的兴趣最终引起了其顶头上司的注意，威廉姆斯遂被推荐给了堪萨斯州匹兹堡市KOAM电视台的总经理比尔，从此开始了他的广播电视职业生涯。② 在短短的实习期间里，威廉姆斯有机会尝试各种新闻报道形式，包括天气预报、体育节目、现场报道和少量的新闻主持工作。一年以后，威廉姆斯被迫辞职，因为他发现每周只有174美元的薪水根本养活不了自己。于是，他再次回到华盛顿，在WTTG－TV电视台当上了一名勤杂记者。在WTTG—TV的工作使威廉姆斯掌握了更多的电视新闻节目的制作技巧。两年之后，威廉姆斯又跳槽到费城的WCAU－TV电视台，担任该台驻新泽西州记者。又过了两年，威廉姆斯再次跳槽到了美国新闻制作的中心地带纽约，在CBS在纽约的电视台——WCBS－TV做起了主持人和记者，并在那里前后工作了5年时间。在此期间，关于1987年股市风波的报道为他赢得了第一个电视艾美奖。到了1989年柏林墙倒塌时，威廉姆斯已经成了美国电视新闻界一个炙手可热的人物，同时接到CBS新闻频道和NBC的邀请，与汤姆·布罗考的一番对话最终使威廉姆斯来到了NBC。1993年，威廉姆斯离开WCBS－TV电视台进入美国全国广播公司(NBC)。一年以后，威廉姆斯很快又成了NBC驻白宫首席记者。从1996年开始，他又开始主持MSNBC的独家新闻报道栏目《和布莱恩·威廉姆斯看新闻》(The News with Brian Williams on CNBC and MSNBC)，这档栏目不仅在CNBC转播，同时也是当时美国众多有线电视网上，第一个以主持人名字命名的新闻节目。

二、入主NBC《晚间新闻》

时隔8年之后，2004年12月2日，威廉姆斯终于在他46岁时正式成为NBC《晚间新闻》的新闻主播(其前任是美国著名三大新闻主播之一的汤姆·布罗考)，每天就"美国国内及世界"最具价值的新闻事件向观众提供最新的新闻报道及深入分析。在美国，新闻节目主持虽是令人羡慕的职业，年薪高、家喻户晓，频繁的旅行、丰富的工作见闻令人向往，却又是一般人不敢涉足的工作，因为这个职位对主持人的要求极高。

① http://www.grads.tulane.edu/transcript_brianwilliams.html。
② http://www.wesh.com/r/3965446/detail.html。

图 4－49 《晚间新闻》主持人威廉姆斯

入主《晚间新闻》之后不久，威廉姆斯便以出色的报道赢得了观众和同行的赞许。

他在该职位上第一年的代表作是对两场灾难的报道：即关于印度洋海啸和卡特里娜飓风的报道。随着他对海啸报道的影响面逐渐扩大，NBC 员工都认为威廉姆斯已经形成了自己的报道模式和风格（不同于其前任布罗考），尤其是他对卡特里娜飓风的报道更是受到了业内观察员的一致好评。正是他的出色工作帮助 NBC 在当年荣获了美国电视最权威的奖项皮博迪奖（Peabody Award），评奖委员会在颁奖词中也对他的工作大加赞赏，认为威廉姆斯和《晚间新闻》的工作人员"对卡特里娜飓风的卓越报道，体现出了电视新闻报道的最高水平。"①

威廉姆斯对国际新闻的报道使他获得了很高的赞誉以及优秀新闻工作者的嘉奖，其中，大部分奖项是因为他报道了卡特里娜飓风及其后续新闻而获得的。《纽约时报》的文章称，威廉姆斯对卡特里娜飓风的报道是"一个关键的时刻"。② 之后，著名的《名利场》杂志也说他的报道不亚于默罗，并称在金融危机中，威廉姆斯甚至已成为了"全国主播"。③

图 4－50 威廉姆斯现场报道卡特里娜飓风 ④

---

① http://www.washingtonpost.com/wp－dyn/content/article/2005/12/04/AR2005120401323.html。

② http://www.nytimes.com/2002/10/27/nyregion/in－person－the－life－of－brian－annotated.html。

③ http://www.vanityfair.com/。

④ http://www.msnbc.msn.com。

《晚间新闻》是美国全国广播公司(NBC)的旗舰式全国新闻联播节目，每晚从位于纽约洛克菲勒中心的通用电气公司大厦播出。节目从1970年8月3日起改为现名。在2007年上半年，NBC《晚间新闻》曾一直落后于美国广播公司(ABC)的《世界新闻》(World News)，在威廉姆斯及其工作团队的努力之下，在当年年末《晚间新闻》就恢复了原来的领先地位，并于2008年秋季将其收视优势完全扩大。①

2011年10月31日起，威廉姆斯又同时主持了一个全新的时事杂志节目:《洛克中心》(Rock Center with Brian Williams)。这是20年来NBC首次在黄金时段播出真正的时事杂志节目。节目在纽约洛克菲勒中心的NBC总部3B演播室录制，和《晚间新闻》同处一个演播室，每周一播出。②

三、名副其实的新闻主播

威廉姆斯可谓是美国新闻主持人的典型代表，在他身上集中了所有美国新闻主持人所具有的职业素质和工作特色，是名副其实的新闻主播，也时时处处体现出一个新闻主播所应具备的职业素质和工作能力。由于长时间担任国际新闻大事件节目的主持，威廉姆斯拥有独到的视角和观点，加上镜头前自然的表情和丰富的肢体语言，他逐渐形成了严肃、理性、大气、稳重、思辨性强的主持特点。

图4-51 《洛克中心》节目主持人威廉姆斯

(一)丰富的新闻工作经验，过硬的新闻工作技巧

记者出身的威廉姆斯，有着丰富的新闻工作经验。在成为《晚间新闻》主播之前，他报道过无数次的总统竞选、总统候选人提名大会等活动，还参与主持了八次总统电视辩论。多年的历练为他积累了极为丰富的采访经验与播报经验，也使得他具备了极为出色的综合表达能力，不管是采访还是播报，他总能在镜头前游刃有余。在每天的节目当中，威廉姆斯不仅要回顾当天的重要新闻，还会利用各种手段来增加深度报道，加上他在主持时的克制、理性，他的节目总是能给人语言表达到位、叙述流畅而又深入透彻的鲜明感受。

---

① http://www.nytimes.com/2009/03/09/business/media/09nbc.html?_r=1。

② http://www.hollywoodreporter.com/live-feed/nbc-cancels-playboy-club-brian-williams-rock-center-241714。

图 4－52　威廉姆斯的总统辩论报道总令人印象深刻[①]

图 4－53　2011 年 9 月 27 日，在纽约国家首脑会议闭幕式上，威廉姆斯就教育问题访问比尔·克林顿[②]

（二）成熟睿智，思路清晰

图 4－54　布莱恩·威廉姆斯在主持节目

不管对于什么问题，威廉姆斯总是能够及时从不同逻辑角度进行思考，表现出一个新闻主播应有的理性和睿智。例如对政治新闻，他总是会选择民众和政府两个角度，从不偏向某一方，而这两个角度既是对立的，同时又是统一的。来自这两个方面的针锋相对的意见必然引出新闻潜在的看点，也更能帮忙观众了解新闻的实质。而对于一个医疗发现的报道，他则会从该发现的利弊两个方面与记者和嘉宾进行分析讨论，从不简单地对这个发现下以正面或反面的结论。[③]显而易见，很多事物无法一言以蔽之，作为新闻主播，恰如其分地展现事物的两个方面不仅更显成熟，也能够帮助观众更深入、更清晰地理解和判断事实。

（三）从容镇定，即使面临灾难也保持冷静

图 4－55　布莱恩·威廉姆斯在播报新闻

作为坐镇演播室的新闻主播，虽无法在每个新闻事件发生时都亲临现场，但沉着冷静地应对新闻事件，特别是突发事件同样是其应有的素质。威廉姆斯在这方面则表现得更为老练。2011 年，美国经历了许多自然灾害的考验，西南地区的野火、中南部地区的

① www.bagnewsnotes.com。
② 图片来自：弗朗辛 Daveta/美国全国广播公司。
③ NBC《晚间新闻》2011 年 11 月 4 日的报道。

龙卷风、多个地区发生的洪涝灾害,以及东海岸的飓风等同样也考验着记者和新闻主播的报道能力。① 对于这些突发性灾害,NBC《晚间新闻》都进行了最及时、最全面的专题追踪报道,担任播报任务的正是布莱恩·威廉姆斯。他能够临危不乱、镇定自若地进行报道,语速虽然不快,却紧凑缜密、环环相扣、有条不紊,既没有强烈地表现出自己的情绪和情感,使新闻保持了应有的公允度,也赢得了观众对新闻和新闻主播的信任。

(四)语气肯定坚决,权威又不失亲切

作为新闻主播,威廉姆斯每天的工作绝不仅停留在新闻的取舍和播报上,而是对每条新闻都做出了深入的分析。在主持节目的过程当中,他总是能够及时地、毫不迟疑地自由陈述自己对新闻事件的看法和意见,甚至对新闻事件给予最犀利、最尖锐的评论,即使这样,威廉姆斯的主持并不会让人觉得过于严肃刻板,相反却总会让观众产生一种信任感和亲切感。作为新闻主播,这种感觉是通过长期的工作培养起来的。主持节目时,威廉姆斯把自己当做行家,争取观众的信赖;面对镜头说话时,威廉姆斯则又表现得大方自然,注重与观众进行眼神的交流,从而极富魅力与亲和力。由于既亲切又富有权威,《华尔街日报》甚至将他和克朗凯特放在一起,说"他是 21 世纪的沃尔特·克朗凯特,是当今时代新闻主播的黄金标准"。②

(五)节目的灵魂和核心

与美国其他的金牌主播一样,威廉姆斯既是其所在节目的主播,同时也身兼节目总编辑,对节目的选材、风格等拥有决定权。由于享有编辑的大权,布莱恩·威廉姆斯完全能够按照所属台的口径和个人风格来选择、策划、编辑、编排各方记者采集的信息,直接给记者部署报道任务。除了在主播台上通过演播室向受众传播信息,碰上重大的采访和报道,威廉姆斯也总是亲自履行采访和报道职责,以出镜记者的身份从现场发回报道,是真正集采、编、播于一身的新闻主播。由于善于以小见大,从日常细微的举动中去发现爱,所以 NBC《晚间新闻》的社会新闻部分做得有声有色,这在很大程度上归功于威廉姆斯对这一主题的选材与处理能力。

图 4-56　威廉姆斯在白宫采访美国总统奥巴马

① NBC《晚间新闻》2011 年 7 月至 12 月的系列报道。
② http://www.marketwatch.com/story/brian-williams-21st-century-cronkite-2010-06-02。

在美国，新闻主播其实一定程度上担当着“把关人”的角色，这就是他们把主持人称作“Anchor”的原因。

（六）明确新闻主播与出镜记者的不同角色

作为拥有编辑大权的主播，威廉姆斯能够在节目中尽情释放他的能量，展现他的风格，做到“随心所欲而不逾矩”。但威廉姆斯又非常清楚新闻主播与出镜记者在节目中的角色分工，在所有的新闻事实面前，为了尽最大可能还原事实真相，威廉姆斯在播报新闻时总是尽可能短地简述新闻梗概，而把尽可能多的时间交给前方记者，让前方出镜记者详细报道新闻，让新闻和记者成为报道的主角，而他自己则更愿成为陪衬。

图 4－57　2011 年 8 月 28 日，前方记者保罗・尼德汉姆报道艾琳飓风①

（七）顺应社会发展，把握受众需求

出于新闻人的敏感，威廉姆斯胜人一筹的地方还在于他能清楚地认识到，随着社会的发展变化，电视观众对新闻节目的口味和需求正处在迅速的变化之中。一方面，不少观众仍然爱好传统的严肃的新闻报道；另一方面，越来越多的人也希望新闻报道中尽量增加一些小报、周刊式的趣味内容。威廉姆斯很善于把握这种趋势并掌握尺度，因此，观众在他所主持的《晚间新闻》中，既能够看到政治、经济、军事等关乎国计的重大严肃新闻，同样也能看到一些充满人情和趣味的社会新闻。

（八）正直、善良，富有责任心

除了在新闻主播或出镜记者的岗位上表现出的毅力和勇气，威廉姆斯还表现出一个新闻工作者和社会公众人物的正直、善良及责任心。即使是在报道之外，威廉姆斯

① http://www.huffingtonpost.com。

图 4－58　布莱恩·威廉姆斯在与前方记者连线

仍然不忘他作为公众人物对社会，特别是对青年成长所负有的责任。在杜兰大学 2007 年毕业典礼上，校长邀请曾到此地采访报道过卡特里娜飓风的威廉姆斯来校为毕业生做演讲。在演讲中，威廉姆斯不仅现身说法，坦言没能拿到大学毕业证是他终生的遗憾，而且饱含深情地鼓励杜兰大学的学子重回新奥尔良，投身新奥尔良的重建事业。“因为你们的归来，因为你们又重回到了这个伟大的地方，我由衷地向你们表达我的敬意”，“没有新奥尔良就没有杜兰大学，我同样相信没有杜兰大学就不会有新奥尔良”，“让我再次请求：回到杜兰大学，回到新奥尔良。不管你最终会去哪里，但这是回家之路。”[①]他对青年学子的殷殷之情溢于言表。

四、生活中挥洒幽默个性

在严肃稳健的新闻主播形象背后，布莱恩·威廉姆斯还有着另外一种完全不同的个人形象。他拥有令人赞叹的幽默功力，观众们毫不怀疑他若是离开 NBC 的话完全可以去主持搞笑类脱口秀节目，人们经常说他的搞笑功力毫不逊色于他的正经主播功力。在一则 NBC 制作的威廉姆斯自我介绍的搞笑短片中，这一特质展现得淋漓尽致。他自信诙谐，懂得怎样平衡工作和生活，能在快节奏、高强度、重复性的工作中发现乐趣；经常自我激励，保持良好的心态；严肃、理性却又不拘一格。这不仅使他作为新闻主播的形象立体真实，增进了与观众间的亲切感，也为他赢得了不同群体观众的喜爱，扩大了他的观众群和影响力。对于新闻主播来说，这也着实是难能可贵的。

威廉姆斯说他每天上班的第一件事就是在演播厅大楼外面等待人家认出自己，当他到达办公室后做的第一件事就是拿起电话给自己留言：“我知道你所面临的工作十分艰辛，但是我坚信你能够挺下去，因为你是最棒的”。在繁忙的工作之余，威廉姆斯还会抽出时间来自己找点乐子，譬如恶作剧地把硬币丢到楼下在做采访工作的同事头上。他也会挤出时间来看自己最喜欢的新闻节目（其实就是他自己的节目），而一旦进入演播厅，他就迅速切换到自己的角色之中和美国人共同分享今日新闻。在结束了工作之后，打开手机便收听到了上午自己留给自己的电话录音：“你赢

① http://www.grads.tulane.edu/transcript_brianwilliams.html。

了，我爱你”。①

此外，威廉姆斯也很关注时尚和自己的着装搭配。作为每天晚上在电视上露面的著名主持人，个人的外在形象是非常重要的。其着装不能太保守过时，但是基于新闻节目的性质，为了赢得受众的信任与尊重，穿着又不能过于时尚超前。威廉姆斯有着公认的俊朗外表，他对于自己的穿着打扮十分重视并且做得相当得体。《名利场》杂志曾颁发给他“年度最佳着装奖”，当被问及最青睐的得体而时尚的穿着是什么时，威廉姆斯沉吟道：“任何没褶儿的裤子”。②

图 4－59　威廉姆斯参加《周六夜直播》节目

在工作之外，他也会偶尔参与娱乐节目和客串流行美剧。在参加了由乔恩·斯图尔特主持的《新闻每日秀》(*the Daily Show*)后，有无数的观众在网上留言，对威廉姆斯在节目中的机智、幽默大加赞赏，称他是娱乐和新闻方面都主持得最好的主持人。而在知名娱乐节目《周六夜直播》(*Saturday Night Live*)第 32 季的第一期中，有一个赛思·迈耶斯第一次亮相“周末刷新”(Weekend Update)环节就遭遇美国第一主播来“踢馆”的情节，而这个诙谐幽默绝伦的第一主播，正是布莱恩·威廉姆斯。

有人担心布莱恩·威廉姆斯作为一个新闻主播频繁出现于这样诙谐幽默甚至搞笑的场合会有损他的主播形象，但他本人对此却持很乐观的态度。他说：“我的确有过担忧，担心有人会将两者混为一谈，会觉得我对自己的工作不够严肃，但我觉得人们有足够的判断力来对两者进行区分。”当被问及他怎么会有时间去做这么多类型的事情时，他淡然答道：“我没有什么其他特别的兴趣，我是一个工作在现实中的现实的人，我不靠读小说去放松，我主要阅读报纸、杂志和上网。每天晚上我都会带满满一公文包的工作回家，笔记本电脑随时放在手边，我经常跟踪关注那些正在发生的事情，并和工作人员进行邮件交流，询问他们对明天新闻报道的想法。如果你是用心在工作的话，那么工作无疑能做到最好。”③

① 英文均来自 NBC 官网宣传短片。
② http://www.vanityfair.com/。
③ http://www.nypost.com/p/entertainment/tv/questions_for_brian_williams_qd8HkSI84X6IZijazkH3wL。

第八节 《新闻调查》与《60 分钟》:调查揭示真相

《新闻调查》

中央电视台唯一一档深度调查类栏目,时长 45 分钟,每周一期。1996 年开播,以记者的调查行为为表现手段,以探寻事实真相为基本内容,崇尚理性、平衡和深入的精神气质。

所播节目《南丹矿难内幕》、《透视运城渗灌工程》、《农民连续自杀调查》、《派出所里的坠楼事件》、《山阴的枪声》等在社会上产生极大影响。

图 4-60 《新闻调查》片头

节目获得亚洲—太平洋地区广播联盟特别奖、蒙特卡洛电视节纪录片类女神银质奖、中国广播电视大奖之优秀纪录片奖、中国影视作品叙事艺术年度大奖等多项大奖。

栏目实行记者中心制,曾出过白岩松、柴静、敬一丹、杨春等多位优秀出镜记者。

《60 分钟》

美国哥伦比亚广播公司(CBS)的一档电视新闻杂志栏目,创办于 1968 年 9 月,固定在每周日晚间 7∶00 至 8∶00 段播出。每期节目基本由三个独立的新闻深度报道和一个新闻评论板块组成,深度报道各 13 分钟左右,评论板块 4 分钟左右,加上片头导视、片花和广告,总共 60 分钟整。在娱乐节目一统天下的格局中,《60 分钟》连续 23 年名列美国联播网黄金时段收视率的前 10 位。

《60 分钟》不设固定的栏目主持人,只让本期节目的出镜记者在演播室做简短述评。它的主持人都是记者,记者同时也是主持人,主要有迈克·华莱士、丹·拉瑟、哈里·里森纳、莫利·塞弗、莱丝莉·斯塔尔和埃德·布莱德利等。

图 4-61 《60 分钟》片头

社会学研究认为,角色是与人们的某种社会地位、身份相一致的一套权利和义务的规范与行为模式,是人们对具有特定身份的人的行为期望,它构成整个社会群体或组织的基础。[①] 当调查性报道进入电视媒介之后，由于这类报道的选题都有极强的社会与现实意义，又采用具有强烈故事性与冲突性的叙述手段，因此，调查性报道在树立电视栏目形象、提高电视收视率方面功不可没，强调“新闻立台”的电视台都重视这类节目的增设。[②] 而这也对电视传统的出镜记者提出了更多的要求，其角色内涵也发生着相应的变化。

审视中西方电视调查性报道出镜记者的角色差异，可以帮助我们更好理解电视调查性报道中出镜记者与新闻主持的特征，继而深化当前全球范围内出镜记者与新闻主持在类似主流节目类型中的演变与趋势，最终对于我们探究中西方出镜记者与新闻主持当今的差异与各自未来的走向提供有益的思考和建议。

《60 分钟》是电视调查性节目的鼻祖，同时也对其他同类节目有很大的影响。而作为中央电视台最具深度的调查类栏目，《新闻调查》几乎代表着央视乃至中国电视新闻栏目和出镜记者的最高水准。从叙事理念的确立到叙事手段的综合运用，再到叙事结构的精心安排，《新闻调查》的专业品质几乎成了其他类似节目模仿的典范。[③] 因此，选取中国的《新闻调查》和美国的《60 分钟》进行比较研究，有一定的代表性。

一、中西方电视调查性报道出镜记者的角色定位与表达差异

在经过中西方对于电视调查性报道各自的概念理解和理念实践之后，这些差异赋予了中西方电视调查性出镜记者不同的角色内涵，他们的角色定位与表达方式形成了不同的形态。为了直观地审视这些差异，本节拟从 CBS《60 分钟》和 CCTV《新闻调查》播出节目中各自选取一个较为典型的调查性报道，剖析其出镜记者角色定位与表达的不同。

（一）CBS《60 分钟》出镜记者角色定位与表达特征

《60 分钟》采用的是杂志型电视新闻的编排方式[④]，三个板块有风格各异的主持人，每期主题往往有三至四个。第一个报道具有较强的政治性和时效性，第二个报道也较为严肃，相比之下，收尾的报道安排融入了更多人情味，结尾是主持人标志性的简洁而不失幽默的评论。[⑤] 我们选择《60 分钟》在 2001 年“9 · 11”事件发生后播出的一

---

① 李蓓：《出镜记者角色失调现象分析》，《新闻实践》2009 年第 3 期。
② 李媛：《从〈新闻调查〉和〈60 分钟〉比较中美电视调查性报道之异同》，《东南传播》2009 年第 6 期。
③ 葛翔、敖绍平：《电视新闻调查性报道的叙事学解读——CCTV〈新闻调查〉个案研究》，《现代视听》2008 年第 6 期。
④ 史可扬：《电视栏目和频道辨析》，中山大学出版社 2007 年版。
⑤ 周粟：《晚间战场的“深度”战壕如何挖掘——电视新闻类栏目〈60 分〉与〈新闻调查〉之比较》，《青年作家 · 中外文艺》2010 年第 2 期。

期节目中的一个独立报道作为探究对象，分析以莫里·塞弗为出镜记者的这期报道节目，其角色定位与表达方式的特征。

这个报道时长共13分钟，展示了在美国的伊斯兰教学校里孩子们对自杀式炸弹袭击等恐怖行为的看法。本期《60分钟》在导语部分涉及这个报道的提要如下：

这并非一般的美国学校，而是数以百计回教徒为自己开的学校，教师提倡尊重每个宗教，谴责暴力和自杀。“我们不容许校内外的仇恨”（学校校长），“自杀是违背伊斯兰教义的”（某位学校老师）。但这些孩子是否收到讯息？“如果我要自杀式炸毁海军基地，我会上天堂。”（学校某位女学生）

从节目最开始的导语中，我们可以第一时间了解该报道探讨的对象与主题，并可以很直观地感受到不同被采访对象之间的矛盾与冲突。而这种鲜明的观点与立场表述，在接下来的出镜记者身上得到了进一步的体现。

1.出镜记者建构主题及其认知的视角

当出镜记者莫里·塞弗坐在演播室里时，他说的第一段话，就鲜明地亮出自己的观点与立场：

伊斯兰教，是本国，以至全球发展最迅速的宗教，在全球超过10亿信徒，但在本国已有600万。“9·11”事件后，我们都想尝试了解，这个令不少人联想起暴力的宗教——世贸中心、以色列自杀式事件、巴基斯坦教堂被炸——这一切在某种程度上均以伊斯兰教之名进行。“伊斯兰”一词源自阿拉伯语的“和平”，但人们如何揣释则是另一回事。今年春天，为了理解这对身处非伊斯兰教国家的美国年轻伊斯兰教徒的影响，我们到学校实地探访。

图4-62 莫里·塞弗在主持《60分钟》节目

在这段导语中，莫里·塞弗首先将主题对象锁定在“伊斯兰教”，进而提出自己的解读视角：“伊斯兰”的“和平”原旨与伊斯兰教在现实世界中的形象间的矛盾与冲突。在该视角解读的基础上，莫里·塞弗紧接着引出了拍摄的对象——美国的伊斯兰教学校。

可以看出，在整段导语中，从主题到解读视角，再到拍摄对象，出镜记者始终提出了自己的观点和立场，并带着这种主题与视角，带领观众进入到现实世界的环境之中。

2. 出镜记者是多方观点的组织者，承载着论证的过程

进入到学校之后，我们从镜头中可以看到纪实性很强的现实场景：在布鲁克林工人区的艾诺亚学校、学校公车、老师上课、学生放学、黑板、书本等。这些具有典型特征的场景和事物给了我们一个关于美国伊斯兰教学校直观的感受。

而之后莫里·塞弗通过解说词“首先，他们要学习阿拉伯语，先知穆罕默德用来传播真主信息的语言”，话锋一转，直接从现实的场景转换到该报道的主题上来。

《60分钟》的出镜记者以“挑战冲突”的提问风格著称，往往一针见血地向新闻当事人发问，提最为敏感的问题。我们看到莫里·塞弗接下来变身为多方观点的组织者，在多方面的采访中去论证报道的主题。

图4-63　接受塞弗采访的伊斯兰女学生

在探寻在校学生对于自杀式爆炸袭击等相关问题的看法时，莫里·塞弗组织了两场采访，分别为4个女生和3个男生。他所提的问题及学生们的回答大致整理如下：

你们自觉是美国人？（女生：当然）

你们喜欢这个社会什么？（女生：言论自由、宗教自由）

年轻人总想挑战世界，你们可有反叛的感觉？（女生：要遵守教义，如异性关系）

奉行五大教义的回报是什么？（男生：登极乐，能上天堂）

当自杀式炸弹者的伊斯兰教徒能上天堂吗？（女生：当然）

你们认为他们是烈士吗？（女生：是）

你们认为这些自杀式炸弹袭击者会上天堂吗？（男生：我认为会）

最近出现几名伊斯兰教女性自杀式袭击者，你们有何看法？（女生：她们很勇敢，若你了解巴勒斯坦人的生活，我们都会这样做）

每一个问题都直指对于伊斯兰教教义的解读，并且存在一定的对抗性。在呈现这些观点的同时，莫里·塞弗的解说词配合一些历史或者现实拍摄的资料画面，将关于伊斯兰教朝拜以及自杀式炸弹袭击的现实状况呈现出来。这种现实采访和资料画面的交叉组接，使观众认识到学生们的观点与态度有着深厚的现实基础，而这更加引发人们对于美国年轻伊斯兰教徒的一些担忧。

图4-64　接受塞弗采访的伊斯兰男学生

对抗性的提问以及解说画面的呈现手段，使得出镜记者原本的观点和立场更加鲜

明。而在这种对话的组织和观点的呈现过程中，出镜记者完成了对于该报道主题的论证过程，使得其先前的观点和质疑得到了证实和回答。

3. 出镜记者试图引导公共舆论

在抛出主题及其视角，并在多方对话中论证主题之外，莫里·塞弗并没有到此结束该篇报道，而是继续展示了新的内容，进一步彰显了个人的价值取向与立场。

解说词提到：“两星期后，在校长要求下，他们要求修改答案，其中一人撤回对女自杀式炸弹袭击者的英勇评价。”我们听到几个女生对于先前言论的修改，然而“无人改变以色列自杀式炸弹袭击者上天堂的看法。”莫里·塞弗强调：“纵然认为恐怖分子是烈士，他们都谴责撞毁世贸中心的人。”最终，校长出面表态会引导“和平而容忍的宗教态度”。

这些内容在一定程度上消解了先前学生们的极端看法，及其带来的对抗性与不适感。这种转变尽管并非出自本意，但这种态度改变也是节目制作者所提倡与希望的。

在呈现出现实问题之后，在报道的最后部分，莫里·塞弗以一种建设性的视角，探讨了其他类似的教育工作者应该如何去引导孩子们处理好自己在美国做伊斯兰教徒的角色问题，最终给观众一种“道路曲折但前景光明”的印象。这种建设性的探讨反映了出镜记者试图引导社会舆论的一种努力，而他通过这种努力，使得该调查性报道的态度和立场得到进一步的强化和升华。

图 4－65　塞弗在采访伊斯兰学生

(二)CCTV《新闻调查》出镜记者角色定位与表达特征

与《60 分钟》相比，《新闻调查》在 45 分钟的节目中一般只安排一个新闻事件，出镜记者于逐步深入中获取真相。这种过程感十足的展现方式，留给观众比较充裕的思考空间，激发出受众听故事的本能快感，而这种时间维度上的完整性，亦增加了节目的可信度和观赏性。[①] 本节选取被人们认为能够代表《新闻调查》调查性报道的经典节目——《派出所里的坠楼事件》，分析以杨春为出镜记者的这期调查性报道，其出镜记者角色定位与角色表达的特征。

本期节目的导语，向观众大体描述了一位工人在厂派出所离奇坠楼而亡的故事，其中涉及的采访画面，更多的是在该事件调查过程中不同人的躲闪言辞：

① 周粟：《晚间战场的“深度”战壕如何挖掘——电视新闻类栏目〈60 分〉与〈新闻调查〉之比较》，《青年作家·中外文艺》2010 年第 2 期。

杨　春：有没有别的，第三种可能。

杨　春：你是不愿意说，还是不敢说啊。

受访者：我不是不愿意说，也不是不敢说。

杨　春：包括他现在都说，说你都看到了，在现场。

第二位受访者：他瞎说。

第三位受访者：在任何地方我都可以这么讲，事出有因。

在这段导语中，没有关于这个事件过多的描述，也没有鲜明的主题与解读的视角，更多的是不同的个人对于这起事件的不同说辞，建构出多条叙事的线索。而导语最终以第三位受访者的话"事出有因"结束，直接将故事叙述的路径打开，开启了一段事件的调查和故事的呈现。

图 4－66　杨春在采访

1. 出镜记者建构叙事及其逻辑的主线

一般情况下，《新闻调查》的出镜记者首先在演播室中用一分钟的导语或交代播出由头，或简单勾勒背景，或关注人物命运，或预先提出问题，但不做评论。本期节目的出镜记者杨春的开场语如下：

2002 年 6 月 16 日，湖南省益阳市发生了这样一件事：一个叫刘骏的年轻人被当地派出所传唤，结果却死在了派出所楼下。检察机关结论认为，刘骏是在意识清醒的情况下坠楼身亡的，而刘骏的家人却始终认为，刘骏死得蹊跷。那么刘骏是怎么死的呢？2003 年 10 月，《新闻调查》记者来到了事发地点，湖南益阳。

图 4－67　杨春在主持《新闻调查》节目

在该开场白中，出镜记者杨春以标准的新闻五要素概括出了故事的大致内容，然后通过检察机关与刘骏家人的不同说法，引出了整个叙事的起点：探寻刘骏死亡的原因。随后通过记者的行动，引出接下来的叙事逻辑主线。

在这个涉及派出所、检察机关、死亡等敏感字眼的故事描述中，杨春始终没有对这个事件作出任何的判断和评价。同时通过抛出“刘骏是怎么死的呢”这样一个简单而唯一的问题，开启了全篇的调查过程。

2. 出镜记者是故事的讲述者，承载着故事的悬念

《新闻调查》主持人在镜头前的调查行为属于“漂流式调查”，即主持人的调查活动是融获取信息和传播信息于一体的过程，那么主持人在完成整个调查过程之前，也是以一种未知的状态来探寻事实真相的。[①] 而这种未知的状态，使得出镜记者在讲述故事时，不由自主地承载着故事的诸多悬念。

这个故事本身就存有很多的悬念：刘骏为何接连两次被派出所传唤？为何一个活蹦乱跳的人在几个小时内死在派出所的楼下？为何一个没有罪的人会“畏罪自杀”？为什么不足四米的二楼却可以摔死人？而为什么颅脑会受到严重的损伤？等等。

除了这些故事本身的疑问之外，出镜记者作为一个现场的介入者与故事的讲述者，他自身的行为也不可避免地增添了叙事的悬念元素：杨春是否能够找到现场的当事人？他在现场是否有自己的发现？周围的群众是否愿意提供给他相关的线索？而派出所的当事人是否能正面回答杨春的问题？

当出镜记者带着对于事件的疑问去寻找答案的时候，这种未知结果的调查过程就成为本期节目重要的呈现对象。此时的杨春，在调查事件前因后果的时候，其行为过程也建构出一个个故事的悬念。

3. 出镜记者提出公共议题

随着调查的深入，出镜记者开始在事件的现象表层下面，努力挖掘事件不同主体之间的关系。通过议题的抛出和解决，我们可以看到纺织厂、派出所以及检察机关等之间盘根错节的利益纽带。在这种利益纽带之上，刘骏离奇坠楼的事件似乎有了可以理解的答案。但是这个答案的获得和确定，并非来自出镜记者直白的表述，而是观众的自我理解与判断。

在节目最后，出镜记者杨春保持了一贯的理性姿态和谨慎态度，最后的总结语如下：

很长一段时间，益鑫泰公司都是益阳市数一数二的利税大户，去年发生的刘骏坠楼事故至今仍在4000多名职工之间议论纷纷。但据我们了解，益阳市和湖南省的各级司法机关都对此案给予了高度的关注，做出了相当大的努力。在他们更严谨的调查和更充分的证据面前，我们有理由相信他们对此案做出的调查结论。

---

① 张龙：《记者型主持人角色论》，中国广播电视出版社2009年版，第91页。

图 4-68　杨春在《新闻调查》中做出镜报道

在这个总结语中，杨春并没有鲜明地给出自己的观点和价值立场，而是采取了迂回的叙事手法，通过强调益鑫泰公司特殊的经济地位，暗示某种答案的可能。同时，将 4000 多名职工议论纷纷的现象凸显出来，增加某种关注的压力；以及将益阳市和湖南省的各级司法机关推向积极努力的高位，隐含表达出需要“更严谨的调查和更充分的证据”的公共议题。

二、中西方电视调查性报道的不同表现与理念差异

通过对 CBS《60 分钟》和 CCTV《新闻调查》出镜记者角色定位与角色表达特征的具体分析，我们可以简单总结出中西方电视调查性报道的理念差异，而这些差异背后蕴含着媒介体制与社会环境的深层次原因。

我们看到，西方媒体更加凸显记者的个人评判与价值取向，强调批判性；倾向于靠解说配画面的方式呈现事实，然后以现场采访当事人的方式多方呈现观点，最终得出自我结论。因而，西方的电视调查性报道更像是“杂文”，内容至上，浑然天成。

西方电视调查性报道更多的是源于对公共领域的关注，而这种关注的背后，是因为西方媒体具备良好的生存环境。以美国为代表的西方价值观总体崇尚个性自由和自我价值实现，尤其在新闻媒体拥有“第四权利”的观念准则激励下，记者的新闻专业主义精神较强，他们强调对信息的采集，强调好奇心、逻辑和文笔。[①] 因而，西方的电视调查性报道始终坚守着媒体的价值理念与主体意识。

相比之下，中国的电视调查性报道更倾向于凸显记者的参与和表现，强调可看性；追求以记者介入的行动层层剥笋式呈现事实，通过采访与段落化的叙事手段，引导观众自我判断。因而，中国的电视调查性报道更像是“小说”，形式丰富，精雕细琢。

中国的电视调查性报道本身就是源于一种新的理念的尝试，它有一定程度的生存环境，但并不稳定，经历了较长的探寻和调整阶段。中国的媒体常常处在多重角色之间，很难找到最平衡的角色定位。“在中国新闻改革的现实环境中，党的宣传管理机制、市场经济下的商业利润逻辑和掺杂了中国传统知识分子道义责任又深受来自西方的以服务社会公共利益为本的新闻专业主义影响的职业理念，这三重逻辑的相互作

① 黄钦：《比较视野中的中国调查性报道》，《新闻爱好者》2010 年第 12 期。

用，是理解中国新闻改革的重要起点”。[①] 因而，中国的电视调查性报道更加寻求与生存环境适应的策略，小心处理着自身复杂的角色身份。

思考题

1. 白岩松在电视新闻主持方面最大的特色是什么？
2. 为什么说张泉灵是一位优秀的电视新闻出镜报道记者？
3. 试分析中央电视台主持人柴静主持节目时的特点。
4. 凤凰卫视女记者闾丘露薇成为一名优秀出镜记者的关键是什么？
5. 作为一名驻外记者，理查德·英格尔身上最优秀的品质有哪些？
6. 布莱恩·威廉姆斯的成功对国内电视新闻主持人有哪些启示？

---

① 陆晔：《社会控制与自主性——新闻从业者工作满意度与角色冲突分析》，载于《新闻学十年（1998－2008）：多元与分化》，中国传媒大学出版社 2010 年版。

第五章

出镜记者胜任素质及其培养

第一节　出镜记者胜任素质

美国著名心理学家麦克利兰认为，“胜任素质是指特质、动机、态度、价值观、知识和技能等能够测量，并可以把高绩效员工与一般绩效员工区分开来的任何个体特征，其特征主要在于：人的综合特质、与绩效高度相关以行为的方式体现、可持续的、可预测未来的行为表现。”①

1973年，麦克利兰提出了著名的素质冰山模型（如图5—1），将个体素质的不同表现划分为表面的“冰山以上部分”和深藏的“冰山以下部分”。其中，显露于水面外的冰山上层，包括与工作所要求的直接资质相关的知识与技能，是易于了解与测量的部分，也比较容易通过培训来改变和发展。而埋于水中的冰山下层（社会角色、自我形象、特质和动机），相对而言是内在的、难以测量的部分，只有在个体的主观能动性产生强烈变化时，它对工作的影响才会体现出来。

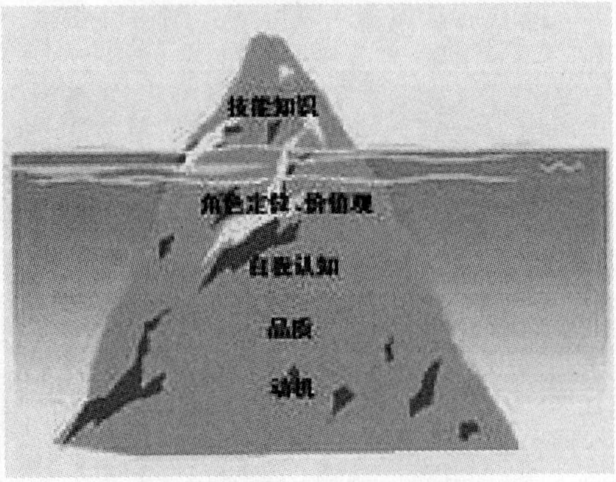

图5－1　麦克利兰素质冰山模型

尽管人们对于胜任素质模型的定义不同，但是被广泛接受的是，素质模型是为了完成某项工作、达成绩效目标所必

① 严正、卜安康：《能力素质模型构建与应用》，机械工业出版社2011年版，第6页。

需的一系列不同素质要素的组合。

作为人力资源管理体系的核心工具，素质模型已被广泛用于新闻业之外的其他行业，并形成统一的专家访谈法、BEI(行为事件访谈法)[①]、问卷调查、工作分析等多种科学分析方法，以及模型建构的详细路径。考虑到记者队伍的日益成熟完善、电视新闻业的蓬勃发展，以及目前出镜记者培养与评价方法欠缺的现象，引入系统专业的管理学理论进行相应分析，是可行的也是必要的。

因此，本节将致力于从胜任素质模型理论这一独特视角进行出镜记者群体的胜任素质分析。具体来说，就是运用科学成熟的模型构建方法，来探讨出镜记者岗位的胜任素质，并将之运用于出镜记者考核管理的社会实践之中。

一、胜任素质模型构建的步骤及原则

(一)胜任素质模型的构建步骤

为了减少采用单一方法可能导致的结论偏差，可以采用多种素质模型构建方法进行多维度的素质项目遴选、检验、修正，用以得出出镜记者胜任素质的基本要素项目，再依据相关统计分析方法，进行信度与效度的检验，以及项目要素的降维、归类。根据相关素质模型建构理论，结合电视新闻传播学特点及出镜记者岗位特征，本节出镜记者胜任能力素质模型建构的具体步骤如下：

(1)遴选素质项目。根据长时间对于出镜记者、电视新闻学、人力资源管理、素质模型等相关文献的整理研究，结合出镜记者的岗位特征，整理、初步归纳出出镜记者所需的基本素质要素。

(2)利用专家访谈进行调整与修正。总共对4名电视新闻学界专家、7名电视媒体机构的资深编辑、制片人进行了不同形式的访谈，根据学界、业界两种维度的视角对上一步形成的胜任素质要素进行进一步增删，第二次明确胜任素质要素。

(3)对7位出镜记者进行了匿名问卷访谈，选取其中4位的访谈资料，利用主题分析法整理归纳，对胜任素质要素进行第三次修正。

(4)根据所得各胜任素质要素，进行问卷设计，调查对象包括学界专家、电视从业人员、电视专业学生、普通观众，问卷内容是要求调查对象根据李克特五分量表对各要素项目进行打分。

(5)胜任素质模型的生成。根据问卷调查结果，对胜任素质要素进行降维，并进行

① 麦克利兰首创的行为事件访谈法，是一种揭示胜任素质的开放式的行为回顾式探索工具，是构建岗位胜任素质模型最常用也是最精准的方法。这种方法将目标岗位的任职者作为访谈对象，通过访谈者详尽描述其职业生涯中的一些关键事件，挖掘出影响目标岗位绩效的细节行为及其反映出的素质要素。

信度、效度检验，得出最终的出镜记者胜任素质模型，并对各要素进行定义、行为表现的描述。然后，将胜任素质理论模型应用于BEI访谈资料的检验，去测试几个样本，并做出评价，以验证胜任素质模型的可行性。

(二)胜任素质模型的构建原则

(1)确保搜集资料的真实可信，以及访谈对象所作回答是真实可靠的。

(2)确保素质要项之间的差异性，将具有相同含义、相似行为表现的素质要项进行合并同类项。

(3)确保素质要项的典型性，即要素是多数绩优人员都具备、专家学者都承认的，而不是只有一部分人员具备，或者是具有偶然性的因素。

二、胜任素质模型的具体构建过程

(一)遴选素质项目

正如怀勒·卡赛欧所说："工作分析对于人力资源专家来说，就如同钳子对于管道维修工。作为人力资源管理的基础地位，工作分析不会动摇！"[①]如前文所述，出镜报道的范畴不仅限于播报和提问式采访，而且包括现场观察发现、背景梳理及相关的分析与评论等所有报道活动。因此，我们在遴选出镜记者胜任素质项目之时，将工作分析法放在了第一步的基础工作之中。带着工作分析法的六大问题(工作的职责、工作的目的、工作的时间、工作的地点、工作的流程、完成工作的条件)，我们进行了文献梳理及素质项目归纳，并将之应用于随后的专家访谈及BEI访谈法。根据前期的标杆模型分析、工作分析、文献整理与抽取，我们初步整理出如下43项出镜记者的基本胜任素质条目(详见表5—1)。

(二)专家访谈法进行修正

在素质模型建构理论中，当模型建构的目标岗位明确单一时，适合采用专家小组的访谈方法，具有花费少、时间短以及信度高的特点。因此我们从两个层面对专家进行访谈，一是如表5—2所示的开放式问题访谈，二是让专家对上一步骤形成的43项出镜记者胜任素质进行李克特量表重要性打分。为排除干扰，保证访谈的科学性，先进行开放式访谈，再进行闭合式访谈。

---

① 朱勇国:《工作分析与研究》，中国劳动社会保障出版社2006年版，第5页。

表 5—1 初次整理出的出镜记者胜任素质要素(43 项)

1	语言表达能力	16	兴趣爱好广泛	31	记忆力
2	信息整理充分全面	17	有职业追求	32	想象力
3	现场适应能力	18	自律	33	学习能力
4	热情开朗	19	高智商	34	心理承受能力
5	亲和力	20	形象出众	35	事业心
6	情绪控制力	21	信息综合分析能力	36	决断能力
7	无过度煽情	22	职业道德	37	关注细节
8	保护采访对象	23	观众意识强	38	内省
9	慎用形容词副词	24	吃苦耐劳	39	思路清晰
10	现场道具使用	25	身体素质好	40	思维活跃
11	肢体语言的使用	26	积极自信	41	全局观
12	现场画面呈现	27	风险控制	42	感召力
13	团队意识(与其他工种的配合)	28	出镜意愿	43	把握新闻的核心内容
14	突发情况处理得当	29	丰富的专业知识(记者所负责领域)		
15	创新力	30	基础的电视新闻专业知识		

表 5—2 专家访谈问卷中的开放式问题

1. 请问您认为出镜报道最重要的工作任务和职责是什么?
2. 根据您对电视新闻业的研究或从业经验,请介绍 1～2 个成功出镜报道案例,并指出您认为成功的关键是什么?
3. 根据您对电视新闻业的研究或从业经验,请介绍 1～2 个出镜报道不顺利的案例,受挫的原因是什么?
4. 请问若要做好出镜报道,您认为记者最需要哪些特质、素质或者技巧?
5. 请问您认为该如何对出镜记者进行培训、选拔?
6. 请问您认为出镜记者的合格标准是什么? 工作中,单位该如何对出镜记者进行考核评价?
7. 请您列举出您认为的国内出镜报道做得比较好的记者两名,并说明原因?

将访谈内容加以文本转换后再进行主题分析,一方面基于上步遴选的素质项目,提炼访谈中的素质信息,对其进行编码和归类整理;同时,记录各胜任素质要素出现的频次,按大小顺序排列,并对要素项目进行增删。另一方面在遴选的素质项目之外,对访谈过程中新出现的素质进行分析、提炼与概念化。根据访谈结果,采用用词、语式、语气等统一的语言进行素质的概念化。

综上所述,根据此次专家访谈,在原有 43 项胜任素质要素的基础上,提炼归纳出独立思考能力、快速反应能力等 21 项新的素质要素,并对“形象出众”等要素的名称进行了调整与修正。

考虑到胜任素质要素含义的相互涵盖性,在进行各要素频度统计的基础上(剔除频次小于3的要素与专家打分后十位的要素），我们又邀请《新闻联播》编辑部制片人及出镜报道研究学者对上述素质要素进行审核讨论，进行一定程度的删减。

经专家讨论认为，扎实的电视业务功底包括一定的电视技术知识要素；良好的职业道德包括真实、公正、客观报道要素；现场控制力与突发事件的处理能力具有相互涵盖性；现场观察力可涵盖关注细节；把握新闻的核心内容与迅速抓住事件核心的判断力有重复之处；可将独立思考能力修正为“独立思考分析能力”以涵盖信息综合分析能力；与现场观察能力相比，新闻敏感性更多体现在选题上，因此建议留下现场观察能力；此外，现场画面呈现所指意义不清，需斟酌修正。

结合上述频度分析结果与专家建议，剔除具有重复意义与指代不明的胜任素质要素，最后整理得出胜任素质要素共28项。（如表5—3所示）

表5—3　二次整理出的28项胜任素质要素

语言表达能力；获取背景及相关信息能力；独立思考分析能力； 适应能力；现场观察能力；快速反应、到达现场的能力； 情绪控制力；报道目的明确；团队意识（与摄像等其他工种的配合、与后期编辑的沟通）； 突发情况处理得当；采访能力；镜头表现力； 敬业、有职业追求；形象大方得体；良好的职业道德； 吃苦耐劳；积极自信；丰富的专业知识（记者所负责领域）； 扎实的电视新闻基本功底；学习能力；抗压能力； 迅速抓住事件核心的判断能力；内省；思路清晰； 全局观；与现场人物的快速沟通能力；感召力； 有效传达现场气氛

（三）BEI（行为事件访谈法）的再次修正

对上步筛选出的素质项目进行统计与检验工作，从前期BEI访谈中选取4名出镜记者，运用主题分析方法，将素质要素演绎运用到具体的案例中，以对素质要素进行进一步概念上的调整完善。

根据实践操作体验，在将总结出的胜任素质要素应用到实际案例分析之时，语言表达能力等25项胜任素质被很好地体现在出镜记者的行为表现上，但与现场人物的快速沟通能力、感召力与有效传达现场气氛相对不好辨识，并且分别与采访能力和镜头表现力在行为表现上具有相似性，因此剔除这三项胜任素质要素。

根据上述详细的要素筛选过程，我们认为，剩余的25项胜任素质要素对于记者出镜报道起到了重要作用，是构成出镜记者胜任素质模型的基本要素。

（四）问卷调查

经过上述归纳得出25项出镜记者胜任素质要素，接下来，采用统计分析学的相关方法，进行进一步的论证和筛选，主要用于要素项目的信度、效度检验，以及进行维度归类，即检验 25 项要素对于出镜记者产生优秀绩效的重要程度，并对各个要素之间的相互关系进行梳理，对出镜记者胜任素质的因素类型加以确定。

(五)模型的生成

1.基本结果统计

根据对样本的数据统计，共 23 项出镜记者的胜任素质要素得分在 3.5 分以上，其中语言表达能力与快速反应能力等 18 项高于 4 分。形象大方得体、吃苦耐劳两项素质要素评定的平均值小于 3.5(<3.3 分，远小于其他素质要素)，在此次模型建构中的重要程度相对较低，加以剔除，留下 23 个素质要素。

根据统计分析结果，以各因子所包含的胜任素质要素意义为基础，对各因子大类进行主成分的命名，具体六个维度如下：

第一维度主成分内容包括："丰富的专业知识、扎实的电视功底、适应能力、学习能力、抗压能力、内省"共 6 个胜任素质要素，主要涉及个人知识积累及发展潜力，这里将其命名为"个人发展特征"。

第二维度主成分内容包括："快速反应能力、现场观察能力、获取背景及相关信息能力、独立思考分析能力"共 4 个胜任素质要素，主要涉及快速、全面解决具体问题的潜力，这里将其命名为"执行力特征"。

第三维度主成分内容包括："采访能力、镜头表现力、语言表达能力、突发情况处理能力"共 4 个胜任素质要素，主要涉及具体的电视业务能力，这里将其命名为"职业技能特征"。

第四维度主成分内容包括："思路清晰、迅速抓住事件核心的判断力、全局观"共 3 个胜任素质要素，主要是指抓大放小的现场控制力，这里将其命名为"控制能力特征"。

第五维度主成分内容包括："积极自信、良好的职业道德、敬业有职业追求、团队意识"共 4 个胜任素质要素，主要涉及个人品格，这里将其命名为"个体人格特征"。

第六维度主成分内容包括："报道目的明确、情绪控制力"共 2 个胜任素质要素，是关于出镜报道进程的掌控，因此命名为"目的导向特征"。

2.模型权重的确定及要素分析

根据上述因子分析的结果，六类因子均具有较高载荷的因子，因此，这里在尝试确定各个素质要素的权重时，将 23 个素质要素以相同权重计算，那么各因子包含的要素数量便决定了它的权重，具体如下(表 5—4)：

表 5—4 因子权重图

序号	能力素质	权重(%)
1	个人发展特征	26.1
2	执行力特征	17.4
3	职业技能特征	17.4
4	控制能力特征	13.0
5	个体人格特征	17.4
6	目的导向特征	8.7

至此，出镜记者岗位的素质模型框架基本形成，共六个维度，包括 23 项素质要素，其中素质定义、级别划分以及相应行为表现的描述如表 5—5 所示。

表 5—5 出镜记者胜任素质模型

素质类别	要项		行为表现
个人发展特征	1	丰富的专业知识	熟悉所报道领域的专业知识
	2	扎实的电视功底	具备扎实的电视新闻业务基础，并对电视相关技术有基本了解
	3	适应能力	能够快速适应不同报道环境，进行角色调整
	4	抗压能力	在高度紧张、形势危急之类的报道条件下，具有强大的心理承受能力，仍然能进行正常出镜报道
	5	学习能力	具备学习新知识、新技能及其他优秀出镜报道的动力与能力
	6	内省	总结自己采访报道的经验与不足
执行力特征	7	快速反应能力	(1)能够快速反应，到达新闻现场；(2)在出镜报道中的随机应变能力
	8	现场观察能力	能够察觉出镜报道现场的新鲜、独特之处，善于发现细节与亮点
	9	获取背景及相关信息能力	在出镜报道之前，短时间内获取新闻事件的背景及相关信息的能力
	10	独立思考分析能力	快速有效地分析梳理所获信息，提出独特的出镜报道视角
职业技能特征	11	采访能力	(1)出镜前，快速与新闻现场人物进行沟通；(2)出镜时，掌握采访节奏与方向
	12	镜头表现力	通过非语言符号传播与现场画面呈现，能够准确传达出镜现场的气氛，感染观众
	13	语言表达能力	(1)语言流畅清晰；(2)快速组织语言的能力；(3)细节描述能力和提炼概括能力
	14	突发情况处理能力	在发生突发情况时，能够快速判断其新闻价值，采取适宜的出镜报道方案

续表

素质类别	要项		行为表现
控制能力特征	15	思路清晰	在出镜报道的过程中，能够清晰地掌控报道过程，把握报道节奏
	16	迅速抓住事件核心的判断力	能够迅速判断新闻事件的核心所在，从而选择最具代表性的出镜地点、采访对象与报道内容等
	17	全局观	了解整体新闻报道的计划、进展与后续报道的需求
个体人格特征	18	积极自信	在报道中积极主动寻找问题、解决问题，保持自信的精神风貌
	19	良好的职业道德	真实、客观、公正地进行出镜报道，慎用形容词副词，在画面呈现时，保护未成年人等弱势采访群体
	20	敬业有职业追求	认真对待出镜报道工作的每一个问题，主动通过学习、交流等方法追求出镜报道能力的提升
	21	团队意识	与摄像等工种进行积极配合，与编辑等后期人员沟通交流
目的导向特征	22	报道目的明确	知道出镜的意义，并懂得用目的引领出镜报道的方向
	23	情绪控制力	理性进行出镜报道，情绪不可大喜大悲，或波动太大

如果用冰山模型图来表现，这六个维度的胜任素质同样可以分为冰山上面显露的、易被观察测量改变的部分，和冰山下面隐藏的、不易被观察测量改变的部分。就出镜记者胜任素质模型而言，如镜头表现力、采访能力这些职业技能特征位于冰山的上方，是浮在水面之外的，这些素质要素在行为上的表现更容易被观察，也方便被测量；比较而言，执行力特征、控制能力特征与目的导向特征的行为表现并没有这么直观；而个体人格特征，如敬业、团队意识、良好的职业道德等素质要素，则是人内在的、相对难以测量的部分，但同时又对出镜记者的行为与表现起着至关重要的作用。

图5-2　出镜记者胜任素质模型的冰山图

3. 应用 BEI 法取得的出镜记者案例，分析检验胜任素质模型

接下来，我们选取剩余三位出镜记者的 BEI 访谈记录，根据上一步筛选出的素质项目去评价分析三位出镜记者的胜任素质特征，以检验所提炼的胜任素质模型可信度的高低。

由于出镜记者岗位不像销售等岗位那样有直接对应的绩效表现，因此，我们主要采用该职位上级、同级的评价，以及个人成功出镜报道的数量来评定。

根据三位出镜记者所提供的访谈资料，我们根据胜任素质模型对其在出镜报道方面的胜任素质做出如下分析（表 5—6）：

表 5－6　BEI 检验的分析汇总

序号	胜任素质特质
出镜记者 A	控制能力特征、职业技能特征、执行力特征与目的导向特征明显；个人发展特征与个体人格特征有一定表现。无任何特征的负面行为表现
出镜记者 B	职业技能特征、个体人格特征、个人发展特征明显，尤其个人发展特征表现明显；执行力特征、目的导向特征有一定表现；控制能力特征表现不明显
出镜记者 C	职业技能特征、个体人格特征有一定表现；个人发展特征、执行力特征表现不明显；控制能力特征与目的导向特征有负面行为表现（体现在思路混乱、无法抓住事件核心、报道目的不明确等）

根据上述分析认为，三位记者的表现水平依次为出镜记者 A 表现优于出镜记者 B，出镜记者 B 表现优于出镜记者 C。其中出镜记者 B 的个体人格特征与个人发展特征明显，体现在有职业追求、乐于团队合作，有着较强的抗压能力、学习能力与内省习惯等，因此具有做出优秀出镜报道的潜在特质。相对而言，出镜记者 C 在各个方面的表现相对弱一些，比如在执行力特征维度上，没有观察的意识与敏锐度；在具体出镜报道中，目的导向不明确，容易走偏。

在对三位检验者进行梳理分析之后，我们找出他们的真实身份，分别为：出镜记者 A 朱某（中央电视台新闻中心首席出镜记者、8 年出镜报道经验、做过上海世博会等优秀出镜报道），出镜记者 B 冯某（江苏电视台城市频道记者、4 年出镜报道经验、做过“梅花”来袭等优秀的突发事件出镜报道），出镜记者 C 陶某（安徽电视台新闻中心记者、1 年出镜报道经验）。仔细比对分析之后，发现基于胜任素质模型对于三位出镜记者的分析判断基本准确，尤其是江苏电视台城市频道的记者冯某在突发事件处理能力方面的优异素质，更证明我们所列出的出镜记者的胜任素质是可靠的。

第二节　出镜记者胜任素质培养

从出镜记者队伍管理和素质培养的角度来说，胜任素质模型的应用非常广泛，几乎涉及人力资源管理的各个方面。科学可靠的素质模型不仅能为出镜记者的选拔调配提供参考依据，可以在绩效管理与薪酬管理时明确绩效标准，并界定支付薪酬的标准，还可以根据成熟的胜任素质模型，为出镜记者群体提供专业的培训内容与规划。而实际上，要想成为一名优秀的出镜记者，要具备上面所列出的这些胜任素质，也必须从出镜记者的选聘、培养和绩效考评等各个环节入手。

一、出镜记者的选聘任用

(一)出镜记者目前选聘任用情况

就目前国内的出镜记者队伍而言,并没有专门针对出镜记者的招聘,传统出镜记者招聘选拔基本是在现有记者队伍中进行,但如何选拔却没有一个明确、统一的规定。比如中央电视台的新闻记者若要获得出镜报道的资格,需要事先刻录个人拟出镜报道的光盘,交给部门领导审核,而各部门没有统一的选人标准,基本是依靠经验来检验记者的知识与技能。地方台的情况就更是简之又简。各地方电视台由于出镜记者人数本身就少,所以对于出镜报道的记者基本不设门槛,只要愿意出镜报道,都有出镜报道的资格,即使是还未离开学校的实习生,都有机会面向镜头做出镜报道。

近年来,就电视媒体机构的发展情况而言,电视媒体已越来越重视人力资源管理系统的引进和应用,这种科学化、便捷化的系统的优势和意义是显而易见的。但是,在出镜报道的影响力与日俱增之时,出镜记者的选拔任用显然仍停留在浅显的层次上,尚缺少科学、系统、有效的本土化技术工具。在这种形势下,出镜记者的个人职业发展与电视机构的整体发展都无法达到最优的水平。

从一定程度上来说,出镜记者的选拔任用过程就是全面收集与评估记者个人信息的过程,通过对动机、个性、能力等深层素质的测量去选择最适合出镜岗位的人才;并且这种达成共识的“话语体系”,可以在电视机构内的各组织之间顺畅流通。通过这种系统化、科学化的管理选聘,能够最大限度地发展电视媒体机构的核心竞争力。

(二)基于胜任素质模型招聘任用出镜记者

在电视新闻出镜记者的任用上,仅仅考虑电视新闻记者胜任特征的共性是不够的,还需要考虑出镜记者这一职业的工作胜任特性,才能达到人、岗位与单位之间的最大匹配度。通过明确的出镜记者岗位能力胜任素质要求,做出详细的岗位工作说明及评估标准,以实现人员选拔选聘的客观性和公平性。基于胜任素质模型的招聘所强调的便是据此建立一套科学、系统、高效的评价方法,全面、科学地将候选人具备的素质与岗位所需、单位发展挂起钩来。

与传统的出镜记者任用过程相比,将胜任素质模型理论应用于招聘中,就是指在整个招聘流程上不仅考察记者的知识、技能等外显特征,而且更加关注对记者的出镜胜任素质进行评价,使得最终确定的出镜记者人员是最具有出镜报道潜质与能力的人选。出镜记者的选拔任用可以沿着图 5—3 所示的流程来进行。

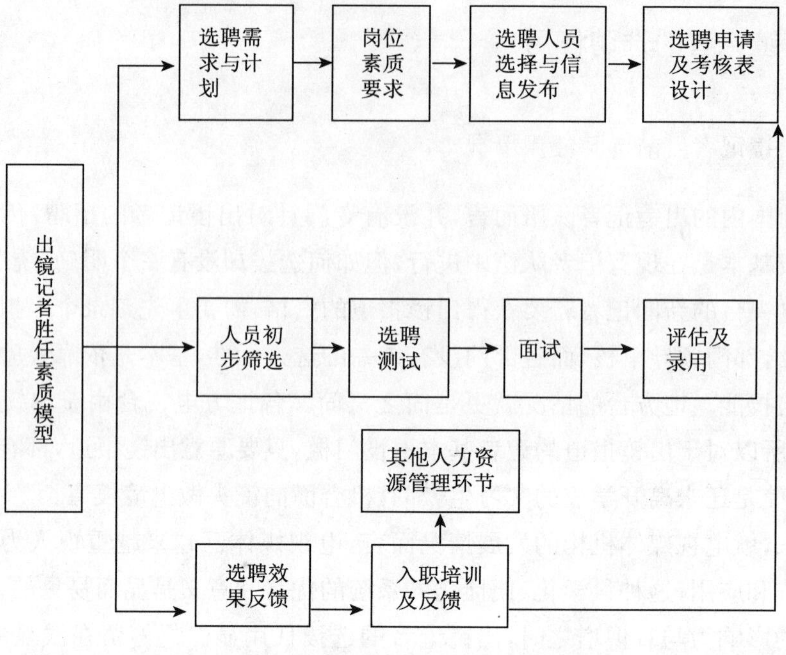

图5－3　基于胜任素质模型的出镜记者选聘任用流程图

1.准备阶段

电视媒体机构需要从思想上认识到出镜记者选拔任用科学性与专业性的重要性，包括人力资源部门以及各用人部门，双方应在相互配合下进行充分的准备工作：一是根据各部门发展规划确定出镜记者的需要与计划；二是根据胜任素质模型结构编制所需岗位的任职说明书、评价标准及模型；三是基于胜任素质模型理论，明确实施的具体步骤(包括时间地点、经费预算)、招聘团队与选拔申请表。

伴随着社会的发展，人员流动速度逐步加大。出镜记者的选拔任用也是如此，不仅可以面向电视机构的内部记者，外部招聘也是适宜的选择。特别要强调的是，在招聘信息发放之时，除去强调传统的学历、专业等要求，还需要强调对于出镜记者胜任素质能力的要求。

此外，为了保证出镜记者选拔任用等人力资源管理环节的系统性与科学性，在选拔任用出镜记者时，应要求应聘人员填写申请表以备考核。申请表的内容除了传统的个人信息、工作经历、教育背景外，还应加入如表5－7所示的胜任素质描述，为后期招聘做充分准备。这种行为事件的开放性描述问题目前已广泛应用在外企的招聘过程中。

表 5—7 基于胜任素质模型的出镜记者选聘申请表(开放式回答部分)

请根据您的认识如实回答以下问题: 1. 请问您认为出镜报道最重要的工作任务和职责是什么? 2. 您是否有过出镜报道经验?请列举一个您亲历的事例,详细描述事件发生的过程,包括当时的起因,自己的行动与感受,出镜报道的效果等等。 3. 请问若要做好出镜报道,您认为记者最需要哪些特质、素质或者技巧? 4. 请问您认为出镜报道前需要做哪些特别的准备? 5. 您认为影响出镜报道水平最关键的因素是什么? 6. 请列举出您认为的国内出镜报道做得比较好的记者两名,并说明原因。

2. 实施阶段

通过申请表筛选得出进入下轮的人员名单,本阶段的选拔任务是通过心理测验、能力测验、人格测验等考察应聘者的知识水平、心理素质和性格特点。因此,在这个阶段,如何根据确立的出镜记者胜任素质模型编制一套具有高区分度、能真实全面反映答题者水平的试卷是至关重要的。在考虑到成本的基础上,在进行正式测试之前可以对试卷的信度与效度进行小范围内的样本检验。

作为信息的传播者,出镜记者的人际交流能力非常重要,因此直接接触的面试环节非常重要,应通过结构化、标准化的面试程序对应聘人员的能力、性格等胜任素质进行全面的了解与评价。

不同电视机构可结合各自发展情况、出镜记者队伍现状,对胜任素质模型中六大类因子进行区别化的权重设定,并在此基础上确定相应的面试方法,分析求职者是否具备出镜报道所需要的胜任素质能力。在情景设定、无领导小组讨论等不同环节中,则需要依据胜任素质模型理论做出定量的分数评价以及描述性的文字评价,为人员录用作参考。

3. 效果反馈

尤其是在胜任素质模型的初期试用阶段,效果反馈对于整个人力资源系统的可持续发展非常重要。在招聘工作完成以后,应通过对招聘环节、招聘人员的评估,对招聘工作进行评估、反馈与调整。

常用的方法是对入职的出镜记者进行跟踪调查,在一段时间后,对出镜记者的业务表现进行多方面评估。通过这种反馈与调整,可以让胜任素质模型更贴近电视媒体机构的实际情况,具有更大的科学性与操作性。

二、出镜记者的培养

(一)出镜记者培养现状

出镜记者胜任素质的培养是个大范围的工程,涉及校园培养、单位培训、个人发展三个维度，只有三方朝着清晰的方向共同努力，才能形成效果。

就目前国内的出镜记者培养发展情况来看，高校范围内并没有专门的出镜记者专业，即使是出镜记者方向的课程也只是近几年在几所知名高校才依次出现，但这些课程又多以理论或基础性技巧为主，很难提升未来出镜记者人员的素质。记者真正进入电视媒体之后，相关培训也很少，在这方面，中央电视台和江苏电视台在记者培训方面做得稍微好些，比如江苏电视台不定期组织学习，包括请国外一些专家和国内知名主持人、出镜记者讲课、交流。但是这些交流与培训都是零散的，具有很大的偶然性，没有明确的目的和规划，在效果上是令人质疑的。在个人发展方面，可能因为电视新闻记者工作繁忙的原因，许多记者坦承只是偶尔会进行经验总结与回顾，个别具有出色表现的出镜记者才表示会进行知识的积累和学习。

因此，为了能更系统与有效地培养出镜记者的出镜报道能力，基于胜任素质模型，高校与电视媒体机构都应不断调整出镜记者胜任素质能力培养的方式方法。

(二)基于胜任素质模型的出镜记者培养

1.高校中定向培养

多年来，主持人行业有着自己的播音主持艺术学院，记者岗位有着新闻专业支撑。对于出镜记者这一群体而言，至今并没有得到足够的学科重视。

从岗位分析来看，主持人与出镜记者作为电视新闻传播中最重要的两个“人”的因素，都在信息传播中扮演着关键角色。然而，出镜记者却并不像主持行业这样有着系统、完善的高校培养体系，更没有像主持艺术这样的专业。从国外电视新闻业的发展中不难窥见，优秀的主持人其实多是记者出身，尤其多是出镜记者出身。因此，出镜记者的高校培养问题具有一定的现实意义。

培养方法与内容的选择，我们可以在胜任素质模型理论的基础上，借鉴现阶段比较成功的双轨制主持人培养路径，也就是从理论培养与实践培养两个方面共同着手。

具体来说，理论培养可以借鉴目前高校新闻专业的经验，采取必修与选修相结合的方式，开设《电视新闻业务基础》、《出镜记者报道》、《电视新闻采访与写作》，以及与经济、法律相关的专业基础知识(根据兴趣选修一门专业知识)等理论课程，对出镜记者胜任素质中显性的职业技能等因子进行针对性培养。

而对于执行力特征等隐性胜任素质，则宜多采用实践课程，让学生们亲身体验与应用，在模拟性的出镜报道中提升学生的出镜报道能力。[①]

表5—8所列的出镜记者培养课程，则在一定程度上使胜任素质模型的意义不仅仅在于课程设置时的参考，更在于对于出镜记者专业学生的评价考察，即不仅仅是传

① 隆麒:《基于素质模型的大学生创业能力培养分析》，电子科技大学硕士论文，2010年。

统的书面考试，而且要将他们放到实战训练中考察，考察他们是否具备一名合格的出镜记者应有的出镜报道胜任素质。

表 5—8　基于胜任素质模型的出镜记者高校培养的课程设置

<table>
<tr><th>素质类别</th><th>要项</th><th>对应课程形式</th></tr>
<tr><td rowspan="6">个人发展特征</td><td>丰富的专业知识</td><td>经济、法律等专业基础知识（根据感兴趣领域选修一门）</td></tr>
<tr><td>扎实的电视功底</td><td>《电视新闻业务基础》</td></tr>
<tr><td>适应能力</td><td rowspan="8">《心理学》等基础学科
实践课程（设置不同情境的出镜报道训练；优秀出镜报道案例学习）</td></tr>
<tr><td>抗压能力</td></tr>
<tr><td>学习能力</td></tr>
<tr><td>内省</td></tr>
<tr><td rowspan="4">执行力特征</td><td>快速反应能力</td></tr>
<tr><td>现场观察能力</td></tr>
<tr><td>获取背景及相关信息能力</td></tr>
<tr><td>独立思考分析能力</td></tr>
<tr><td rowspan="4">职业技能特征</td><td>采访能力</td><td>《新闻采访》，实践课程</td></tr>
<tr><td>镜头表现力</td><td rowspan="2">《出镜报道》，实践课程</td></tr>
<tr><td>语言表达能力</td></tr>
<tr><td>突发情况处理能力</td><td rowspan="2">实践课程（设置不同情境的出镜报道训练；优秀出镜报道案例学习）</td></tr>
<tr><td rowspan="3">控制能力特征</td><td>思路清晰</td></tr>
<tr><td>迅速抓住事件核心的判断力</td><td rowspan="3">实践课程（出镜报道训练；优秀出镜记者事件经验讲座）</td></tr>
<tr><td>全局观</td></tr>
<tr><td rowspan="4">个体人格特征</td><td>积极自信</td></tr>
<tr><td>良好的职业道德</td><td>《电视新闻职业道德》</td></tr>
<tr><td>敬业有职业追求</td><td>《出镜记者职业生涯规划》</td></tr>
<tr><td>团队意识</td><td rowspan="2">实践课程（设置不同情境的出镜报道训练；优秀出镜报道案例学习）</td></tr>
<tr><td rowspan="2">目的导向特征</td><td>报道目的明确</td></tr>
<tr><td>情绪控制力</td><td>《情绪管理》、实践课程（出镜报道训练；优秀出镜记者事件经验讲座）</td></tr>
</table>

2. 电视机构单位中的针对性培养

在合理、科学的素质项目基础上，制定岗位完善的发展培训体系，让电视媒体机构内的出镜记者增强取得优异表现、适应未来环境的胜任素质能力，能够可持续性地发展，以便与媒体的整体发展目标及核心竞争力保持一致。

具体而言，若要培训达到好的效果，首先就要认真分析对于出镜记者队伍培养的需求与目的。在电视媒体机构内部，根据定期的考核对出镜记者人员的知识、技能等胜任素质水平进行鉴别、分析与记录，了解出镜记者队伍整体胜任素质的现状。

再根据当前电视新闻业务的发展现状，确定急需提升的胜任素质顺序，确定培训内容与优先次序。培养的内容主要包括两个部分，一部分是课程开发，针对性提升出镜记者的业务素质等；另一部分可通过户外活动等模拟情景提升出镜记者的团队意识、突发情况处理等隐性且不易在课堂中学习的胜任素质能力。

同时需要注意的是，培训计划应该根据电视媒体机构及各部门的发展战略，设立远、中、近不同的出镜记者培训方案，不再是应急应景似的培训，只有这样才能充分利用培训时间，提高培训效率。当然，效果的评估与反馈同样必不可少，任何一个培训方案的实施都需要通过实践的结果进行反馈，并据此进行后续培养计划的调整与改进。

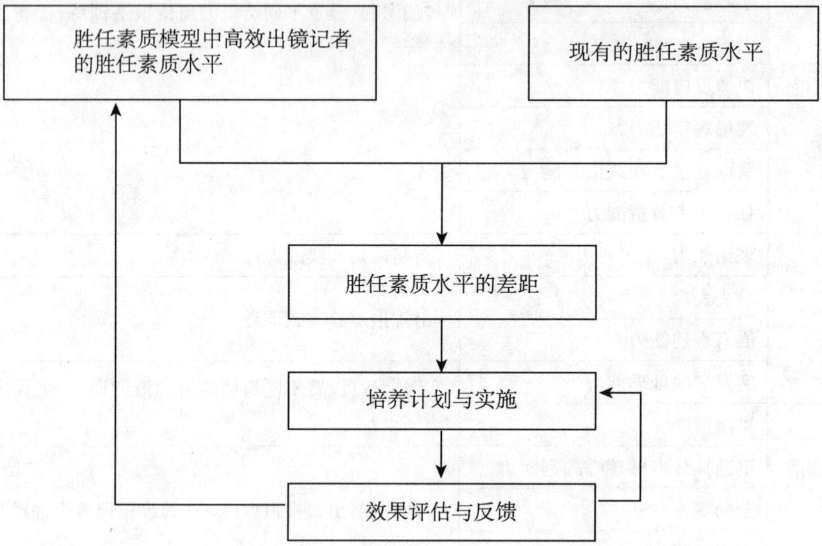

图 5-4　基于胜任素质模型的媒体机构内出镜记者培养的流程图

三、出镜记者的考核评价

(一)出镜记者目前考核评价的情况

目前出镜记者人员的考核与评价主要分为两个部分：一是定期的绩效考核，与其他记者岗位没有区别，通过对新闻条数进行统计与打分考核，其中打分的依据以经验居多。二是一些周期性的评选评奖活动，由专家领导小组进行节目观看评选，打分依据没有统一标准。

尤其是在地方电视台，人力资源部门表示出镜记者就是一个普通的工种，没有特别的考核办法。显然，出镜记者岗位不同于其他任何岗位，有着自己独特的胜任素质要求及强大的传播影响力。

为了能够让出镜记者的考核与评价趋于规范化、制度化、科学化，可以根据出镜记者胜任素质模型，指导出镜记者的业务考核，实现量化考评的公正与公平。

(二)基于胜任素质模型的出镜记者考核评价建议

具体而言，可将六维的胜任素质模型应用到具体的报道打分之中，其中评价的要素便是23项胜任素质要素及其行为表现，评价的标尺则是不同行为等级表现所对应的分数，最后再根据前期所设定的权重进行分值累计，实现对出镜记者的进一步量化考评。①

根据具体的指标体系进行考核，既能全方位区分出镜记者表现的优异水平，又能帮助电视媒体机构科学制订培训计划、职业生涯发展计划及薪酬工资水平等，从某种程度上而言，也是对出镜记者胜任素质模型的再次检验。

当然，如同胜任素质模型在其他人力资源管理环节的应用，当利用模型进行出镜记者考核之后，评价信息的反馈一样很重要。可以主要通过面谈形式，告知被评价者的绩效评估结果及日常工作表现的记录，帮助被测评人员认清考评期间的表现及优势与劣势所在，并通过沟通在评价结果上达成共识。

根据测评结果，推动被测评的出镜记者挖掘潜在的胜任素质，快速发展，实现出镜报道水平的进一步提升。另外，通过双方的有效沟通，管理者能够明确下一步培训计划的内容，完善激励与晋升制度等。

思考题

1. 要成为一名合格的电视出镜报道记者需要具备什么样的素质和能力?
2. 出镜记者胜任素质模型对出镜记者的管理有何意义?
3. 出镜记者胜任素质模型对出镜记者的培养有哪些价值?

① 殷翔云:《基于素质模型的饭店人才测评研究》，中国海洋大学硕士论文，2010年。

第六章
中外出镜报道与新闻主持发展趋势

第一节　新媒体时代电视出镜报道与新闻主持的机遇与挑战

从媒介发展的历史来看，人类的信息传播经历了三次大的变革。电子媒介通过编码与解码对信息和存储媒介进行分离，大大提高了传播速度和传播范围，大大提高了可传输的信息量，同时从单向传播向自然状态的双向和多向回归，各种屏幕摆脱了时间空间的掣肘。从非语言媒介到语言媒介，从纸质媒介到电子媒介，人的需求从根本上推动了媒介形态的变迁，同时，随着科学技术发展而不断演化的媒介形态，也对传播以及人类社会产生着深刻的影响 。

随着视频媒介的迅猛发展，人类的需求促使媒介随着科技发展最终回归到超越生物学限制而又符合自然世界的形态，对于大多数人而言，视觉和听觉是获取和记忆信息的最主要通道。视频媒介的终端不断发展，智能手机、平板电脑……在电视上看视频已经不再是受众获取信息的最主要方式。而如何在这种新媒体大爆发的时代，发挥电视新闻的时效性和电视新闻记者人际交往的特性，是电视新闻记者和电视新闻节目主持人面临的重要课题。

出镜报道和新闻主持已是当今电视新闻报道的常见形式，作为大众传播与人际传播的结合，恰到好处的出镜报道可以把观众带到新闻事件的现场，使整个报道更逼真、更鲜活。而对传播者来讲，出镜记者是绝佳的新闻“眼”，是新闻现场直接的观察者、记录者和叙述者，甚至是直播的调度者，是现场直播的灵魂人物。现在的新闻，尤其是重大新闻事件的发生，其传播方式对于时效性的要求，已不仅仅是“新近发生”的事实的报道，而是“正在发生”的事实的报道，现场新闻信息量的多少，直接关系到电视新闻节目的成败。对受众来讲，出镜记者是“我在现场”的一只眼，大大提高了新闻的真实性和时效性。

媒介的形态发展与出镜报道和主持人的发展之间的关系是相辅相成、相互影响、相互作用的。媒介的发展和受众的需求决定了出镜记者和主持人需要具备相应的专业素质，而同时出镜记者和主持人自身的素质和形象直接影响着节目内容品质和媒介影响力等等。在新媒体发展的背景下，出镜不再是简单地出现在镜头之前，主持也不再是在演播室中正襟而立。视频互动媒介形态下的出镜报道记者和新闻主持人出现了哪些新的特点？同时又存在哪些问题？在新媒介环境下，电视出镜报道记者和新闻主持人面临着怎样的机遇和挑战？又应该具备哪些综合素质和专业素质？本节针对目前我国出镜报道记者和新闻主持人的现状，结合国外媒介发展状况，进行个案式的对比分析，以期能够对新时期出镜报道和新闻主持的特点进行总结归纳，同时对我国出镜报道记者和新闻主持人的发展与培养方向等提出有益建议。

一、新媒体时代媒介和受众特点与电视出镜报道和新闻主持

罗杰·菲德勒在研究新媒介的发展时提出："传播的历史是越来越多的历史"。这里的越来越多，指的就是媒介形态积累的越来越多，从简单的生活用品到复杂多变的电子媒介，从最初的依靠视觉、听觉进行传播，到依赖抽象的文字和符号，再到以科技还原视觉、听觉，人类的需求促使媒介随着科技发展最终回归到超越生物学限制而又符合自然世界的形态。对于大多数人而言，视觉和听觉是获取和记忆信息的最主要通道，人类信息的获取83%来自视觉，11%来自听觉，人类最自然的信息交流方式就是视听结合且没有阻碍的交流，媒介技术的介入使得我们可以跨越空间和时间。

电视出镜报道与主持人的发展与媒介发展与形态息息相关，相辅相成，要探讨新媒体时代的出镜报道与主持传播，首先要明晰何谓新媒体？何谓视频互动媒介？新媒体的媒介特点与受众特点又是怎样的？

（一）新媒体的定义与媒介特点

随着科技的飞速发展，新媒体越来越受到人们的关注，成为人们议论的热门话题。新媒体在业界的繁荣也使得学界对其研究进一步加强，然而对于新媒体的定义并没有一种统一的认识。清华大学新闻与传播学院熊澄宇教授从技术角度出发，将新媒体定义为"在计算机信息处理技术基础之上出现和影响的媒体形态。"学者江南春认为新媒体的特点是分众，"分众就是区分受众，分众传媒就是要面对一个特定的受众族群，而这个族群能够被清晰地描述和定义，这个族群恰好是某些商品或品牌的领先消费群或重度消费群。"也有学者认为："只有媒体构成的基本要素有别于传统媒体，才能称得上

是新媒体。否则，最多也就是在原来的基础上的变形或改进提高。”①

实际上，无论从什么角度去定义和解析，都可以发现，“新媒体”是一个不断变化的概念，并随着媒介形态的发展还在不断扩展之中。新媒体就是能向大众同时提供个性化内容，使传播者和接收者融会成对等的交流者，而无数的交流者相互间可以同时进行个性化交流的媒体。新媒体是在新的技术支撑体系下出现的媒体形态，如数字杂志、数字报纸、数字广播、手机短信、移动电视、网络、桌面视窗、数字电视、数字电影、触摸媒体等。新媒体只是相对于报刊、户外、广播、电视四大传统意义上的媒体而言的“新”，也被称为“第五媒体”。

（二）媒介信息传播模式的发展——视频互动媒介

对于出镜报道和主持传播而言，视频是其存在的主要形式，而对媒介而言，新媒体即是本质上的互动媒介。学者雷建军从数字化对媒介形态、媒介内容和媒介效果的影响角度，归纳了以视频互动为主要特点的视频互动媒介的形态、信息呈现方式等。他把视频互动媒介定义为，一类传播方式赖以实现的技术形式的总称，这种传播方式可以实现音频信号和视频信号同时双向甚至多向互动，使得人们的信息交流和获取可以跨越时空，又可以回归自然，在目前，互动电视、网络视频、视频邮件、视频电话和带有视频聊天功能的即时通讯软件、播客等都属于视频互动媒介。

对于视频互动媒介的分类有各种不同方式，有学者以互动界面的物理形态为标准，分为手机、电脑、电视等，它们都属于有“屏”媒介，这属于视频互动媒介的物理形态，这种分类标准忽视了在物理形态内部的关系。雷建军则以界面两端参与互动的角色身份作为抽象分类的标准，抽象出视频互动媒介的传播过程，把视频互动媒介分为人机互动式和人际互动式。

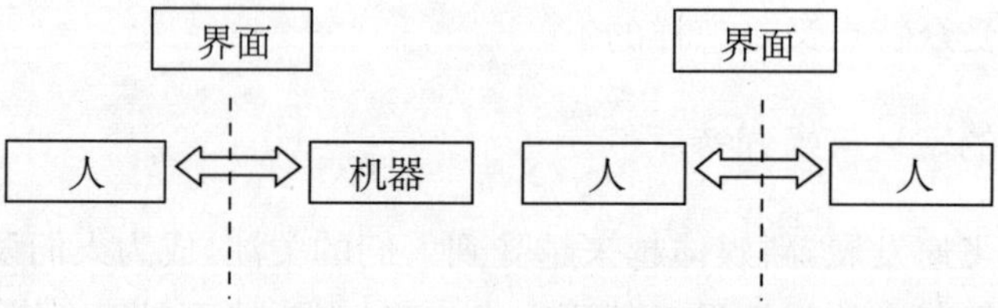

图6-1　人机互动视频媒介与人际互动视频媒介模式

人机互动指的是在以媒介为中介进行传播的过程中，界面两端的人与机器所发生的相互依存的行为。在整合过程中的视频互动媒介中，机器一般是电子设备、网站、软件或者数据库，而传播所使用的语言主要是视听语言。具体形态包括 IPTV、数字电视、网络视频、手机电视等，这正是目前出镜报道和主持传播所面临的新型媒体的主要

① 蔡哲：《新媒体环境下的广告专题片文案写作艺术研究》，《媒体时代》2011 年第 5 期。

领域。而人际互动视频媒介在大众新闻媒介传播领域尚无应用实例，所以暂时不纳入研究范围内。

电视新闻的发展一直是和技术的进步密不可分的，由最初的电影胶片拍摄到后来的 ENG，再到如今广泛采用 SNG，电视新闻的报道手段不断地更新和完善，使电视新闻的报道从过去的 TNT 发展到了如今的 NNN，电视传播的现场优势得到了极大的发挥。而出镜记者作为新闻现场的观察者、参与者和感受者做出报道，用有声语言、肢体语言等多种符号进行信息传递的报道方式，则让整个现场更加鲜活地展现在了观众面前。

而实际上出镜报道和主持人传播都是人际传播同大众传播结合的产物，而在人机互动与人际互动结合的新媒体时代，出镜报道和新闻主持的特点是怎样的，颇有讨论价值。

(三)受众信息接收方式的发展——无处不在的屏幕

随着科技的发展和各种电子产品的普及，就视频媒体而言，截至目前，视频类媒体已延伸出数字电视、网络电视、户外视频电视、楼宇电视、车载电视、地铁视频、公交视频、手机电视等多种类型。新媒体类型的电视，如数字电视，收视效果好，可选择频道多；网络电视以其自主性和互动性受到网民的热烈拥戴；户外视频电视也见缝插针地占领用户的闲暇时间。

国内知名视频网站“优酷网”曾提出“多屏时代”这样一个名词，在如今这样一个科技高速发展的时代，我们的生活发生了很大的改变。更加值得注意的是大屏幕智能手机和 IPAD 等一系列便携终端的出现，更是从根本上改变了受众的信息接收方式。

越来越多的人开始选择用最为合适的移动终端设备消费视频文本。以一个上班族的一天为例，我们来看看人们是如何生活在一个屏幕无处不在的环境中：早上起床，在家里看电视的早间新闻；走在上班路上，看地铁或公交车的移动视频，或者用手机、IPAD 等上网看自己喜欢的视频；在公司休息间隙用电脑上网看网络视频；下班回家看电视或者用手机、IPAD、电脑等上网看自己喜欢的视频。

多样的收视终端，使得原来的电视受众早已不满足于定时坐在电视机前收看电视节目了。这种新型的无处不在的信息接收方式，无疑在时效性和互动性上对电视新闻记者和主持人提出了新挑战。

二、新媒体受众需求对电视出镜报道和新闻主持的机遇与挑战

如上文所述，在新媒体大爆发的背景之下，多样化的媒介形态、高度即时反馈的互动模式和无处不在的全新接收终端，使得媒介的受众早已不满足于坐在电视前看新闻的信息接收方式。这对于电视新闻出镜报道记者和主持人而言，既意味着发展创新的新机遇，也意味着生死攸关的媒介生存竞争。

(一)视频媒介高度发展和激烈竞争下的传统优势媒体

虽然新媒介不断出现,但是传统媒介仍然以其独特的优势而拥有自己的存在空间。从信息传播的媒介发展历史来看,从来没有一种媒介像电视这样,其力量已经达到了诱引和支配人的地步,电视已经让人们对它产生了依赖性。而相对于旧媒体,新媒体的第一个特点是它的消解性——消解传统媒体电视、广播、报纸、通信之间的边界,消解国家与国家之间、社群之间、产业之间的边界,消解信息发送者与接收者之间的边界等等。但在这样一种媒介融合的背景中,依托既有优势最强大的电视媒体,电视新闻记者和主持人有机会利用新媒介形态的特点,深入渗透到其他各种新媒介形态中去,把"无处不在"的新媒体,变成"无处不在"的"电视新闻"。

尼葛洛庞帝在《数字化生存》中说:"比特就是比特"。在数字语言里,所有的文本、声音和影像都只是0和1的组合。传播的信息从传播的意义中抽象出来,使"把关人"的能力大大削弱。不仅把关人在被削弱,在新媒介的这一特点之下,电视出镜报道与新闻主持需要改变自身的定位。每个人都可以拿起手机成为新闻的制造者,成为事件的报道者,例如在2008年四川汶川大地震中,有一段广为流传的网络视频,是地震发生时成都大学生在宿舍楼内拍摄的。它不仅在视频互动媒介使用人数最为广泛的网络上流传,还被各大主流电视媒体播出,在这段视频中,学生以第一人称介绍地震现场的情况,俨然成为了新闻事件的报道者,而这类新型的报道在突发事件中尤其明显。但是这种报道虽然及时,却往往画面不清晰,表达不具体,同时由于属于受众自发上传,可信度也非常低。而如果电视新闻记者和主持人能够吸收这种优势,则完全可以做到让出镜报道和新闻主持"无处不在,无时不在"。

(二)被超越的时间与空间

从非语言媒介到语言媒介,从纸质媒介到电子媒介,人的需求从根本上推动了媒介形态的变迁,同时,随着科学技术发展而不断演化的媒介形态,也对人类社会产生着深刻的影响。媒体形式的不断出现和变化,媒体内容、渠道、功能层面的融合,使得人们在使用媒体的概念时需要意义涵盖更广阔的词语,新媒体时代就是"全媒体"时代。

在这种特性的影响下,出镜报道与主持传播也产生了一些新的现象。无处不在的屏幕,让人们在不同空间、时间下需要不同的报道方式,为适应移动新媒体节目的简短性,在报道方式上要信息集中,而同时在娱乐化和个性化上表现突出才能赢得受众。对于记者的要求也提升为"全能记者",一个人要能够完成从拍摄到报道的整个过程,不仅用视频,也可以用同期声和图片等多种互动媒介形式进行。

(三)传媒角色定位的转换

喻国明教授提出我们今天所面对的一个最为重要的事实是,传统社会建立在信息资源垄断基础上的社会治理模式发生了从“全景监狱”到“共景监狱”的根本性转换。今天我们所面对的真正变化是，传播的技术革命正在促成一种新的社会结构——“共景监狱”。与“全景监狱”相对，“共景监狱”是一种围观结构，是众人对个体展开的凝视和控制。他们之间信息的分配已经比较对称了，管理者在信息资源把控方面的优势已经不复存在，试图通过信息的不对称所实现的社会管理遭遇到前所未有的危机。人们不再一如既往地凝神聆听管理者和传媒的声音，人们在“交头接耳”中沟通着彼此的信息，设置着社会的公共议程，质询甚至嘲笑着处于公共视野之中的领导者或者媒体。①

在这样一个众声喧哗的新媒体时代，电视新闻记者出镜报道和主持虽然在一定程度上具有了人际传播的部分特点，但现状是大多数还达不到真正的人际传播要求，有时候也存在传播者所传递的信息不能满足受众需求的情况，而在这种人人皆可发声的“共景监狱”模式下，媒体如何掌握主动权，如何利用出镜报道和新闻主持缩短传播者与受众之间的距离，加大反馈和交互力度，比如在持续事件报道中，以网络为平台，以演播室为中转，将受众意见反馈给前方记者，从而传递受众真正想知道的信息，使得记者出镜报道能够更加高效，目前仍是值得思考的问题。

三、新媒体环境下出镜报道与新闻主持的新气象与新特点

在竞争异常激烈的新媒体时代，新闻栏目的记者及主持人的受欢迎程度是栏目生死攸关的大事。尽管近来一些学者认为电视新闻节目应该拒绝主持人，理由是主持人的出现会干扰受众对信息的自我把握，但是对于绝大多数人来说，每天从自己喜爱的主持人那里听到、看到关于国家、社会和个人切身利益的信息、分析与预测是信息获取的主要方式之一。在新媒体时代下，正由于上文所述的一些新的媒介特点，出镜报道和新闻主持也出现了很多新的特点，接下来我们将对这些特点进行简要分析，以期为我国培养优秀的新闻节目记者和主持人提供一些借鉴与参考。

(一)即时化——记者主持即是第一现场

出镜报道和新闻主持之所以被广泛采用，除了符合“时间同步，空间接近”的电视传播特点外，更重要的是将既有的传播活动结构化为一个具体的人在屏幕上向观众报道新闻，形成直接的人际化交流，有效地拉近传播者和受众双方的心理距离。这样，报道形式不再冷冰冰，而是充满了鲜活而具体的“人”的个性，使观众的收视过程恢复为最原始的人与人的、面对面式的交流，同时也能够增加事件的真实性和连续性。

出镜报道和主持传递信息的渠道更多，方式更灵活。传统的“解说词＋画面”报道

---

① 喻国明：《媒体变革：从“全景监狱”到“共景监狱”》，《人民论坛》总第 261 期。

方式，只能调动观众的听觉和视觉，出镜报道可以充分发挥记者在新闻现场观察者、参与者的功能，调动自身感官，传递摄像机无法捕捉到的信息，如气味、触感等，并在可能的情况下进行有声语言或画面语言的转化，正如麦克卢汉的“媒介是人的延伸”。

而新媒体消弭边界的特性，使得事件和受众几乎同步，即时性达到了一个极高的水平，几乎是同时传回实时报道，现场直播在新闻节目中已经属于常态。而在突发事件中，尤其在新媒体环境下，出镜报道和主持人的传播都开始转向关注事件本身，“出镜”不再单纯意味着在镜头中出现，而是在现场，镜头真正变成了受众的“眼睛”。

以日本“3·11”大地震中的现场报道为例，NHK 电视台记者在岩手市海啸来袭时进行了现场报道，整个报道以主观镜头进行，记录了海啸到来的整个过程和周围居民撤离的情况，在报道中记者以声音出镜，描述现场状况。

表 6—1　NHK“3·11”地震报道

画　面	记　者
岩手县港口的警报	我现在在岩手市内，海啸警报一直在鸣响
街道上行走的人群	民众目前正在迅速撤离
楼顶上聚集的人群	我们集中在山上的屋顶(喘息)
海啸过来的画面	现在海水正在灌入城市

海啸来袭警报的画面

往高处转移的市民的画面

海啸来袭画面

高处避难的市民在祈祷的画面

图 6－2　东方卫视转播 NHK 新闻视频截图

这条新闻以现场画面为主，记者解说为辅，从受众的视角展开，以现场直播的方式实时直播了灾难事件，引起了极大震撼。而同时，这条新闻在 NHK 电视台播出后，在互联网上以网络视频的方式得到了大规模传播和互动评论，然后再次被各国主流媒体解说分析，可见其影响力之大。

然而，这种即时化的以受众为主的新特点，目前也存在一些问题。首先是即时性与精确性，在报道中，为了追求即时更新，往往第一时间发布所得信息，这些信息的准确性往往值得商榷。比如在汶川地震和日本地震报道中，各国媒体多次更改相关数据信息，当然除了随着事件发展而进行的事件更新，同时也包含一部分错误信息的纠正。另外，即时化的受众视角与社会责任的冲突也是一个突出问题，现场报道为了追求新闻的冲击性而选择更多冲击力强的画面，直接播出血腥的、非人道的画面，使得媒介的社会责任在一定程度上被忽视和消解。

（二）个人化——评述结合型的记者与主持

记者出镜报道和新闻节目主持都是具有一定人际传播特点的传播方式，但毕竟它们还不是真正的人际传播，缺失了人际传播的一些重要特点，比如传播单向、少及时反馈、无交互等等。而人际传播过程的首要特征便是双向和高频率的交互，期间伴随着大量的反馈。电视新闻现在无法做到收集观众的反馈，存在的反馈也只是来自后方主持人或导播。由于业务水平等原因，有时候后方给前方的反馈是无用的，这种反馈无法引导前方记者给出观众们真正想知道的信息。人际传播相对于大众传播或组织传播，是一种非制度化的传播，其非制度化主要指传播关系的成立上具有自发性、自主性和非强制性。

然而新媒体的全民参与性极大地缩小了出镜报道和新闻主持与人际传播的差距。在新媒体语境下，新闻报道的出镜和主持都显示出极强的体验式方式和个人化表达模式，通过对新闻事件的事实陈述，进行相关的个人化表述的评论，以此寻求受众的共鸣和人际化传播效果。

《新闻周刊》是 2003 年起在中央电视台新闻频道播出的一档新闻节目，在 45 分钟的时间里，一周内国内外最重要的新闻、观众最关注的人物都将在节目中出现，由主持人串联其每个部分。而作为传统大众媒介的主流新闻节目，《新闻周刊》也在新媒体时代下悄然发生着改变。

以 2010 年 9 月 25 日的《新闻周刊 · 本

图 6-3　央视《新闻周刊 · 本周视点：城市“堵”局》截图

周视点：城市“堵”局》[①]为例，主持人白岩松的串联词如下：

本周，北京中秋节这一天，无论是天上还是人间，都可以打高分，天上白天碧空如洗，晚上皓月当空，气温是秋凉，真是有中秋的意境。再看人间，让人担心的堵车并没有出现，马路上好走得不得了，“首堵”又变回了“首都”，让人心情舒畅。然而或许在北京，无论在天上还是在人间，这样打高分的情况可都不多见，尤其中秋前的这一周，马路堵得是一塌糊涂，尤其是上周五，下班的人们几乎被堵疯了，晚上6点到8点，五环以内可以说是全城道路一片红，这意味着寸步难行，甚至很多交警都已经被迫放弃疏导，只能三三两两呆在车流中，陪着回家的人们一起痛苦。然而不仅是北京，很多一线、二线甚至是三线城市都出现了大堵车，这究竟是怎么回事，这病还能治吗？

从这段串联词中，不难看出主持人非常强烈的个人色彩，夹叙夹议的新闻主持已经成为当前媒体的主要报道方式。节目通过对报纸、网站新闻、交通广播、微博、手机、网友等各种信息资源的综合，将北京乃至其他城市的“堵”局描绘出来，体现了电视新闻整合其他媒介资源的能力，凸显了碎片化背景下电视媒体对受众群体的倾听与借鉴。同时，主持人在评论中将自身经历与同事的言论置入进来，体现了一幅鲜活的社会生活图景，是新媒介环境下电视新闻主持对碎片化信息的收集与个性化、私人化生活的关照。

这种方式不但能够体现出主持人的个人特色，同时也能够使人际传播发挥到极致，符合受众本位的新媒体时代特点。但是这种方式也存在相应问题，这种个人化的主持会使节目依赖特别的人员，进而人员流动成为影响节目成败的主要原因，而通常记者和主持人的观点会代表媒体的观点，但是这种个人化的播报是否能够保证公正、客观和准确，则是非常不确定的事情。

(三)全民记者时代——公民记者

新世纪前十年，中国网民的数量从开始的仅几百万，迅速膨胀发展到数亿。中国互联网络信息中心(CNNIC)截至2010年6月底统计公布，我国网民规模达4.2亿人，互联网普及率持续上升至31.8%。其中，手机网民成为拉动中国总体网民规模攀升的主要动力，半年内新增4334万，达到2.77亿人，增幅为18.6%。庞大的基础逐渐使中国网民对互联网从发邮件、看新闻等实用主义操作转变为一种有互动参与意识的社会身份建构平台。这种身份建构加速了“全民记者”的诞生。

“全民记者”是指在新闻事件的报道和传播中发挥记者作用，却非专业新闻传播者

---

① http://news.cntv.cn/program/xinwenzhoukan/20100925/103785.shtml，2012年1月12日。

的普通民众。“全民记者”背后所体现的是“参与式新闻”的理念，即“民众在收集、报道、分析和传播新闻和信息的过程中发挥主动作用”。作为“全民记者”，应该具备以下条件：第一，身份是非专业新闻传播者的普通民众；第二，在新闻事件中发挥了记者的作用，也就是必须具备发现线索、记录事件和传播信息三个特质。目前在很多突发事件中都体现了全民记者的作用。如在 2011 年 2 月 25 日《东方时空》的新西兰地震报道中就使用了网民自拍的视频作为新闻画面，画面中有出镜介绍。又如在 CNN“9·11”事件当天的突发新闻报道 breaking news 中，CNN 的财务副总裁就近做直播报道，可以说是全民记者的很好体现。

(四)娱乐化、互动性——参与体验

新闻的播报方式以严肃、认真的“八股腔”持续了许多年，然而在新媒体娱乐戏谑文化的刺激下，新闻的播报方式悄然发生了改变，从播新闻到说新闻再到侃新闻，轻松、自然的主持风格得到了观众广泛的认可。同时新闻节目也尝试了各种风格，从虚拟主持人到美女主持人再到平民主持人，娱乐化、互动性也成为了新闻节目记者和主持人的一大特点。

然而不同的节目内容需要不同风格的主持人。新闻节目和娱乐节目对主持人的要求存在很大的差异。娱乐节目的主持人需要有很强的驾驭现场的能力，必须具备一定的表演基础和才艺，有一定的娱乐精神，但这些素质未必是一个新闻主播所必要的；新闻主播对新闻的敏感和分析问题的独特视角也未必是综艺娱乐节目主持人必要的素质。在新媒体发展并未成型的情况下，这种单纯以技术至上、形式取代内容的娱乐与新闻“混搭”的方式仍然值得讨论。

四、新媒体主持传播和出镜报道的发展方向

实际上新媒体时代的出镜报道和主持传播经历了大众媒体与个性化群体崛起的博弈，也肩负着个体的记者与主持人向公民记者群体转化的历史过程。从单一的媒介使用到媒介融合，从传媒的个人化到媒介的个人化，各种特点体现了媒介的发展，也随着媒介发展不断派生出新的现象和特点，如何在新媒体时代发展出镜报道和主持传播是我们面临的主要问题。

(一)全职全能——全能型公民记者

2006 年，普利策奖首次将实况报道奖授予了一位在纽约《时代》周刊工作的多媒体新闻工作者尼古拉斯，他的影片、文章和博客都出现在杂志的在线版。同样，《时代》杂志没有将年度人物赋予个体，而是将它赋予了“你们”——就是最普遍的大众。

这是一个全民记者的时代，同时也要求记者全能化，从信息的发布权到信息的解释权，从意见的表达者到意见的平衡者，从社会的守望者到社会对话的组织者，出镜记者的责任不再是在镜头前讲述"我在哪儿"，而是要让观众看到他想要看的画面。无论主持人还是记者，在这样一个时代，必需的技能就是全知全能，拍摄、采访、摄影、摄像、叙述、评论，每一个记者和主持人都必须具备这些基本能力，才能在这个全民记者的时代符合受众要求。

(二)全景全方位——立体报道，接收友好

人类最自然的信息交流方式就是视听结合且没有阻碍的交流，这种本质需求促使了视频互动媒介的产生，媒介技术的介入使得我们可以跨越空间和时间，用听觉和视觉来获取信息，视频互动媒介由此不断发展，也必将成为新一轮媒介变革的新宠。

作为新媒体环境下的出镜报道和主持，要全面运用视听符号，不再使得画面只是声音的附属品，需要视听高度结合，全方位展现，打破摄像机框架选择的樊篱。而随着技术的发展，视听符号的实时互动即将成为新闻报道的主要方式，这也体现了对于新型的出镜报道和主持的要求：以最接近人际传播的视听方式，辅以打破时空阻碍的电子设备，达到全景全方位的立体报道效果。

(三)个性发挥——内外兼修

在当今信息爆炸的时代，人们对于信息的获取不仅仅只有口耳相传、官方的报纸等单一渠道。设想一个上班族的一天：早上一起床，手机中的手机报按时到达，出门下楼的电梯中各种视频广告不胜其扰，上了地铁、公交车，各种电视的声音抵挡不住，到了公司开了电脑，各种垃圾邮件不断地蹦出来。这些就是新媒体技术造成的人们对于信息纷至沓来应接不暇的窘迫情况，这些信息有很多是无用的，所以在这个时候就需要一个人或者机构来总结归纳这些信息，让疲于应付信息爆炸的受众能够有所选择地接收到自己感兴趣的信息。

美国社会学家拉扎斯菲尔德上世纪 40 年代在俄亥俄州伊里县调查竞选宣传对选民的投票选择的影响时，提出了传播学中著名的" 二级传播理论 "。主持人作为节目的"最后一棒"，其作用就是通过电视屏幕将节目组所想向受众呈现的节目主旨通过节目传达给受众，成为信息纷杂的新媒体时代的意见领袖。而这个意见领袖需要的就是吸引受众的外在包装，即上文提到的娱乐化、个性化包装，同时也需要有个性、有代表性和说服力的观点呈现，只有在信息爆炸的浪潮中发出声音，才能真正发挥出镜记者和主持人的作用。

五、小结

主持人和出镜记者是媒体最重要的标识和符号，是电视台宝贵的资源，在新媒体不断发展、媒介竞争日趋激烈、急功近利成为普遍现象的情况下，如何放大主持人和出镜记者的效应是电视台需要认真思考的问题。媒介的形态发展与出镜报道和主持人的发展之间的关系是相辅相成、相互影响、相互作用的。媒介的发展和受众的需求决定了出镜记者和主持人需要具备相应的专业素质。在新媒介环境下，出镜报道记者和新闻主持人只有根据媒介发展的特性和受众的需求去培养应该具备的业务技能和专业素质，才能推动目前我国出镜报道和新闻主持的发展，才能适应不断变化发展的媒介和受众的需求。

第二节　网络视频节目主持人的发展演变

随着互联网技术和数字技术的推进，网络视频日渐成为互联网的主流传播媒介之一，越来越受到广大网民的欢迎。网络视频主持人作为网络视频的表现形式之一，既是传统主持人的延续，还是与其他网络传播相结合的新产物。相较于传统主持人，网络视频主持人具有哪些不一样的传播特征，这些特征对传统主持人将产生怎样的影响？本节将把网络视频主持人作为探讨对象，从网络视频主持人的产生背景和动因，网络视频主持人的内涵、分类和素质要求，网络视频主持人的传播特征等方面来探讨网络视频主持人与传统主持人的异同。

一、网络视频主持人的产生背景和动因

（一）网络视频主持人的产生背景

随着互联网技术和数字技术的推进，互联网逐渐成为继报纸、广播、电视之后的"第四媒体"，其发展速度和规模使人们越来越意识到新媒介时代的到来。网络视频技术的发展和网络带宽环境的改良，使视频日渐成为互联网的主流媒介，越来越受到广大网民的欢迎。根据中国互联网络信息中心《第 29 次中国互联网络发展状况统计报告》显示：截至 2011 年 12 月底，我国网民规模为 5.13 亿。国内网络视频用户规模 3.25 亿人，在网民中的渗透率为 63.4%。与 2010 年 12 月底相比，年增长 14.6%（如

图 6—4、图 6—5)。进入 2011 年,网络视频的发展速度放缓。除了版权成本和带宽成本较高、视频广告价格较低等,市场趋于饱和也是其发展放缓的重要原因。然而,无论网络视频是高速发展还是缓慢向前,激烈的市场竞争是网络视频行业不变的主题。

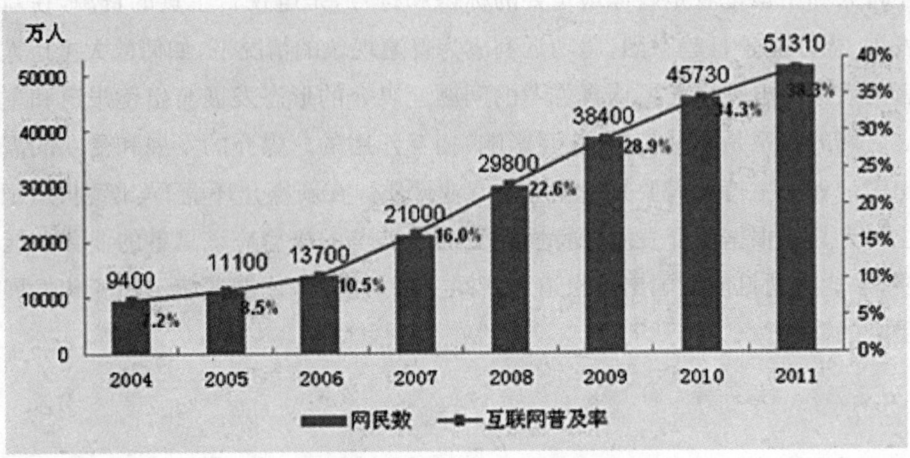

图 6-4　中国网民规模与普及率

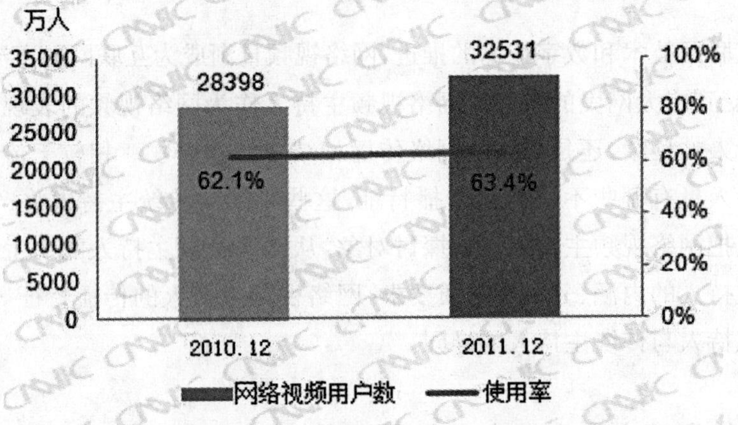

图 6-5　2010-2011 年网络视频用户数及使用率

(二)网络视频主持人的产生动因

首先,网络视频行业激烈的竞争环境是网络视频主持人产生的外在动力。互联网作为新媒体,也与传统媒体一样,面临着巨大的生存与发展压力。激烈竞争促使网络媒体充分发挥网络技术的优势,不仅利用传统媒体的内容,更发掘出传统媒体无法拥有的呈现方式——网络视频。2006 年是我国网络视频的发展元年,各种形式的视频网站如雨后春笋般诞生,争夺我国网络视频市场,如优酷网、土豆网和酷 6 网等。与此同时,各大门户网站也不甘示弱,纷纷开设视频频道争夺这块巨大的蛋糕,代表频道如新浪宽屏、搜狐宽屏等。网络视频行业激烈的竞争促使各视频网站思考如何开发出新的产品来吸引受众,满足受众不同的需要。网络视频主持人由此开始受到关注,并被作为视频网站提升自我竞争力的一种方式。

其次,网络视频主持人的产生更是网络传播机制的内在需求。我们将这种内在需求简单地总结为实用性需求、情感性需求①和品牌化需求。第一,信息的海量化是网络传播的特征之一,然而,在复杂繁冗的信息垃圾面前,普通网民为获取有效信息花费的时间成本越来越高。人们需要媒体作为信息的整合者、解释者和分析者来为他们提供便利,网络视频主持人就是作为信息的整合者出现的。第二,犹太哲学家马丁·布伯认为:人在两种情形中与世界发生联系。一个是"我与你"的人际世界,另一个是"我与它"的事际世界。② 其中"我与你"的人际传播对个体来说非常重要,因为它将"我"这个个体引入一个展开心灵对话的世界,一个沐浴个体间精神交往的世界。当网络传播逐渐成为人们的一种生活方式时,冰冷的网页和信息已经不能满足人们的需求,网络的人性化必然成为其发展的最大趋势。2005 年,首都在线以年薪二十万美元的酬金公开招聘网络主持人,引起了传媒研究人士的注意。首都在线的总经理张大庆提出,"互联网主持人出现的意义很简单,就是促进网络人性化、生活化","毫无疑问,网络的人性化是网络生活化的前奏"。第三,在传统媒介中,主持人个人的形象代表着整个节目甚至是频道的形象,主持人的品牌化已经成为传统媒介整合传播资源、提升传播效果的重要途径之一。相较于传统媒介时期,数字化多媒体时代是一个更加强调个性化的时代。网络视频主持人作为网络传播个性化的化身和代表,若能在品牌化的道路上有所发展,则对于网络媒体的长期发展意义重大。

最后,从 Web 1.0 到 Web 2.0,网络技术的突飞猛进,是网络视频主持人产生的外部条件。在 Web 1.0 时代,PSP 流媒体技术和带宽技术构成网络视频发展的基础,也同样构成网络视频主持发展的技术基础。在 Web 2.0 时代,从博客、播客到社交网站和微博,用户已经从信息的浏览者演变成信息的参与者和制造者。在网络技术和数字技术的支持下,用户 UGC 产生的微内容逐渐成为网络最具影响力的内容之一。网络视频主持人的应运而生,有的是具有组织性的视频网站打造而成,有的则是民间自发形成的草根主持人。除此之外,广泛的分享和链接也扩大了网络视频及其主持传播的发展空间。当然,网络媒体推出的虚拟主持人等具有网络特色的主持人就更离不开技术的支持了。若没有网络技术,动画和音效的制作和有效运用便无从谈起。

---

① 高贵武、邓燕玲:《网络主持人的源流、特质与发展》,《新闻与写作》2011 年第 2 期。

② 包丽敏:《浅谈网络虚拟主持人的人际化角色》,《新闻记者》2001 年第 10 期。

二、网络视频主持人的定义、发展和分类

(一)网络视频主持人的定义

在新媒体环境下,研究网络视频主持人,无论是对网络视频主持自身的发展,还是对传统电视主持在新媒介环境下的应对都有借鉴意义。因此,自网络主持人诞生起,就有许多新闻传播界的学者对网络主持人这一新事物进行探讨与研究。然而,这些研究大多只是对“网络主持人”进行概括性的讨论与评述,比较笼统。例如,关于网络视频主持人,英文中就有一个较接近的词:“CJ”或“NJ”,即“Cyber/Net Jockey”的缩写,原指网络电台的播音员或主持人,后来用来泛指网络节目主持人这一职业,既包括网络视频主持人,也包括网络文字直播主持人、网络论坛版主等。鉴于本书的定位和对比研究的考量,我们只把网络主持人中的网络视频主持人作为探讨对象。因此,将网络视频主持人的定义建立在网络视频的基础上也理所应当:网络视频是一种以视频为主,辅以文字、图片等多种媒介手段的网络传播形式,在这种形态下进行主持、解说、导航等一系列传统媒介主持的活动,我们统称为网络视频节目主持。①

(二)网络视频主持人的发展

1. 网络虚拟主持人

网络视频主持人及网络主持活动成为人们谈论的话题和学界研究的焦点,还是从网络“虚拟主持人”开始的。2000 年 4 月 20 日,由英国报业联合会新媒体公司制作的世界第一位虚拟主持人安娜诺娃一诞生便获得了世人的瞩目。安娜诺娃在一套运行速度极快的电脑系统的支持下,为全球网民提供 24 小时不间断新闻报道。在安娜诺娃取得成功后,出现了一系列虚拟主持人,包括美国的 Vivian、韩国的丽丽、日本的虚拟偶像寺井有纪等。我国第一位虚拟主持人 GoGirl 也于 2000 年 5 月 13 日诞生,虽然在技术上无法与安娜诺娃相比,但是 GoGirl 仍然为她的网站带来了相当可观的点击率。② 后来这股“虚拟”之风又从网络刮到了现实中的电视界。在中国,有中央电视台电影频道《小龙推荐》的“小龙”、天津电视台《科技周刊》的“言东方”、北京电视台的“比尔·邓”等,这些虚拟主持人接踵而至,令观众眼花缭乱、目不暇接。

虚拟主持人之所以能形成潮流,乃至引起学界的关注,和其本身所具有的优点不无关系:第一,虚拟主持人的表达效率高。比如安娜诺娃,能连续为全球网民提供 24

---

① 张卓:《网络视频节目主持人研究》,河南大学硕士论文,2009 年。

② 杨先起:《电视虚拟主持人的生存空间探讨》,《新闻界》2005 年第 3 期。

图6-6　虚拟主持人安娜诺娃、小龙和丽丽(从左至右)

小时不间断新闻报道。而中国首位网络互动电视虚拟主持人“江灵儿”在成都“西部网链”直播室里可以流畅地用中、英、日等多国语言向观众直播中国西部国际博览会,如此高的表达效率是真实世界中的主持人难以企及的;第二,虚拟主持人可以针对观众的需求不断改进甚至改变。个性化需求是新媒体时代受众的重要特征。由于虚拟主持人是数字与程序的化身,其面孔、肤色、声音、年龄、性别、国籍,以及穿着打扮、说话方式等都是可以改变的。这样就可以优化组合,很容易越来越接近受众的需求。

然而,相对于真人主持人而言,虚拟主持人的缺点也很突出。首先,虚拟主持人无法充分运用形态、表情、眼神等副语言进行交流和沟通。人类的表情丰富多彩,一笑一颦,都蕴含着语言难以表述的信息,而这种微妙的、难以言传的情感共鸣也只有人与人之间才能彼此心领神会,任何机器和技术都无法实现。其次,虚拟主持人现场意识不如真实主持人,尤其是临场应变的能力和现场即兴发挥的能力。这些虚拟主持人大多还只能胜任提前编辑录制好的新闻、信息服务类节目的主持,对互动要求极高的谈话类乃至综艺类节目仍然无能为力,他们其实是没有任何“话语权”的傀儡。[①] 第三,从主持人自身的发展而言,虚拟主持人作为一个虚拟的对象,其活动范围相当受限,不能通过各种大众传播的手段扩大自身的影响力,形成品牌,进而带动整个栏目乃至整个媒体机构的发展。这些缺点也使得虚拟主持人的出现犹如昙花一现,在引起热潮之后,迅速归于平静。

2. 网络视频主持人

随着网络技术的发展,真人版“网络主持人”将网络主持推到一个新的发展阶段。2000 年 5 月 20 日,由 263 首都在线组织,历时两个月的“中国互联网第一主持人”评选活动结束,来自清华大学的苑杭获得冠军,成为中国第一位网络主持人。[②] 随后,国内各大门户网站开始自己制作节目,并推出自己的主持人品牌,例如,搜狐宽屏的《大鹏嘚吧嘚》栏目,节目中娱乐主播大鹏用他幽默、轻松、智慧的主持风格,盘点娱乐圈八

① 张艳霜:《网络主持的分类与特点》,中国社会科学院硕士论文,2010 年。
② 木工:《263 网络主持人———炒作还是务实》,《信息世界》2000 年第 7 期。

卦及网络热点，成为网络界炙手可热的“红人”，当仁不让地成为“互联网主持界一哥”；新浪视频的财经类节目《股市播报》，整个节目融合了各种传播形式，有主持人访谈、文字播报等，网友可以即时提问，也可以在网页的下方留下自己的问题，节目中有专家在线答疑，节目充分发挥了网络传播的优势。

图 6-7　搜狐宽屏《大鹏嘚吧嘚》栏目截图

与此同时，网络视频节目也成了传统电视主持人的新平台。如著名电视主持人李静与新浪 UC 合作推出了国内第一档网络视频互动栏目——《UC“静”距离》。《UC“静”距离》针对新浪 UC 主要受众的年龄(18～24 岁)，选择网友感兴趣的情感话题展开探讨。节目最主要的特色是在节目进行中通过新浪 UC 的功能接入网友的画面，请他们提问和发表观点；北京电视台主持人胡紫薇和搜狐合作推出《奥运紫微星》，这档节目为猜想类节目，以“我参与，我快乐”为主题，在节目中设置聊天室，网友可以在聊天室中和主持人及现场嘉宾互动。

3. 草根视频主持人

随着网络技术从 Web 1.0 到 Web 2.0 的转变，网络传播从根本上改变了传播者与受传者之间的关系，“以传播者为中心”的传播模式开始逐渐被解构和颠覆。在网络这个全人类共同拥有的信息平台上，传播者和受传者处于完全平等的地位，其角色可以互换，互为传播的主体，共同享有根据自己的需要选择信息的自由及发表意见和观点的权利。UGC(Users Generate Content)是在 Web 2.0 时代逐渐兴起的，它并不是某一种具体的业务，而是一种用户使用互联网的新方式，即由原来的以下载为主变成下载和上传并重。社交网络、视频分享、博客、播客和微博等都是 UGC 的主要应用形式。尤其是播客和基于 UGC 的视频网站的出现，使越来越多的草根视频主持人开始出现。在这样的形势下，有记者梦、主持人梦的任何人都可以成为网络视频主持人，自己动手拍摄节目。播客和 UGC 网站的出现，也让这些草根民众有了接触、了解主持人的机会和锻炼的平台。

4.网络综艺节目主持人

2011年,网络视频的发展进入平稳期,激烈的市场竞争也使网络视频的发展逐渐走向成熟和专业化。以网络视频为主要经营对象的视频网站也开始逐渐把握主动性,争取在竞争激烈的市场中取得一席之地。这些视频网站不再像五年前那样,将已有的电视节目资源简单地移植到网络上,而是主动出击,投资制作拥有版权的电视节目。由此,在传统电视中最赚取观众收视率的两类电视节目——电视剧和综艺节目很快在网络上得到了新的发展。网络综艺节目主持人也由此应运而生,如百度旗下视频网站奇艺网以李响、陈汉典为主持人,推出娱乐综艺节目《爱go了没》;优酷网也推出《让梦想飞——中国最牛人》,并取得不错的反响。这些网络综艺节目相对于传统电视综艺节目有了新的变化,比如时长变得更短、话题变得更为轻松活泼等。然而,从主持上看,网络综艺节目与传统电视综艺节目并没有实质的差异。

(三)网络视频主持人的分类

e国网总裁张永青曾把网络主持人分为四种类型:其一是名人主持,他们一般拥有自己的网站,如姜昆的“昆朋网站”、徐根宝的“根宝俱乐部”;其二是形象主持人,他们基本上扮演着聊天室主人或BBS坛主的角色,既做主持人,又担当形象代表;其三是专家主持人,他们凭借自身的学识,受聘出任网站的主持人;其四是网友主持人,他们一般在网站的BBS或聊天室里开辟各类“房间”,主持话题讨论。

这种分类是以主持人的身份为依据而划分的,概括而言,即名人、管理员(聊天室或论坛)、外请专家(学者)、普通网民。然而,这种分类方法单纯强调了“主持”的形态,而忽略了“主持”这一行为最根本的目的——大众传播。比如,类似于博客的所谓“网络主持”活动,很明显地带有私人性,是个人表达自我、传播思想的方式。它们即便在某些情况下因传播信息而迅速影响了大批受众,也带有很强的偶然性,不能看做是有目的地以社会一般受众为对象的大规模的信息生产和传播活动。另外,针对本书的探讨对象——网络视频主持人而言,这种分类方式也还不够细致。

据此,本书对网络视频主持人的分类采用系统分类的方法,以表现主体、专业化程度、节目内容多种标准为依据,对网络主持人进行较为系统全面的分类,分为网络虚拟主持人和网络中的“现实”主持人。其中,网络视频的真实主持人按照主持人的专业化程度可以分为常规主持人和非常规主持人,非常规主持人主要指网络草根视频主持人。常规主持人按照节目的内容可以分为访谈类节目主持人、播报类节目主持人和综艺类节目主持人。

该系统分类方法总括如下:

表 6—2　网络视频主持人分类

<table>
<tr><td rowspan="5">网络视频主持人</td><td>虚拟主持人</td><td colspan="2">如安娜诺娃，GoGirl 等</td></tr>
<tr><td rowspan="4">真实主持人</td><td rowspan="3">常规主持人</td><td>访谈类节目主持人：李静《UC 静距离》、胡紫薇《奥运紫微星》等</td></tr>
<tr><td>播报类节目主持人：张朝阳《搜狐北京播报》、《大鹏嘚吧嘚》等</td></tr>
<tr><td>综艺类节目主持人：李响《爱 go 了没》等</td></tr>
<tr><td>非常规主持人</td><td>网络草根视频主持人</td></tr>
</table>

三、网络视频主持人的素质要求

网络视频节目主持人作为一个特殊的职业，有其一定的素质要求。作为网络视频主持人，首先应该具备一些传统主持人必须具备的基本素质，包括流利的口才、标准的普通话、优美的声音、较高的政治文化素养等。但总体上而言，由于网络视频的主持传播更加平民化、草根化，传统主持人的一些硬性要求在网络视频主持人上没有那么严格。也因此，一些硬性上条件不高的主持人在网络视频获得了广阔的锻炼平台和发展空间。

另外，作为大众传播与网络传播相结合的产物，网络视频主持人有其特殊的职业要求。第一，由于网络信息庞杂、传播速度快，要求主持人能够反应迅速，具有快速掌握资讯、对信息进行整理和解读的能力；第二，网络视频节目互动性强，这要求网络视频主持人有足够快的反应速度和良好的信息捕捉能力，同时要有较强的受众参与意识，与网民充分地互动；第三，针对网络传播人际化、小众化的特征，网络视频更加倾向于选择个性鲜明的人充当主持人，根据广大网民的需求来传播内容；最后，作为网络视频主持人，要对网络流行语言和网络的热门现象有足够的了解，也要掌握一定的网络视频和网站运行的基本技术。

四、网络视频主持人的传播特征分析

（一）新媒体环境下的主持人传播

所谓大众传播，即专业化的媒体组织运用先进的传播技术和专业化的手段，以社会上的一般大众为对象而进行的大规模的信息生产和传播活动。[①] 如上文所述，网络视频节目主持传播可以大致划分为两部分：一是专业化的网站以社会上的一般大众作为传播对象，通过网络视频和主持的方式而进行的大规模的信息生产和传播活动；二

① 郭庆光：《传播学教程》，中国人民大学出版社 1999 年版，第 111 页。

是草根网民自己制作网络视频、自己主持，并将之上传到网上进行的传播活动。从大众传播的定义而言，这里的第二类网络视频主持传播没有专业化的媒体组织，也没有先进的传播技术和专业化的传播手段，不属于大众传播；第一类网络视频主持传播符合大众传播的基本特征，属于大众传播，但这种主持传播是一种小众化的大众传播，人际化特征更加突出。

有学者曾从传播主体、传播符号、传播对象、主要传播功能、传播目的性等方面对比主持传播和大众传播、人际传播的不同之处（如表6—3）[①]，并指出主持人传播是大众传播人际化和人际传播大众化的产物，是人际传播和大众传播的结合状态。

表6—3　新媒体时代的主持传播特征

	大众传播	传统主持传播	网络视频主持传播（新媒体环境下的主持传播）	人际传播
传播主体	媒介机构	个人	个人	个人
传播符号	语言、声画	语言、姿势、表情	语言、姿势、表情（更生活化）	生活化的语言、姿势、表情
传播对象	大众	大众	小众化的大众	个人
主要传播功能	传播信息	传播信息	传播信息、交际	交际
传播目的性	较强	较强	较弱	较弱
传播规模	大	大	中	小
传受关系	非对称	非对称	对称	对称
传播反馈	单向、延后	单向、延后	双向、即时	双向、即时
传播语境	低语境	高语境	高语境	高语境
传播情境	随意性较弱	随意性较弱	随意性较强	随意性较强
传播类型	制度化传播	个性化传播	个性化传播	个性化传播

"主持传播最主要的贡献就是将人际传播的某些优势（信息量大、手段多样、地位平等）嫁接到了大众传播之上，克服了大众传播在这些方面的相对劣势，使之与大众传播的某些优势（如覆盖面广、受众量大）紧密结合，通过借助大众传播的传播媒介实现了人际传播的大众化效应，真正实现了'人的延伸'，同时也通过借助人际传播的优势，使大众传播重又找回了某些因技术发展和制度原因而使人类在传播革命中失去的人际性，并进而提升了大众传播的传播效果。"[②]通过分析网络视频主持传播的传播主体、传播符号、传播对象和传播规模等基本传播特征，网络视频节目的主持传播在传统主持传播和人际传播之间找到了合理的位置（如上表）。作为大众传播和人际传播在

① 高贵武:《主持传播学概论》，中国传媒大学出版社2007年版，第3页。
② 同上，第4页。

网络介质形态下深入结合的具体表现形态之一,网络视频主持传播的人际化特征更加突出。

作为大众传播人际化与人际传播大众化的产物,主持传播最大的优势就在于其丰富的人性或人际性。从这个意义而言,“将人际化进行到底”乃是未来主持传播甚至一切大众传播的发展方向。① 从另一个角度看,麦克卢汉在论述“媒介即讯息”时指出,真正有意义、有价值的“讯息”是这个时代所使用的传播工具的性质、它所开创的可能性以及带来的社会变革。网络时代的到来不仅带来了海量的信息、多样的内容表现形式,更带来了新一代网民碎片化、个性化、轻松化的信息收受习惯。在新的媒体环境下,作为传统媒体的电视媒介只有适应新的媒介传播特征,在一定程度上满足新媒介时代网民的收受需求和习惯,才能吸引网民群体,实现更好的发展。网络视频节目的主持传播,作为网络传播的主要表现形式之一,更加符合新媒体时代网民的信息接收特征和接受习惯。

因此,应该将网络视频主持传播这些人际化的特征(如传播语态的轻松化、生活化,互动性强)合理地嫁接在主持传播之上,以获得主持传播,乃至大众传播更好的发展。当然,这种借鉴和嫁接也应该保持谨慎,避免大众传播的泛人际化倾向。毕竟主持传播范畴上仍然属于大众传播,毫无保留的借鉴会使主持传播失去大众传播特性,在传播效果上适得其反。

(二)网络视频主持传播的特征分析

出于借鉴需要和可行性的考量,下文选取传播符号、传受关系和传播反馈三方面结合具体的网络视频节目分析网络视频主持传播的特征。

从传播符号上看,网络视频主持传播的传播符号和传统主持传播一样,都是语言、姿势和表情。然而,从语态上看,网络视频主持传播更加轻松化、个性化、生活化。搜狐宽频的娱乐节目《大鹏嘚吧嘚》之所以受到众多网友的追捧,最主要的原因就在于娱乐主播大鹏幽默风趣的语言。新闻现场出镜、人物访谈类型的节目在人们的接受习惯里都比较严肃、刻板,而在网络视频节目里却也可以做得轻松化、生活化。在《搜狐北京播报》的一期节目中,张朝阳在奥体中心给网友介绍奥运开幕式当天的情况,语

图6-8 张朝阳在《搜狐北京播报》里

① 高贵武:《警惕主持传播的泛人际化倾向》,《新闻与写作》2005年第7期。

言轻松、生活化，给人平易近人的感觉。另外，张朝阳在《搜狐北京播报》里采访央视体育频道主持人张斌，视频的拍摄场景、灯光都非常简单，主持人和采访对象坐在非常普通的椅子上聊天，坐姿、动作也比较轻松随意。节目由于让观众看到了采访对象生活中不为人知的一面，受到了网民的广泛赞赏。实际上，在实际操作中借鉴这种轻松的语态，并不是指传统节目主持人在出镜报道、访谈节目中变得随意，而是主持人更多地以一种平等的姿态，用一种轻松化、“人”化的语言和观众交流。

从传受关系上看，传统主持传播是一种单向传播，传者和受者之间是一种不平等的关系。传统的主持传播更强调传者的意图，传者在传播中拥有绝对的话语主导权。即使互动感、现场感比较强的电视节目，其反馈和交流也不足以弥补受者一方话语权的缺失，观众一般只能被动地接受主持人的传播内容。然而，对于网络视频主持人来说，他们与受众的话语权是相对平等的。网络视频主持人面对的是一个庞大的网民群体，这些网民的发言其实已成为该节目不可或缺的重要组成部分，受众也开始掌握一部分话语权。这种权利的获得给了受众全新的体验，积极的接受态度也使节目达到了良好的传播效果。如《新浪财经快报》节目编排的一大板块就是财经专家针对当天网友在节目 BBS 上的提问回答网友的问题。BBS 中留下来的问题成为了主导节目内容和方向的标尺之一。节目也因此聚集了一批忠实的粉丝，每天按时收看该节目以获取相关财经信息。

从传播反馈上看，网络视频节目的主持传播最大的特征就是它的即时互动性。这种即时互动性是它区别于传统主持传播最大的特征。在传统主持传播中，虽然也存在短信发送、观众电话等多种形式的互动，但这些互动形式除了信息反馈的迟滞之外，另一缺点在于它们所通过的系统和新闻传播的系统之间是独立、分离的。这种反馈相比于新媒体环境下的反馈，体验感、参与感更弱。在网络视频互动节目《UC“静”距离》中，主持人李静和现场嘉宾通过视频接入的方式，即时地和观众就当天的话题展开互动。经视频接入的观众不仅可以表达自己的观点，也可以向主持人和嘉宾提问，并在接下来的节目中得到回答。当然，这种即时互动的特征也要求主持人具有超强的现场控制能力、即兴发挥能力和临时应变能力，除了控制现场和互动观众谈话的内容以外，还要控制多方的情绪，使场面保持平衡的状态，有些节目就因为谈话过于随意、嘉宾的表现欲过强等问题广遭诟病。

结合传受关系和传播反馈来看，无论网络视频节目中的互动，还是传统电视节目中的互动，都给网民和电视观众提供了表达和参与的机会。这实际上就是掌握这种强大话语权的电视媒体和网络媒体对表达权、话语权的让渡。因此，尽管当前电视节目主持人还无法通过广电系统和电视观众充分地互动，但传统主持的现场互动形式、不同系统间的互动等也应该得到充分的运用。东方卫视的情感类节目《幸福魔方》就充分利用传统互动元素（主持人和嘉宾的互动、不同当事人之间的互动、嘉宾和主持人之间的互动)并借助网络视频和网友充分交流。该节目利用九宫格的概念,设置了九个网友的画面,在谈话节目进行的过程中随时接入,对节目的话题和谈话当事人的观点进行评论。节目深受观众喜爱,在业内获得了很高的评价。

图 6-9　东方卫视情感类节目《幸福魔方》

虽然,从目前的情况看来,传统的主持传播仍无法实现即时的互动,但随着我国三网融合的逐步深化,广电网信息的双向流通将逐步实现,传统电视主持人能够在节目中和坐在电视机前的观众通过电视充分交流的那一天也将不再遥远。

五、网络视频主持人的发展问题

随着数字技术和互联网技术的推进,建立在 Web 2.0 基础之上的社交网站和微博发展得风生水起。网络视频的发展并没有像有些研究者设想的那样,成为继门户网站和搜索引擎之后的第三大互联网发展潮流。同样,建立在网络视频基础上的网络视频主持也因为一些固有的问题没有获得更好的发展。这些问题包括:

首先,从技术上看,网络视频主持受技术发展的限制。事实上,大多数视频在线观看的时候往往都会因为网络问题出现画面和声音中断情况,就目前的视频技术而言,视频节目在画面清晰度、声音效果方面也没有足够的保障。视频节目本身的质量在清晰度、流畅度、制作精细度上还是与电视有一定差距,需要进一步提高。

其次,从专业上看,去精英化的趋势让网络视频主持人缺乏应有的经验和专业素养。例如播客的盛行让人们感受到"想唱就唱,想说就说"的"全民开讲"的氛围,但是有影响力的播客依然是各大门户网站推出的、有着视频节目制作经验的专业人士或团队制作的。因为太多原创的视频节目缺乏应有的专业素养,所以很少有人问津,不能广泛传播也就无法产生影响力。尽管也有一些门户网站或视频网站开始投资和制作一些视频节目,但由于各种原因,无论从节目创意、制作手法上,还是从主持人的专业素养和经验上,与传统电视节目相比还有一定差距。

第三，从行业上看，网络视频主持人的发展虽然已经逐渐走向规范化，但还没有形成一种成熟的发展模式，也没有探索出一条稳定的发展道路。“尽管这几年全国各地的网络主持人大赛如雨后春笋般涌现出来，但往往都是雷声大，雨点小。”[①]在比赛中脱颖而出的主持人也没有产生预期的影响力，有些甚至还不被人所知。可喜的是，随着网络视频逐步趋于专业化，网络视频主持人和传统主持人之间的流通机制正在慢慢形成。这对网络视频主持和传统主持未来的发展来说意义重大。

从总体上看，虽然网络视频节目的主持传播的某些人际化特征值得传统主持传播借鉴，但结合网络视频主持的发展问题（无论是技术上发展得不够规范，还是因为专业上基本的素养不够导致的语态过于随便）我们也不难发现，网络视频节目主持（这里指专业网站提供的网络视频节目）本身也存在着大众传播泛人际化的问题。这个问题也是网络视频主持没有取得预期发展的重要原因，它促使我们不得不反思大众传播效果想要达成的一些基本条件：新闻传播主体的组织化和专业化、主持人的专业素养、传统媒体的公信力等。这些构成大众传播强大影响力的最基本的因素也是网络视频主持人在未来的发展道路中应该进一步学习与借鉴的。

总之，网络视频节目的主持传播和传统主持传播更应该是一种相互借鉴、共同发展的关系。从更加长远的角度来看，在广电网、互联网、电信网逐渐走向融合的趋势下，网络视频的主持人和传统媒体的主持人也很有可能走向融合。网络视频节目和传统电视节目在主持传播上的这种相互借鉴，似乎也预示着这一天的到来。

思考题

1. 新媒体时代电视出镜报道和新闻主持将面临怎样的挑战？
2. 新媒体时代传统电视出镜报道和新闻主持发生了哪些变化？
3. 与传统电视媒体主持人相比，网络视频主持人有哪些新的发展和新的特点？

---

① 高贵武、邓燕玲：《网络主持人的源流、特质与发展》，《新闻与写作》2011年第2期。

参考文献

论文

刘亮:《我国电视新闻出镜记者现状分析与对策》,《新闻界》2010 年第 4 期。

李曼青:《西方电视出镜记者的启示》,《新闻与写作》2010 年第 3 期。

卢战:《电视直播连线中出镜记者的报道技巧》,《当代电视》2009 年第 8 期。

尹广富:《浅谈出镜记者在现场报道中的作用》,《新闻世界》2010 年第 9X 期。

王晓宁:《我国节目主持人的现状和发展趋势》,《新闻爱好者》2003 年第 8 期。

龙小洵、闫军才:《浅论电视节目主持》,《中国电视》2005 年第 9 期。

张艳霜:《网络主持的分类与特点》,中国社会科学院硕士论文,2010 年。

Barnhurst, K. G., News geography and monopoly: The form of reports on U. S. newspaper Internet sites, *Journalism Studie*. 2002.

Ubern, A, Moblie Television: Is It Just A Hype Or A Real Consumer Need? *Observatorio*, 2007.

著作

史可扬:《电视栏目和频道辨析》,中山大学出版社 2007 年版。

张龙:《记者型主持人角色论》,中国广播电视出版社 2009 年版。

吴红雨:《节目主持通论》,浙江大学出版社 2008 年版。

肖沛雄:《节目主持人语言传播艺术》,暨南大学出版社 2009 年版。

吴郁、尹力等:《电视节目主持人的综合素质研究》,中国广播电视出版社 2007 年版。

孙祖平:《忽悠主持:主持能成为一门专业吗》,上海文艺出版社 2009 年版。

高贵武:《主持传播学概论》,中国传媒大学出版社 2007 年版。

陆锡初:《节目主持人概论》,中国广播电视出版社 2001 年版。

赵淑萍:《电视节目主持》,北京师范大学出版社 1999 年版。

赵淑萍:《电视新闻节目主持艺术》,北京广播学院出版社 1997 年版。

刘利群、傅宁:《美国电视节目形态》,中国传媒大学出版社 2008 年版。

王利芬:《对话美国电视》,中信出版社 2006 年版。

宋晓阳:《出镜记者现场报道指南》,中国广播电视出版社 2008 年版。

〔美〕迈克尔·埃默里、埃德温·埃默里:《美国新闻史》,展江等译,新华出版社 2001 年版。

〔美〕密苏里新闻学院编写组:《新闻写作教程》,新华出版社 1986 年版。

〔加〕马歇尔·麦克卢汉:《理解媒介:论人的延伸》,何道宽译,商务印书馆 2001 年版。

后　记

有做这样一本书或这样一个研究的念头是在阳春三月，当这本书最终要付梓出版时，时光又一次走过了春天。春天永远是让人充满欣喜和希望的日子，虽然时隔一年，万物又有了一个新的轮回，那些去年还是新生的研究生们此刻已作为老生在忙着开始毕业前的事情，但随着春天的到来，他们想必也在做着更新的打算，憧憬着美好的未来。春天里的万物无疑也是稚嫩的，正如我们所做的这样一个研究，由于这方领地尚缺少更多巨人的肩膀，本书在许多方面仍然捉襟见肘，需要经历更多的阳光和风雨去见证它的成长。

感谢我那些可爱的研究生们，给他们上课、与他们进行讨论使我充分享受到了身为教师的幸福和快乐，而在他们为工作、为毕业论文焦虑的时候我却还在一遍遍地催稿，向他们施加着新的压力。

感谢中国人民大学科学研究基金(中央高校基本科研业务专项资金)资助。项目名称:媒介融合背景下的视听传播理论创新研究，项目批准号:11XNI1013。

感谢中国传媒大学出版社的责任编辑李唯梁先生，冒昧的一次电话竟拉开了我们之间真诚对话的序幕，他的勤勉、认真和真知灼见都是这本书得以出版的关键，感谢他为这本书所付出的巨大艰辛。

感谢这个世界有春夏秋冬，有那么多让人温暖和感怀的东西。

高贵武

2012年5月于北京寓所

图书在版编目(CIP)数据

出镜报道与新闻主持/高贵武著.—北京:中国传媒大学出版社,2012.10

ISBN 978-7-5657-0591-5

Ⅰ.①出… Ⅱ.①高… Ⅲ.①电视新闻—新闻报道—研究
②电视新闻—主持人—研究 Ⅳ.①G222.2

中国版本图书馆 CIP 数据核字(2012)第 233641 号

出镜报道与新闻主持

作　　者 高贵武 等
责任编辑 李唯梁
封扉设计 魏 东 李 宜
责任印制 曹 辉
出 版 人 蔡 翔

出版发行 中国传媒大学出版社
社　　址 北京市朝阳区定福庄东街 1 号 邮编:100024
电　　话 86—10—65450528 65450532 传真:65779405
网　　址 http://www.cucp.com.cn
经　　销 全国新华书店

印　　刷 北京市梦宇印务有限公司
开　　本 787×1092mm 1/16
印　　张 15.75
版　　次 2012 年 11 月第 1 版 2012 年 11 月第 1 次印刷

书　　号 978-7-5657-0591-5/G·0591 **定　　价** 39.80 元